Billar de carambola: Más acertijos y rompecabezas

Problemas y situaciones que mejorarán su análisis táctico y habilidades de juego

Allan P. Sand
PBIA Instructor Certificado de Billar

ISBN 978-1-62505-349-7
PRINT 7x10

ISBN 978-1-62505-513-2
PRINT 7.5x9.25

Copyright © 2019 Allan P. Sand

All rights reserved under International and Pan-American Copyright Conventions.

Published by Billiard Gods Productions.

Santa Clara, CA 95051

U.S.A.

For the latest information about books and videos, go to:
http://www.billiardgods.com

Acknowledgements

Wei Chao created the software that was used to create these graphics.

I want to specifically thank the following for help in making this book work:
Raye Raskin
Bob Beaulieu
Darrell Paul Martineau

Tabla de contenido

INTRODUCCIÓN 1
Configuración de la tabla 1
Explicación de bolas de billar carom 2
Opciones de tabla 2
Como estudiar 2
Desafíos para la diversión y el beneficio 2
OPCIONES DE EJEMPLO 3
  Grupo 1, conjunto 6 (diagrama 2) 3
  Grupo 5, conjunto 11 (diagrama 3) 4
GRUPO 1 5
Grupo 1, conjunto 1 5
Grupo 1, conjunto 2 7
Grupo 1, conjunto 3 9
Grupo 1, conjunto 4 11
Grupo 1, conjunto 5 13
Grupo 1, conjunto 6 15
Grupo 1, conjunto 7 17
Grupo 1, conjunto 8 19
Grupo 1, conjunto 9 21
Grupo 1, conjunto 10 23
Grupo 1, conjunto 11 25
Grupo 1, conjunto 12 27
GRUPO 2 29
Grupo 2, conjunto 1 29
Grupo 2, conjunto 2 31
Grupo 2, conjunto 3 33
Grupo 2, conjunto 4 35
Grupo 2, conjunto 5 37
Grupo 2, conjunto 6 39
Grupo 2, conjunto 7 41
Grupo 2, conjunto 8 43
Grupo 2, conjunto 9 45
Grupo 2, conjunto 10 47
Grupo 2, conjunto 11 49
Grupo 2, conjunto 12 51
GRUPO 3 53
Grupo 3, conjunto 1 53
Grupo 3, conjunto 2 55
Grupo 3, conjunto 3 57
Grupo 3, conjunto 4 59
Grupo 3, conjunto 5 61
Grupo 3, conjunto 6 63
Grupo 3, conjunto 7 65
Grupo 3, conjunto 8 67
Grupo 3, conjunto 9 69
Grupo 3, conjunto 10 71

Grupo 3, conjunto 11 73
Grupo 3, conjunto 12 75
GRUPO 4 77
Grupo 4, conjunto 1 77
Grupo 4, conjunto 2 79
Grupo 4, conjunto 3 81
Grupo 4, conjunto 4 83
Grupo 4, conjunto 5 85
Grupo 4, conjunto 6 87
Grupo 4, conjunto 7 89
Grupo 4, conjunto 8 91
Grupo 4, conjunto 9 93
Grupo 4, conjunto 10 95
Grupo 4, conjunto 11 97
Grupo 4, conjunto 12 99
GRUPO 5 101
Grupo 5, conjunto 1 101
Grupo 5, conjunto 2 103
Grupo 5, conjunto 3 105
Grupo 5, conjunto 4 107
Grupo 5, conjunto 5 109
Grupo 5, conjunto 6 111
Grupo 5, conjunto 7 113
Grupo 5, conjunto 8 115
Grupo 5, conjunto 9 117
Grupo 5, conjunto 10 119
Grupo 5, conjunto 11 121
Grupo 5, conjunto 12 123
GRUPO 6 125
Grupo 6, conjunto 1 125
Grupo 6, conjunto 2 127
Grupo 6, conjunto 3 129
Grupo 6, conjunto 4 131
Grupo 6, conjunto 5 133
Grupo 6, conjunto 6 135
Grupo 6, conjunto 7 137
Grupo 6, conjunto 8 139
Grupo 6, conjunto 9 141
Grupo 6, conjunto 10 143
Grupo 6, conjunto 11 145
Grupo 6, conjunto 12 147
BLANK TABLES 149

Introducción

Tienes más oportunidades para ampliar tus habilidades. Aprende a manejar una amplia variedad de posiciones de balón que aparecen en juego tras juego. Estos diseños le ofrecen la oportunidad de realizar una extensa experimentación. Estas situaciones de pruebas personales proporcionan importantes beneficios competitivos personales:

- Entrenamiento intelectual: evalúe los diseños y considere cuántas opciones están disponibles. Haz bocetos de caminos y (CB) velocidades y giros para la mesa de práctica. Esto aumenta tus habilidades analíticas y tácticas.

- Confirmación de habilidades: al intentar cada concepto, su experimentación ayuda a determinar si es viable (dentro de sus habilidades) o inútil (demasiado difícil o fantástico). Esta comparación entre imágenes mentales e intentos físicos ayuda a determinar el ancho y la amplitud de tus habilidades.

- Avance de habilidades: si un camino parece prometedor, pero la ejecución falla, trabaja con varias velocidades / giros para descubrir qué funciona. Varios éxitos consecutivos agregarán esto a su biblioteca personal de competencias.

Practica esto con cualquier juego de billar carambola.

Configuración de la tabla

Los anillos de refuerzo de papel muestran las ubicaciones de cada bola. Colócalos de acuerdo con el ejercicio de entrenamiento que quieras practicar.

Explicación de bolas de billar carom

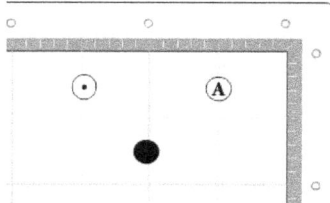

Ⓐ (CB1) (primera bola de billar)

⊙ (CB2) (segunda bola de billar)

● (RB) (bola de billar roja)

Opciones de tabla

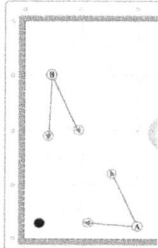

Cada diseño de tabla proporciona cuatro (4) formas diferentes de obtener puntos.

- CB1 > RB > CB2
- CB1 > CB2 > RB
- CB2 > RB > CB1
- CB2 > CB1 > RB

Como estudiar

Comenzar con el análisis del sillón. Mira el diseño de cada mesa y considera posibles opciones de juego. Imagina probar tus ideas. Evalúa la velocidad y el giro apropiados. Hacer bocetos y notas, según sea necesario.

Alternativamente, lleve este libro a su mesa de billar. Ponga los anillos de refuerzo de papel en posición. Determine mentalmente de cuántas maneras diferentes puede jugar el diseño. Luego, prueba tus ideas y ve si tu imaginación es igual a tu habilidad. Toma nota de tus ideas.

En la mesa de billar, aplica tus ideas. En un disparo fallido, realice ajustes a sus velocidades / giros y ángulos. Así es como te conviertes en un jugador de billar más duro y más peligroso.

Desafíos para la diversión y el beneficio

Considera establecer una competencia amistosa entre tus amigos. Selecciona varios de estos diseños y disfruta del desafío.

Utilice un formato de round-robin. Todos intentan (1, 2 o 3) intentos. El ganador obtiene el dinero, y comienza otra ronda.

Opciones de ejemplo

Grupo 1, conjunto 6 (diagrama 2)

¿Puede tu fantasía coincidir con tu realidad?

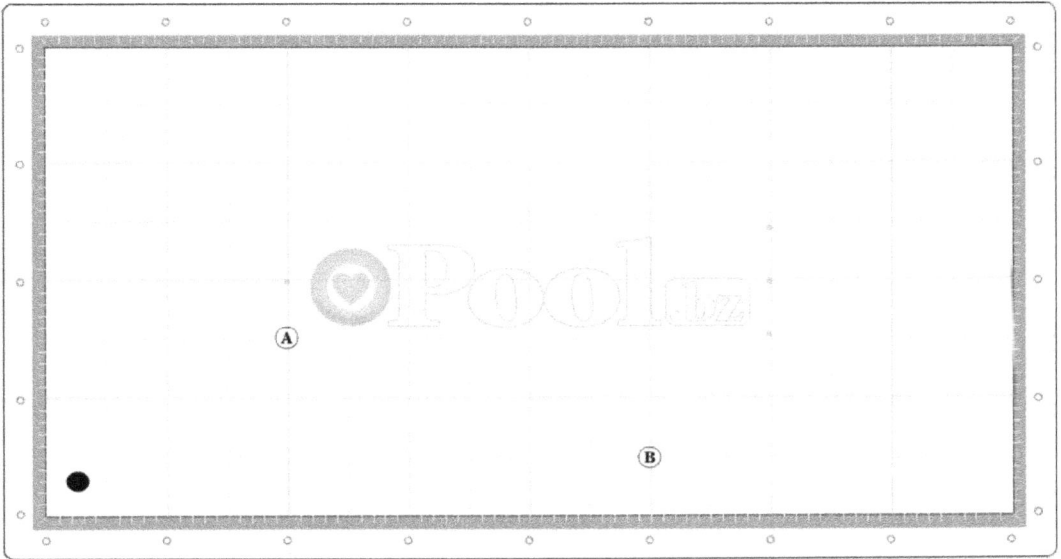

Dado el diseño, tiene 4 opciones de práctica posibles con las que puede experimentar e intentar varias soluciones.

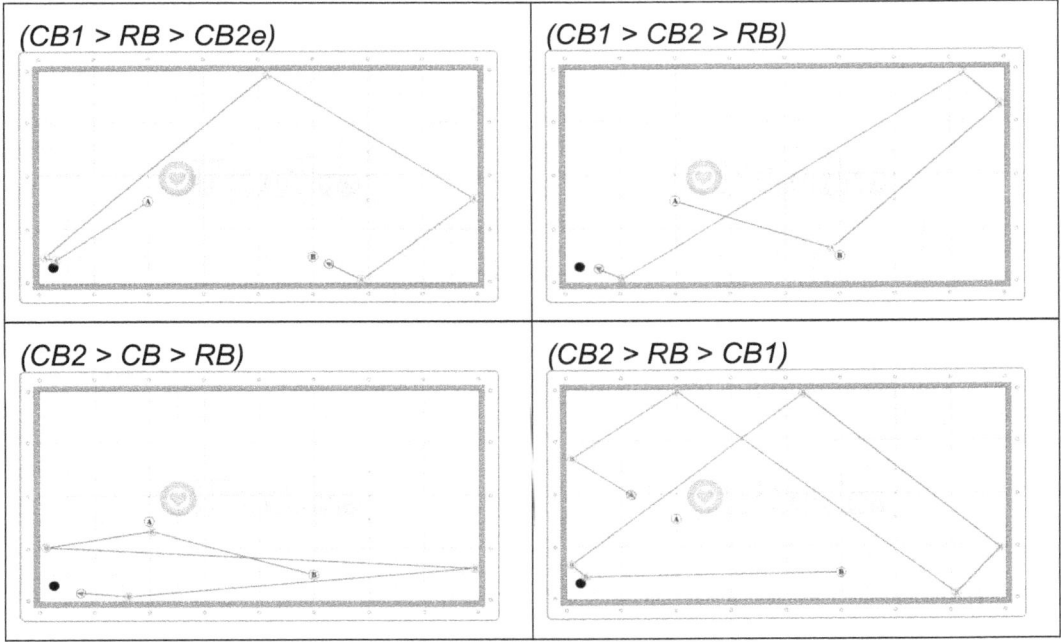

Grupo 5, conjunto 11 (diagrama 3)

Cada diagrama es una oportunidad para experimentar y probar tu imaginación Y tus habilidades de disparo.

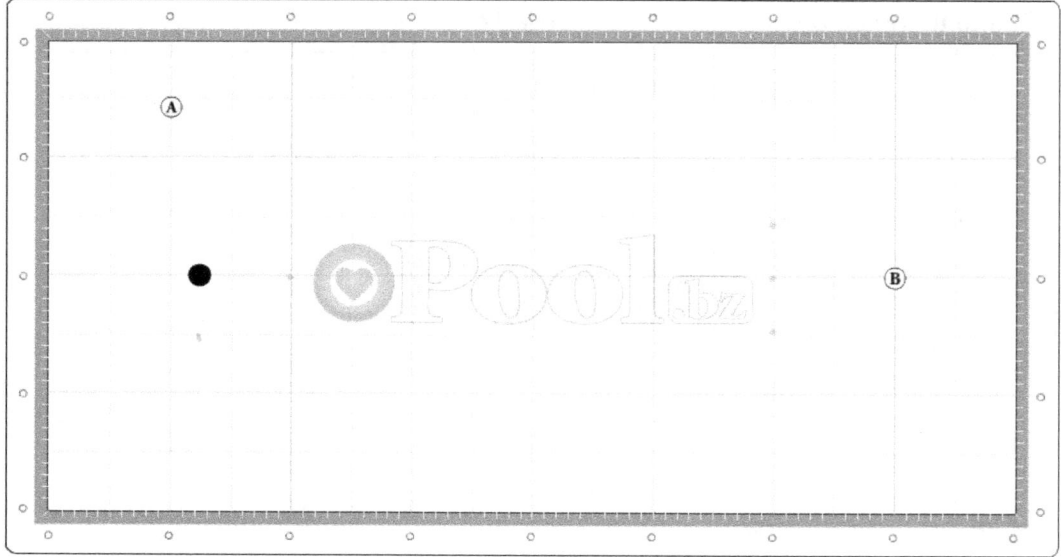

Dado el diseño, tiene 4 opciones de práctica posibles con las que puede experimentar e intentar varias soluciones.

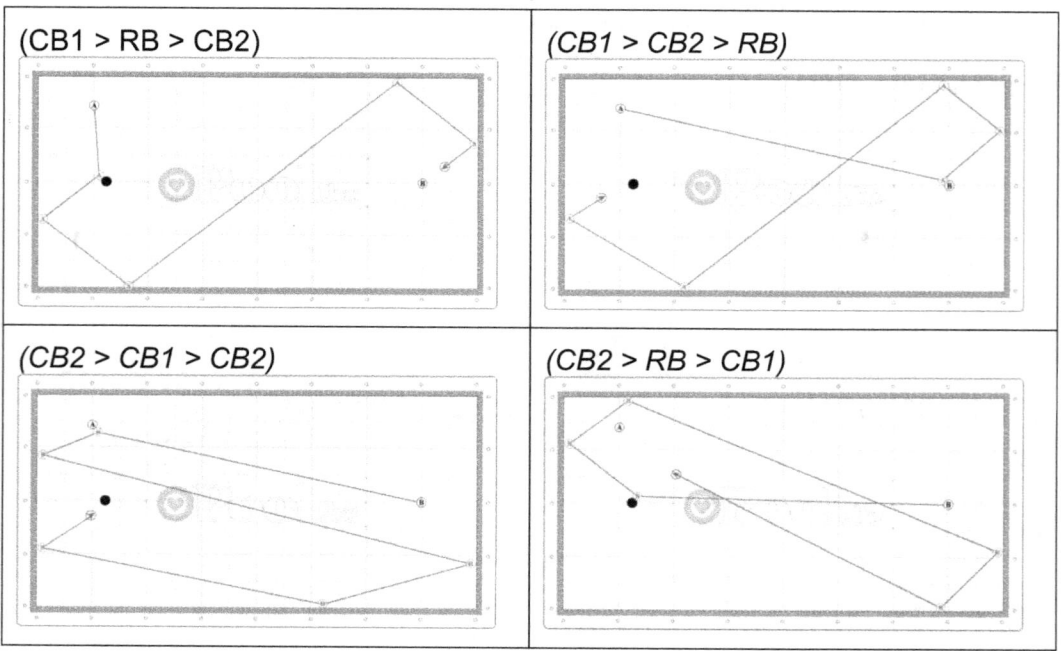

GRUPO 1
Grupo 1, conjunto 1

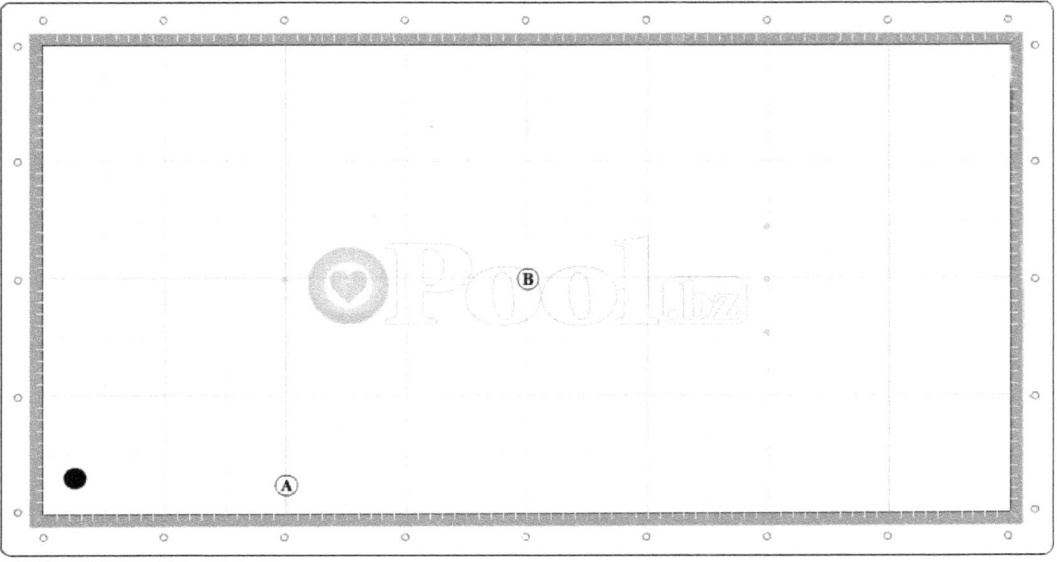

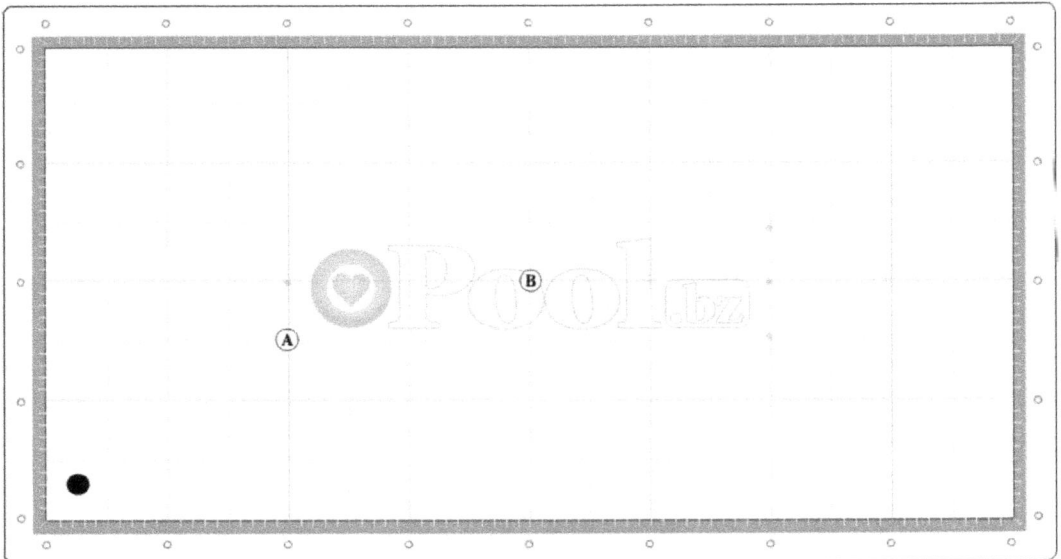

APUNTE:

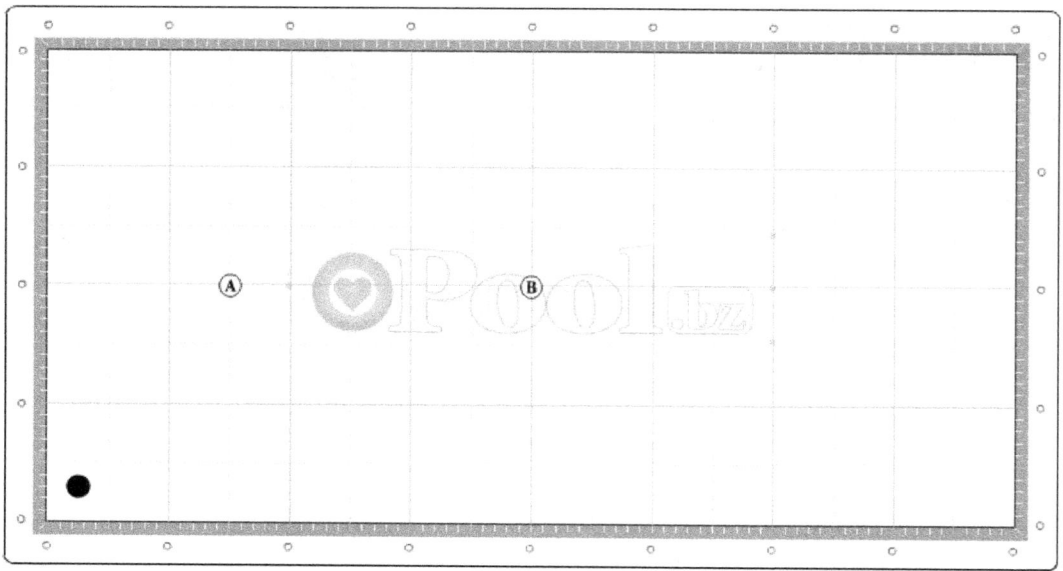

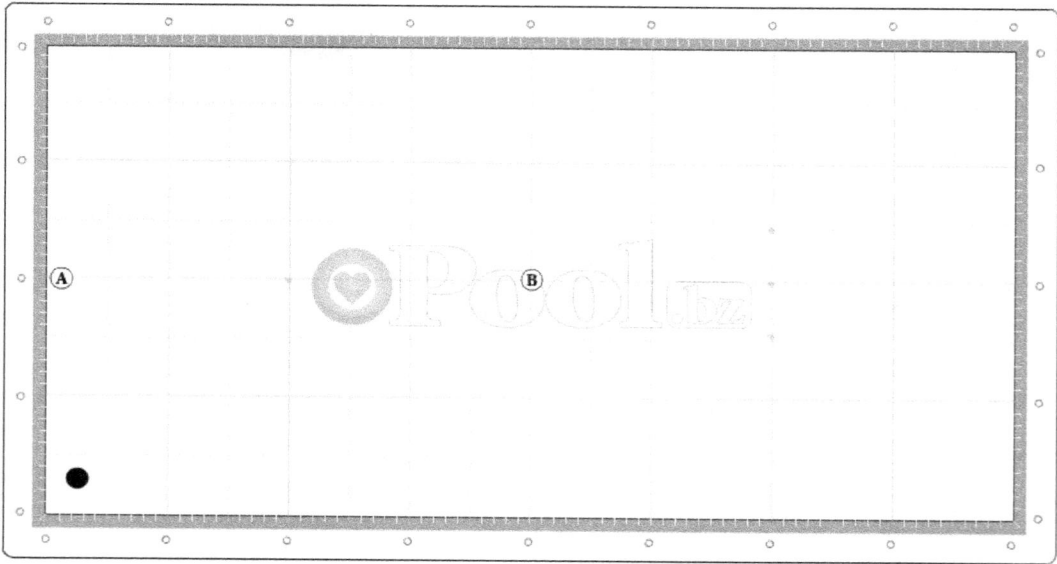

APUNTE:

Grupo 1, conjunto 2

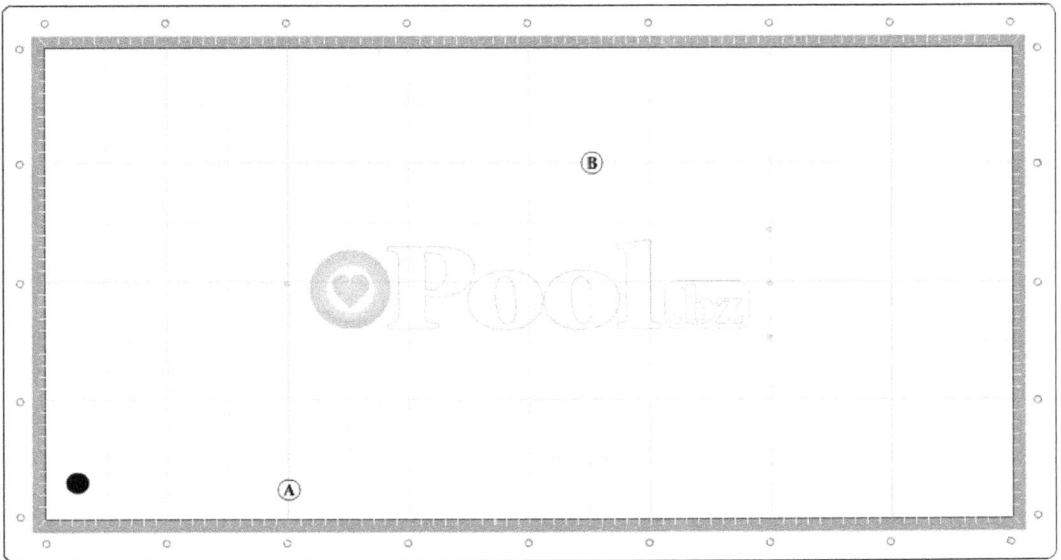

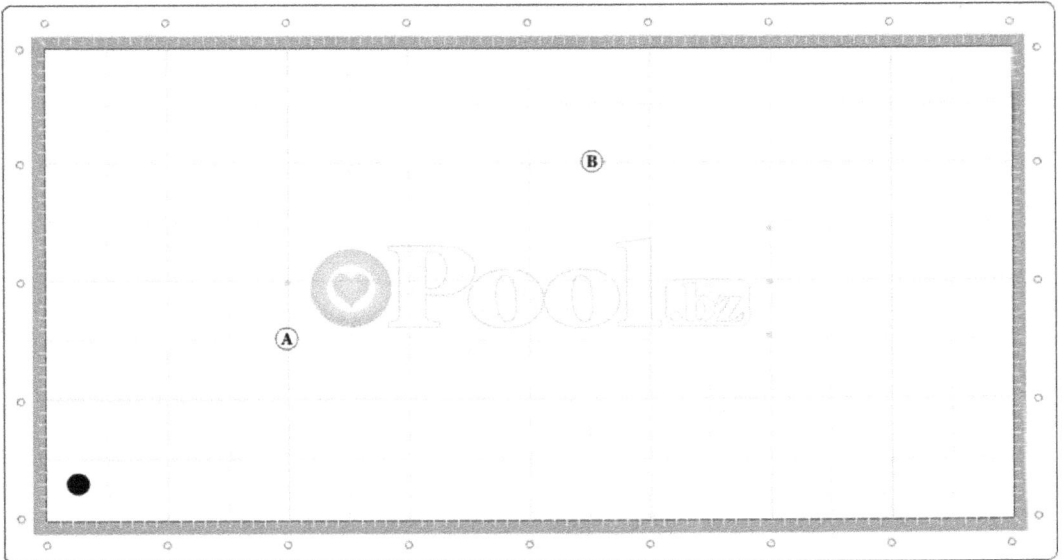

APUNTE:

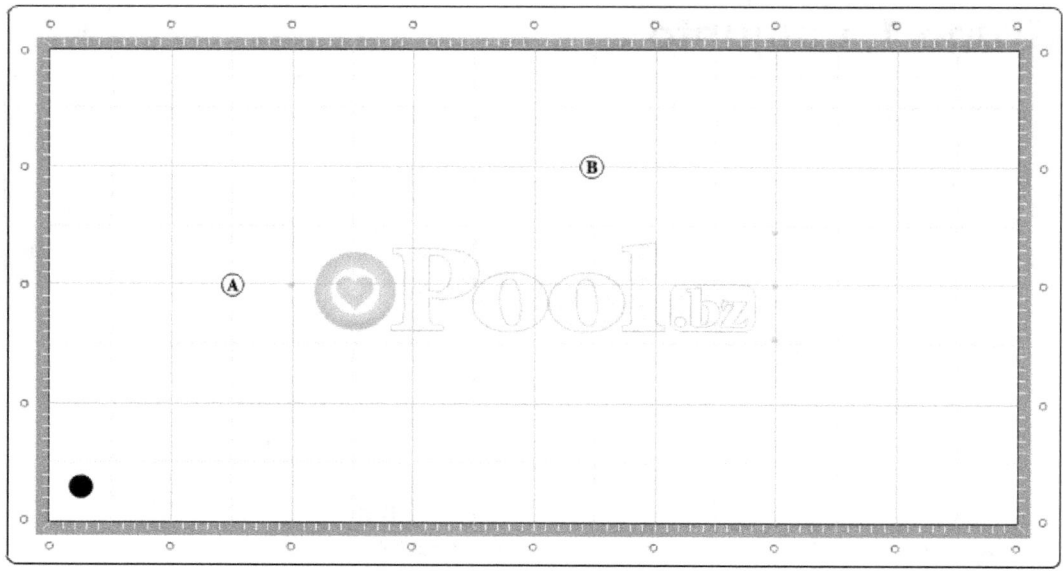

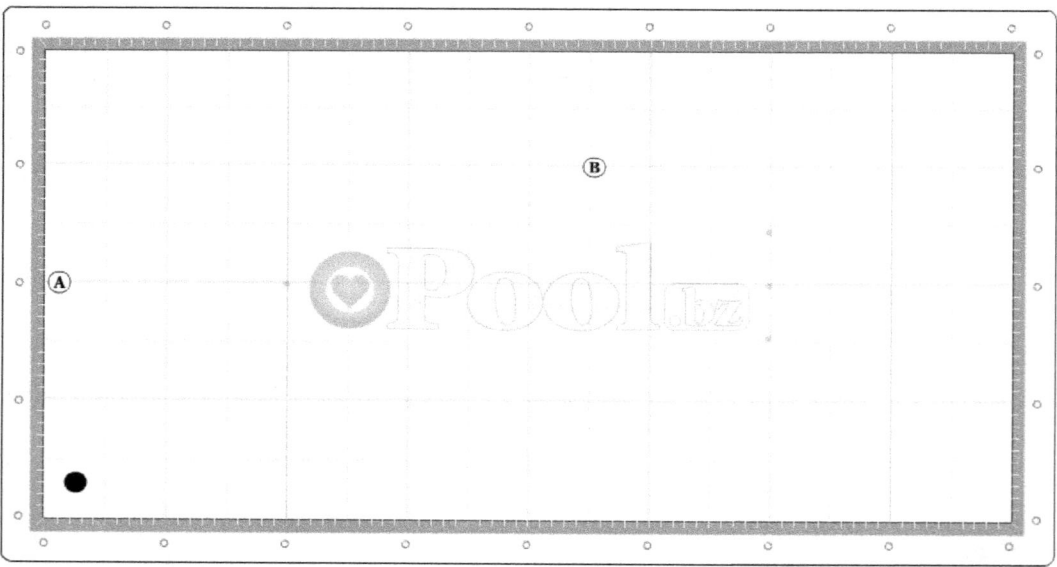

APUNTE:

Grupo 1, conjunto 3

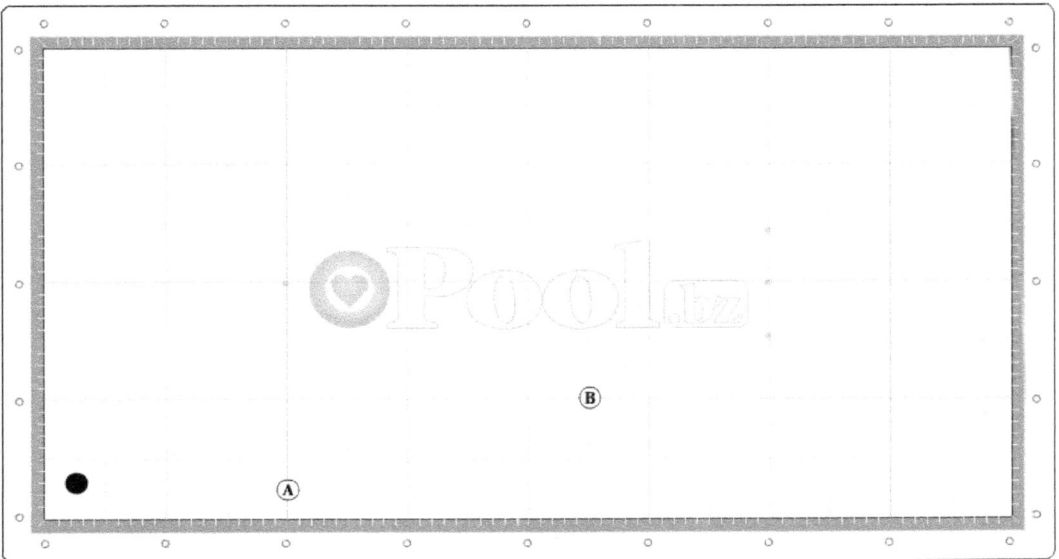

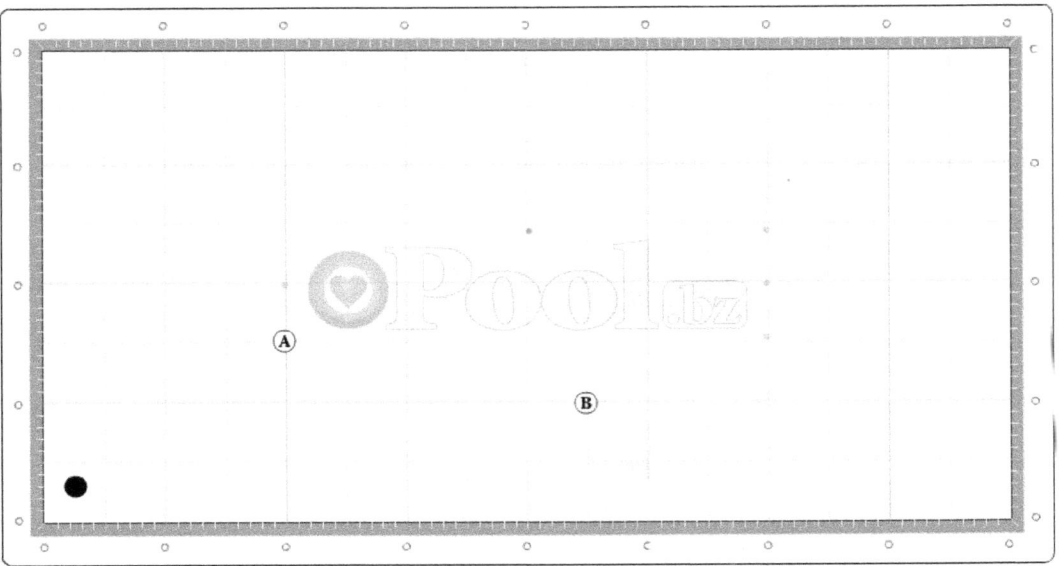

APUNTE:

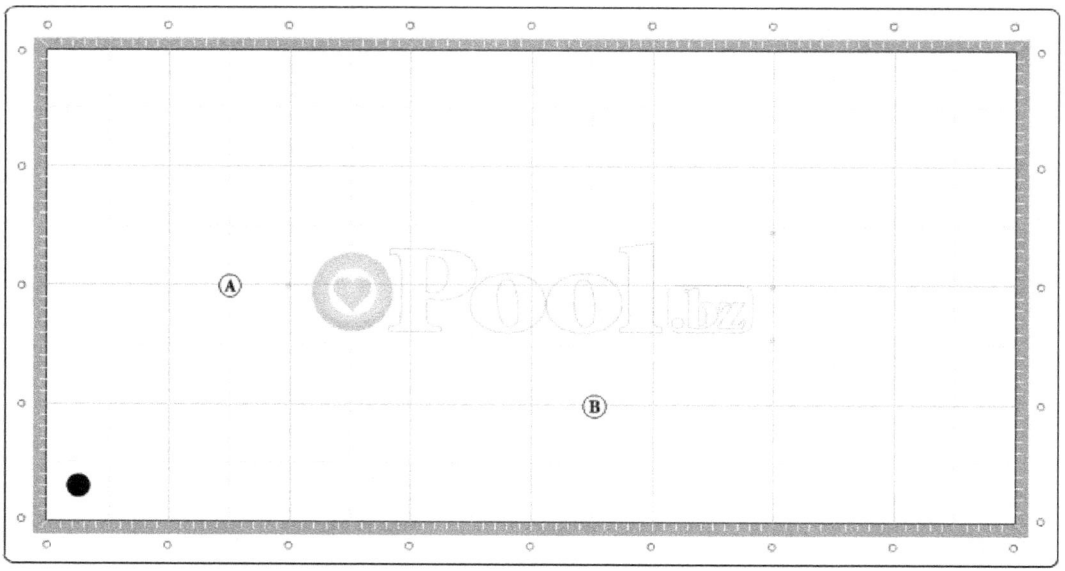

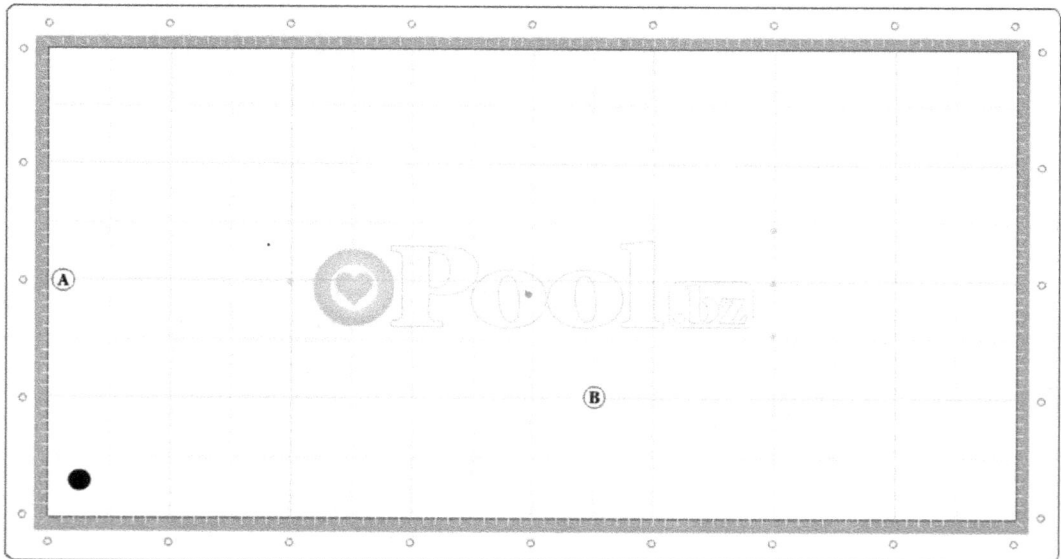

APUNTE:

Grupo 1, conjunto 4

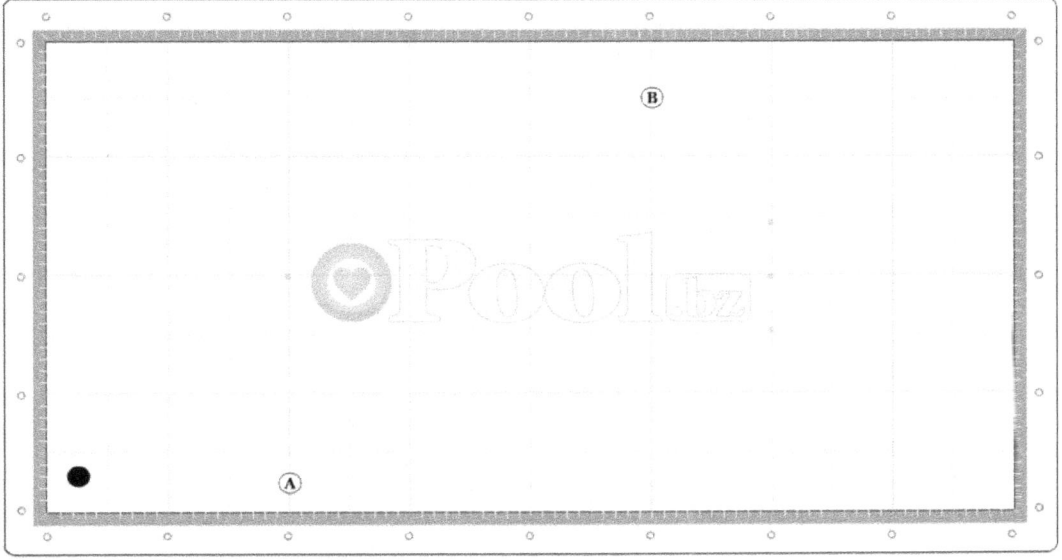

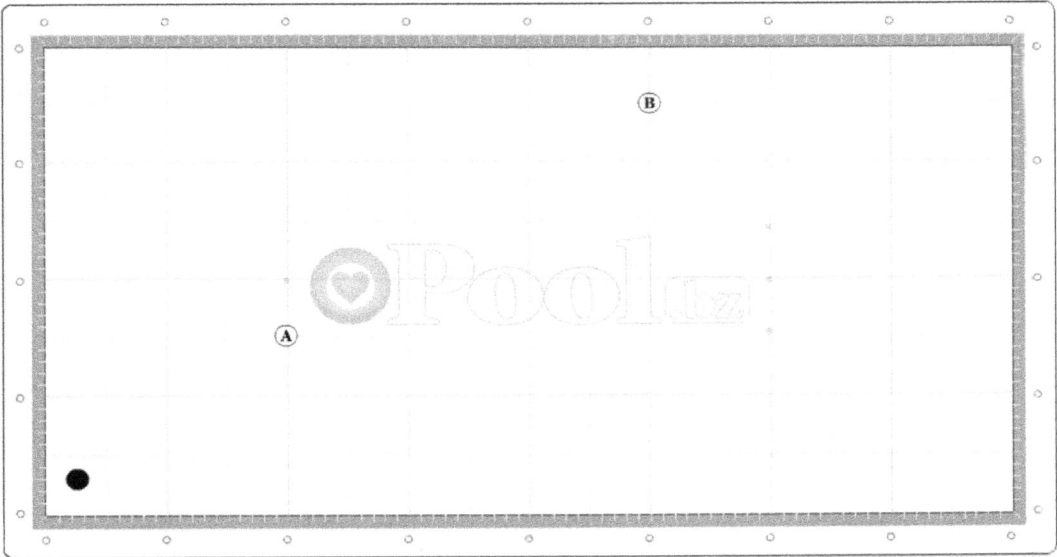

APUNTE:

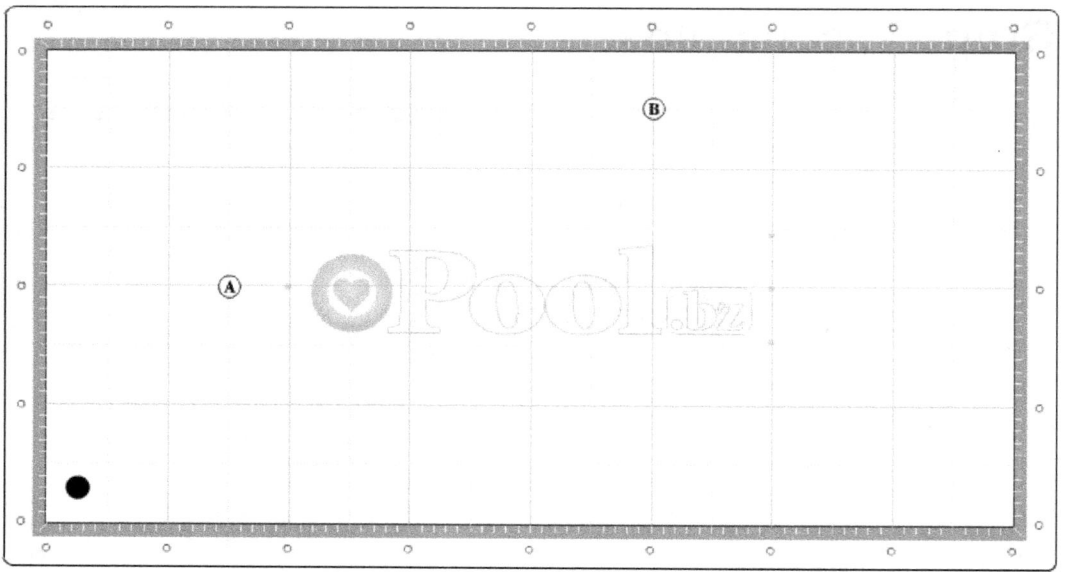

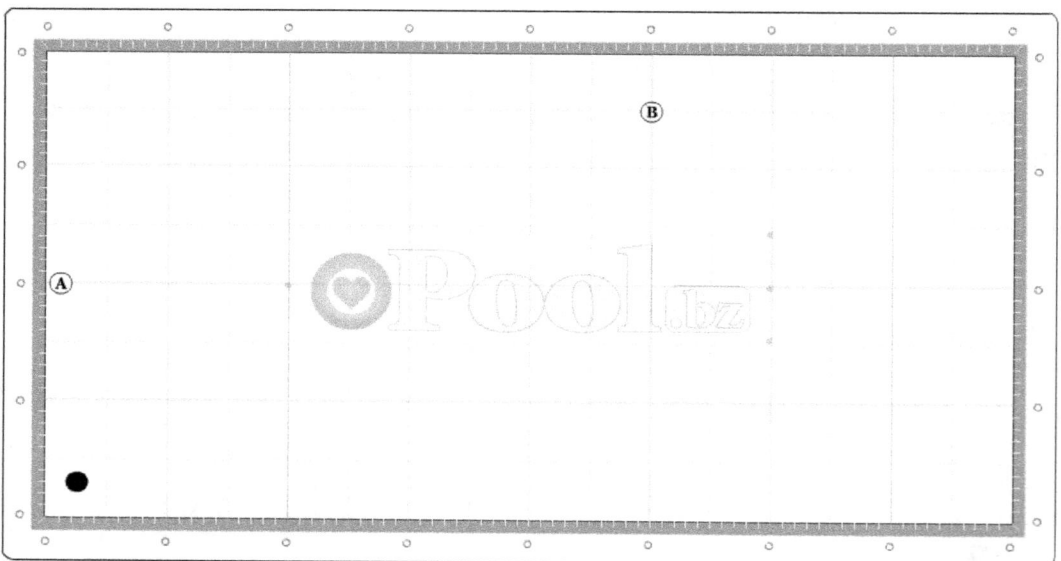

APUNTE:

Grupo 1, conjunto 5

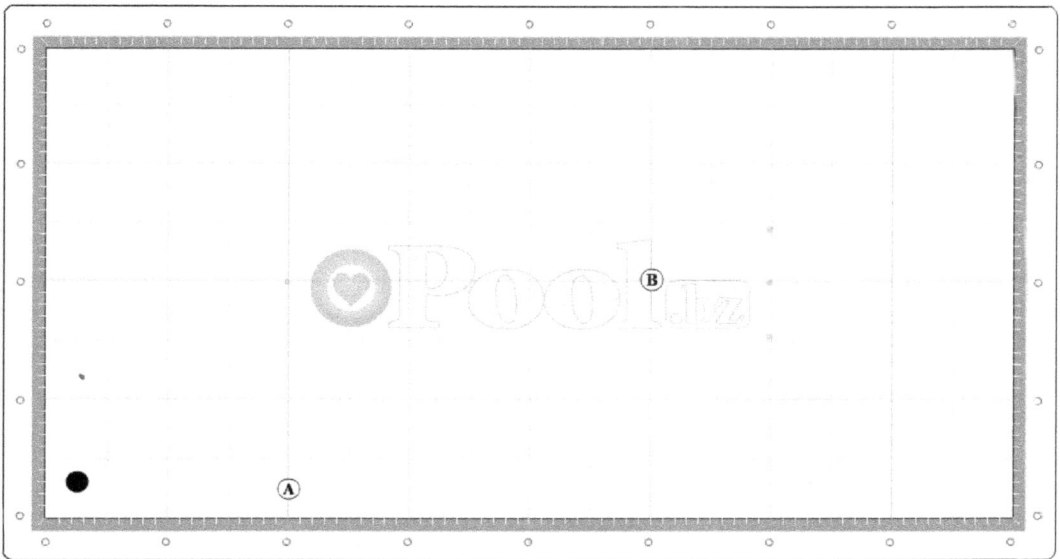

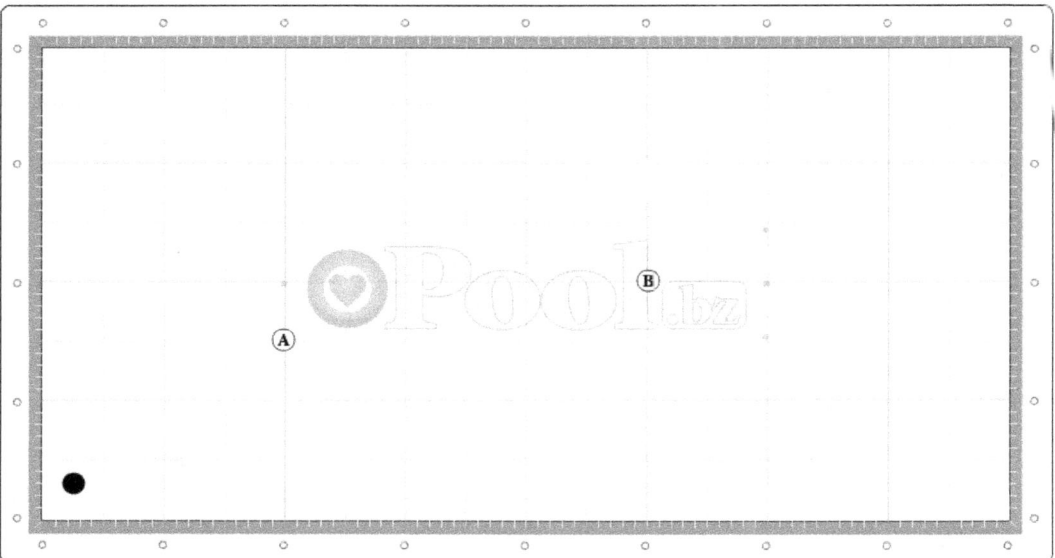

APUNTE:

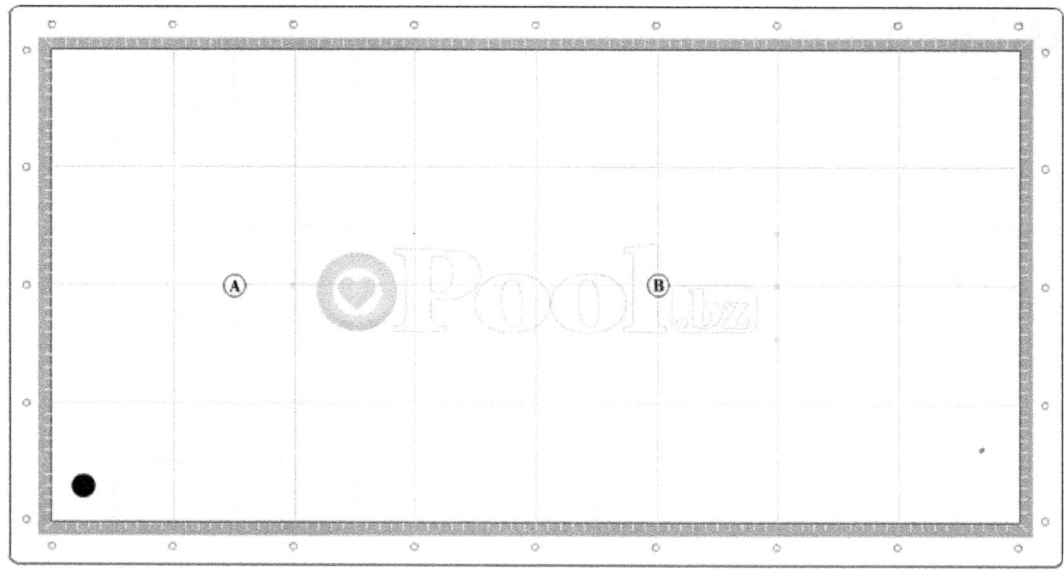

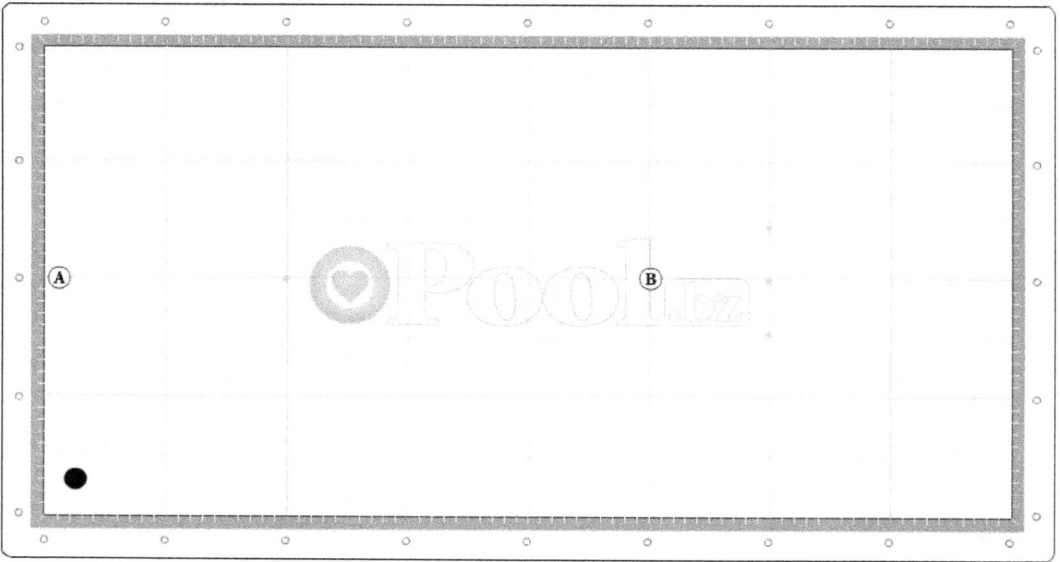

APUNTE:

Grupo 1, conjunto 6

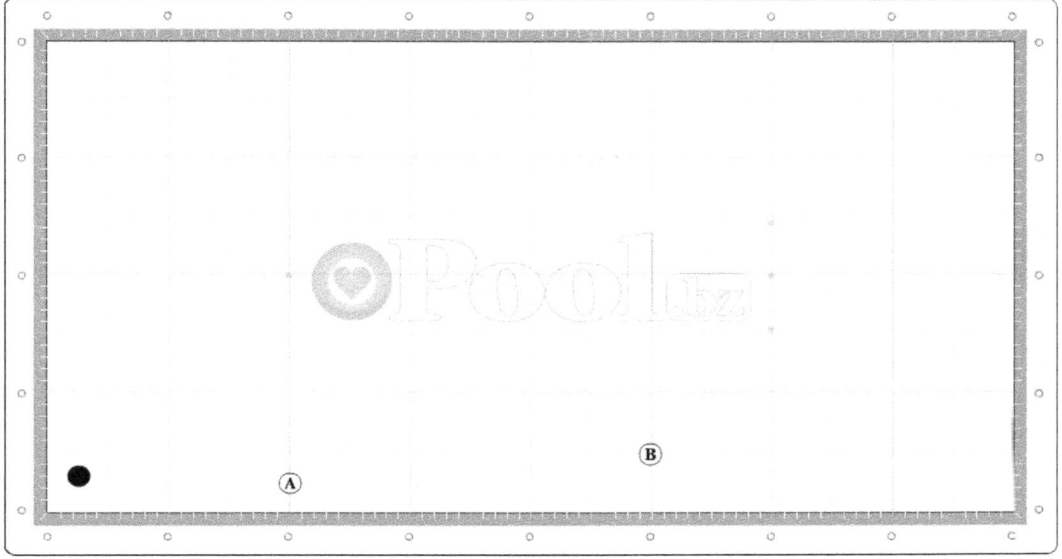

(Al frente de este libro, hay 4 soluciones de muestra de este diseño).

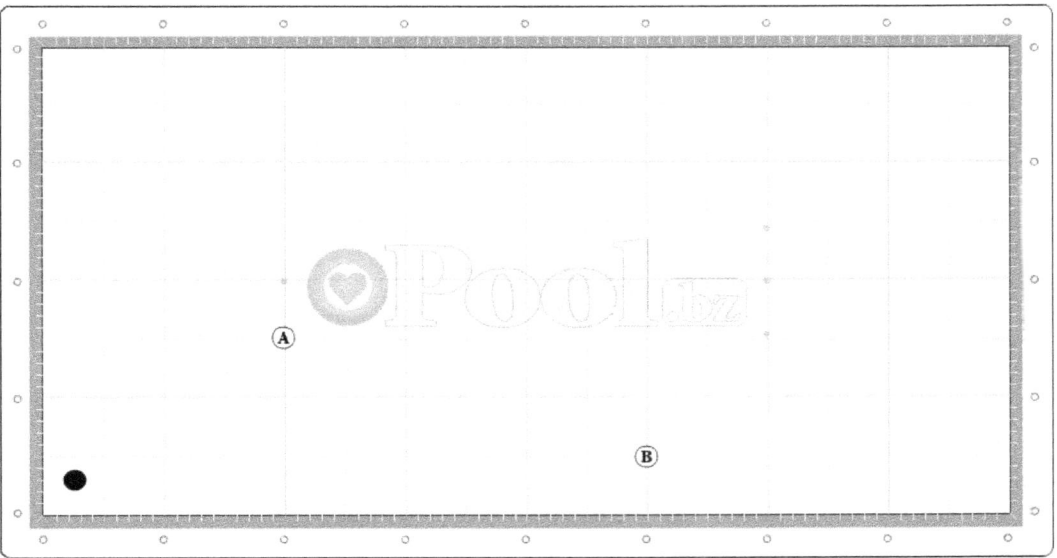

APUNTE:

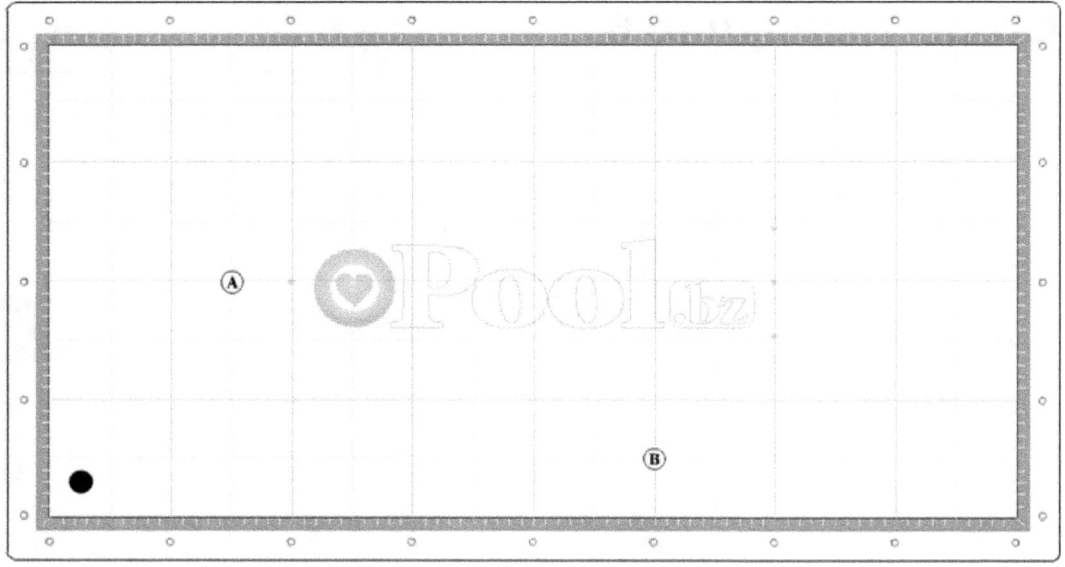

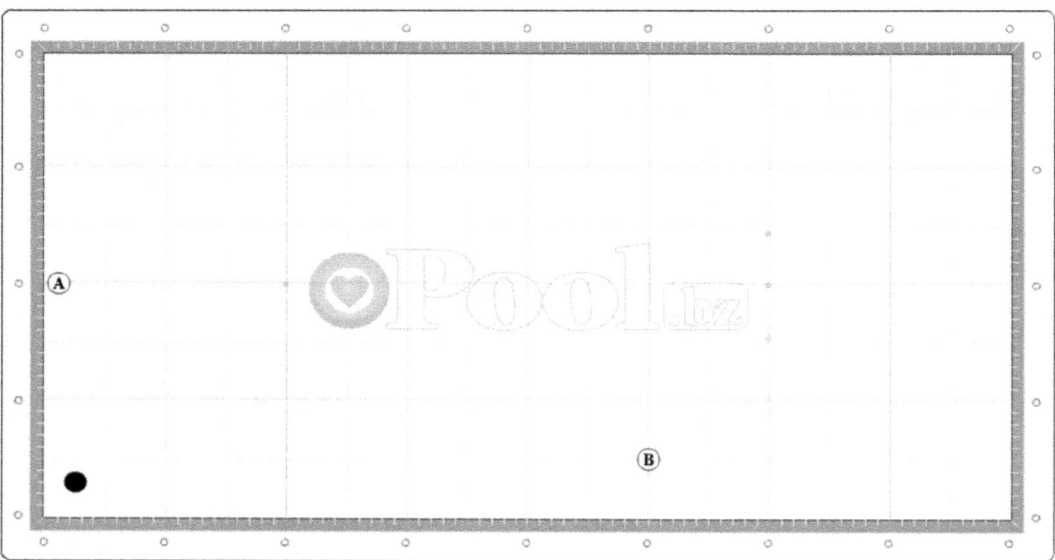

APUNTE:

Grupo 1, conjunto 7

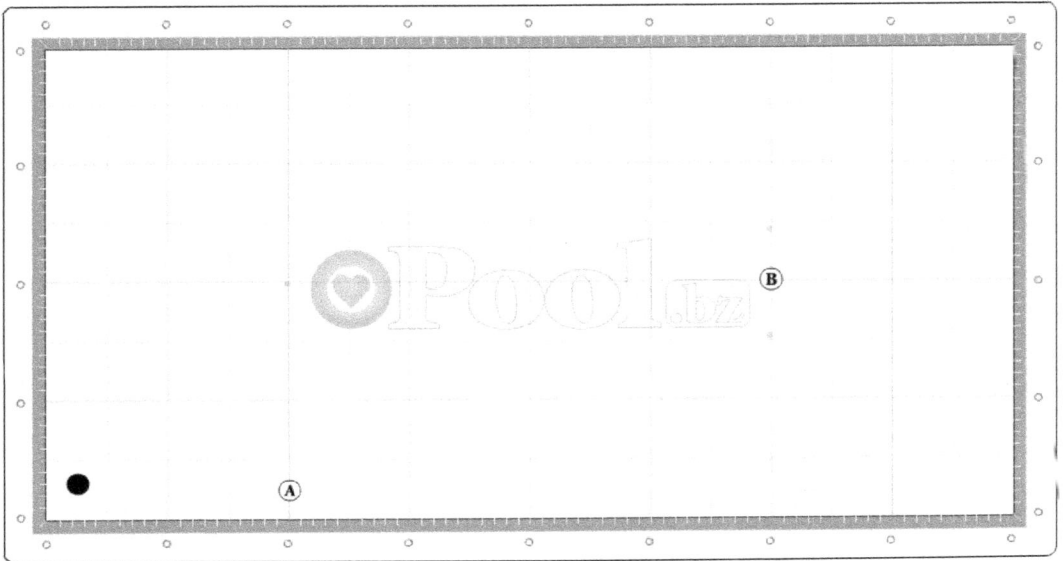

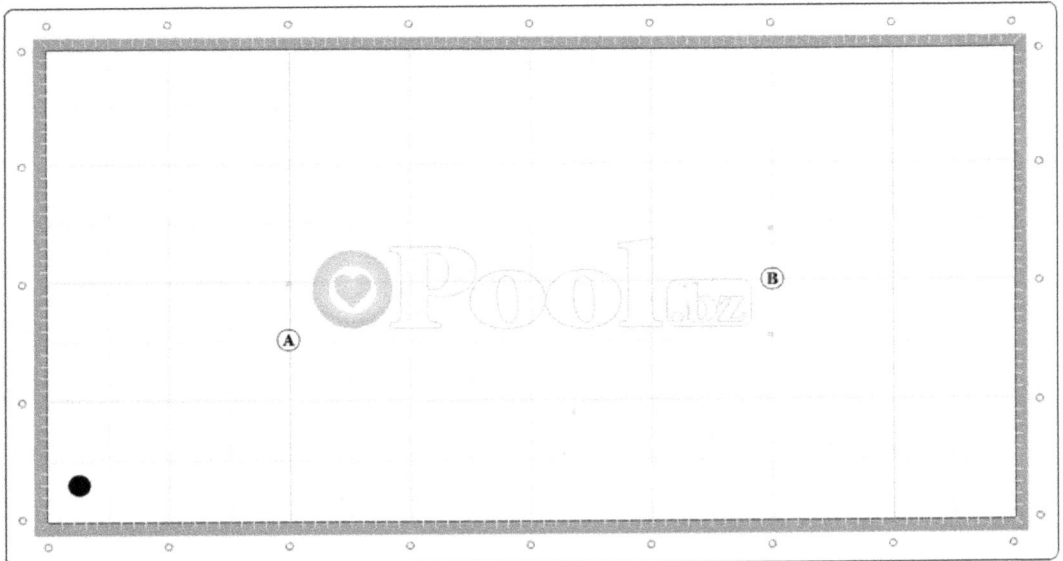

APUNTE:

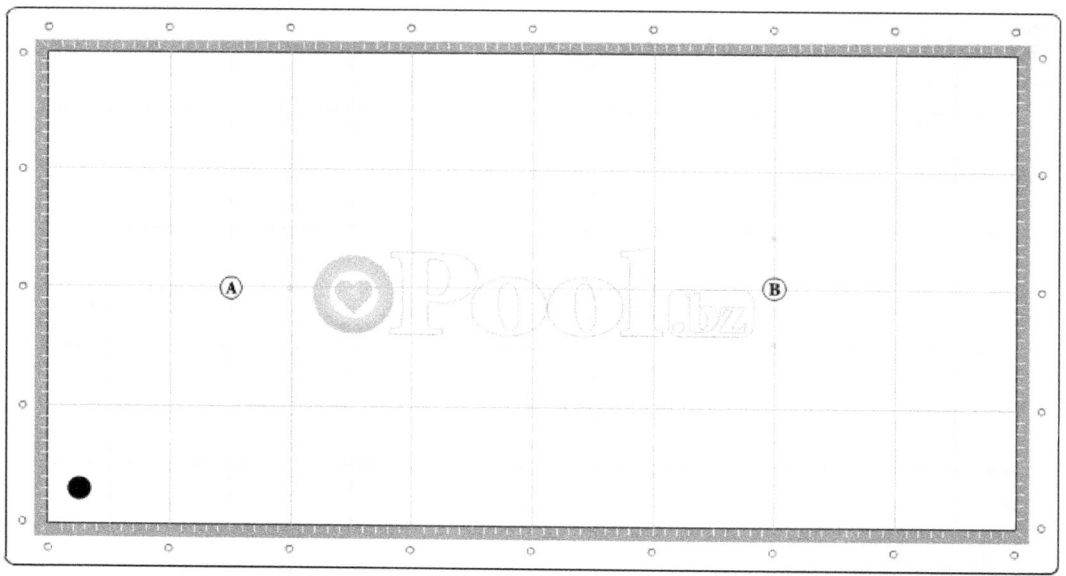

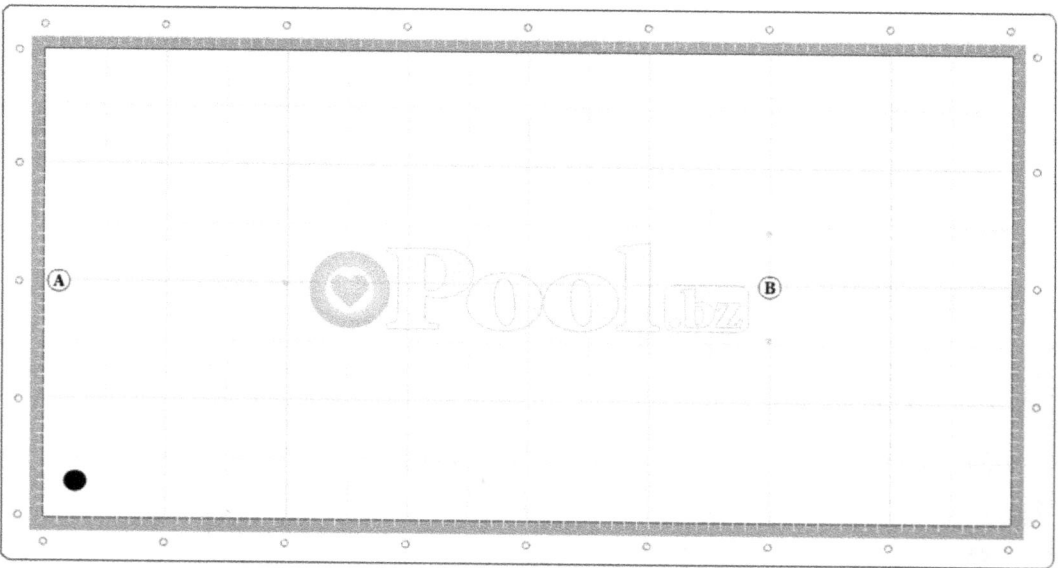

APUNTE:

Grupo 1, conjunto 8

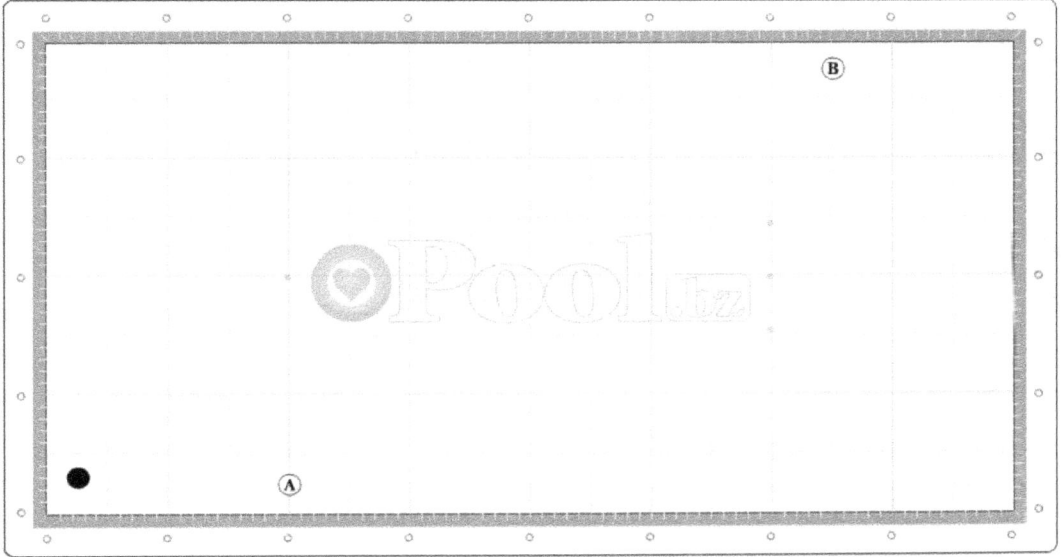

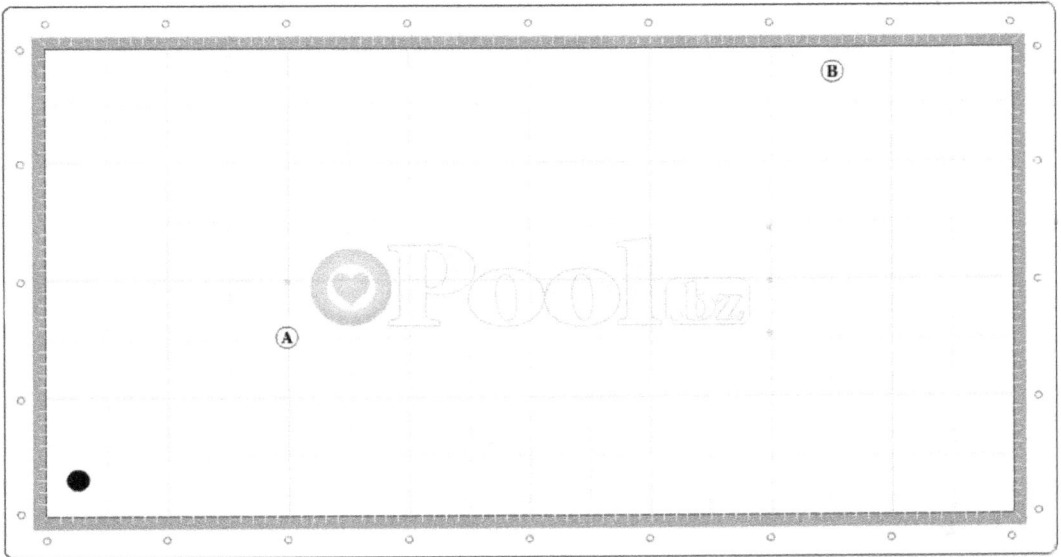

APUNTE:

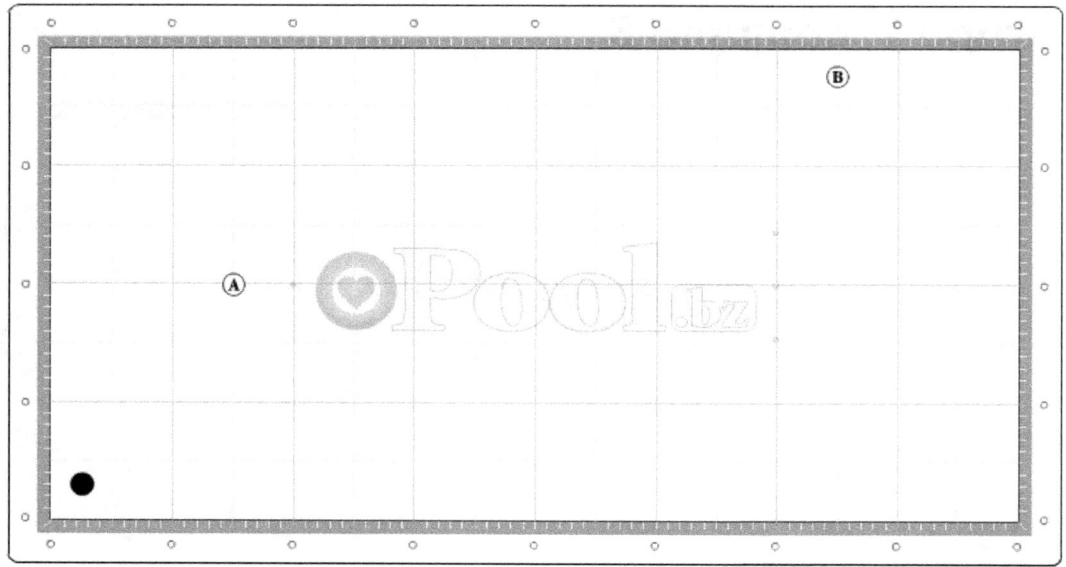

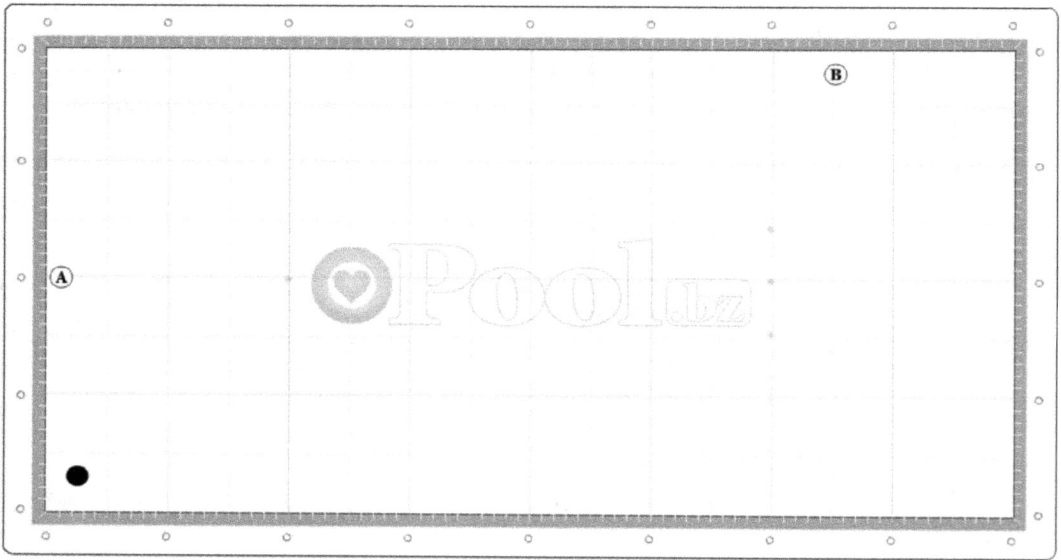

APUNTE:

Grupo 1, conjunto 9

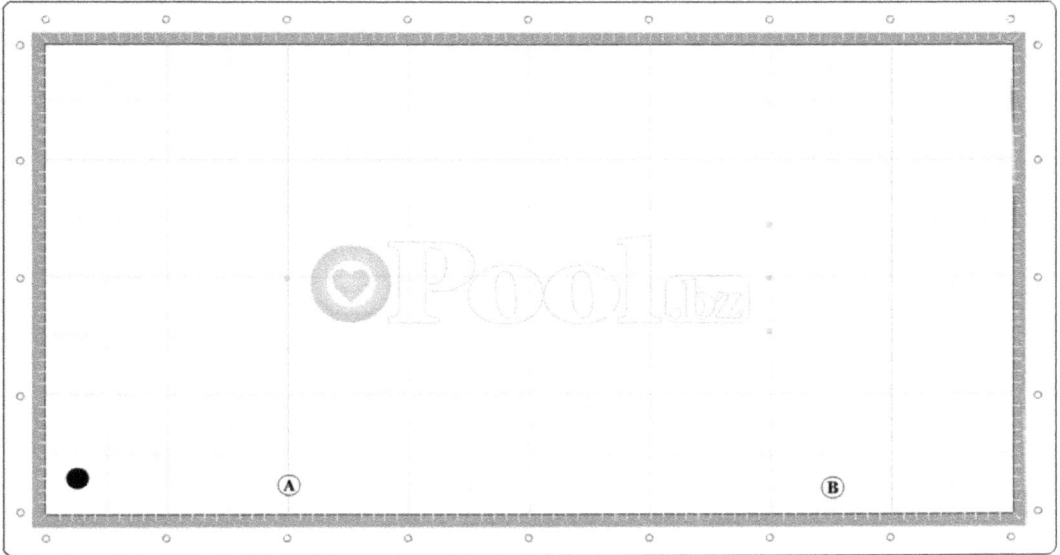

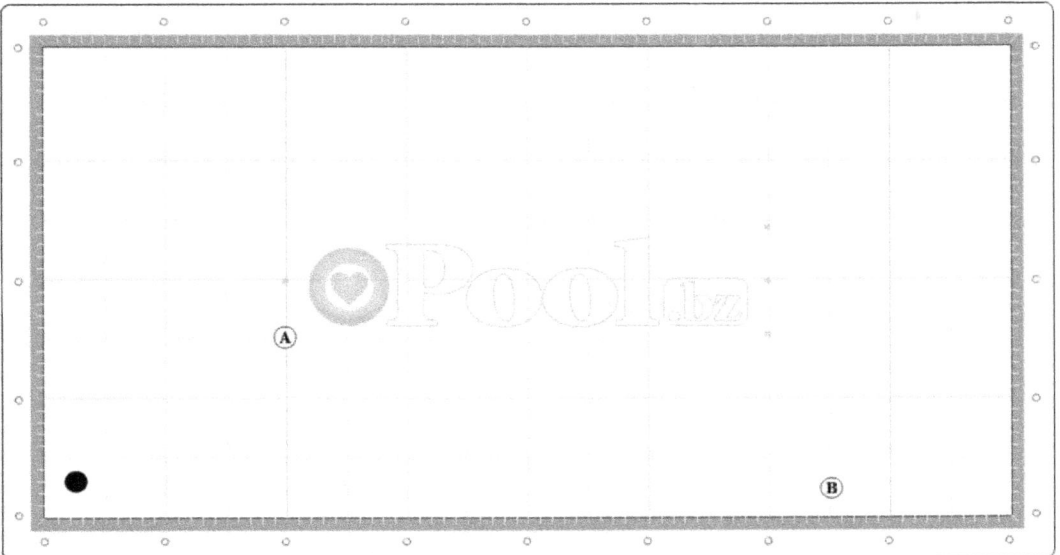

APUNTE:

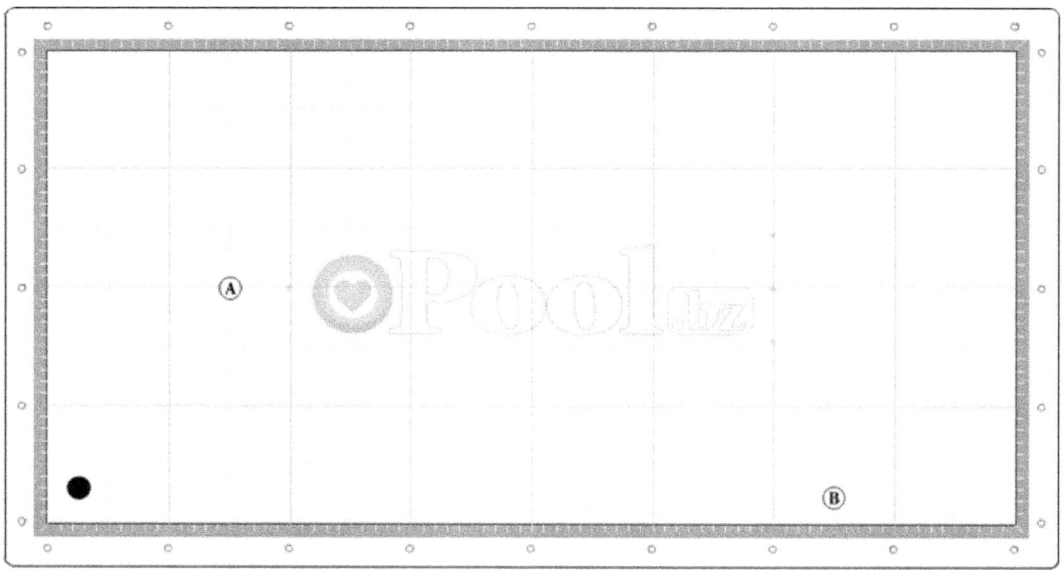

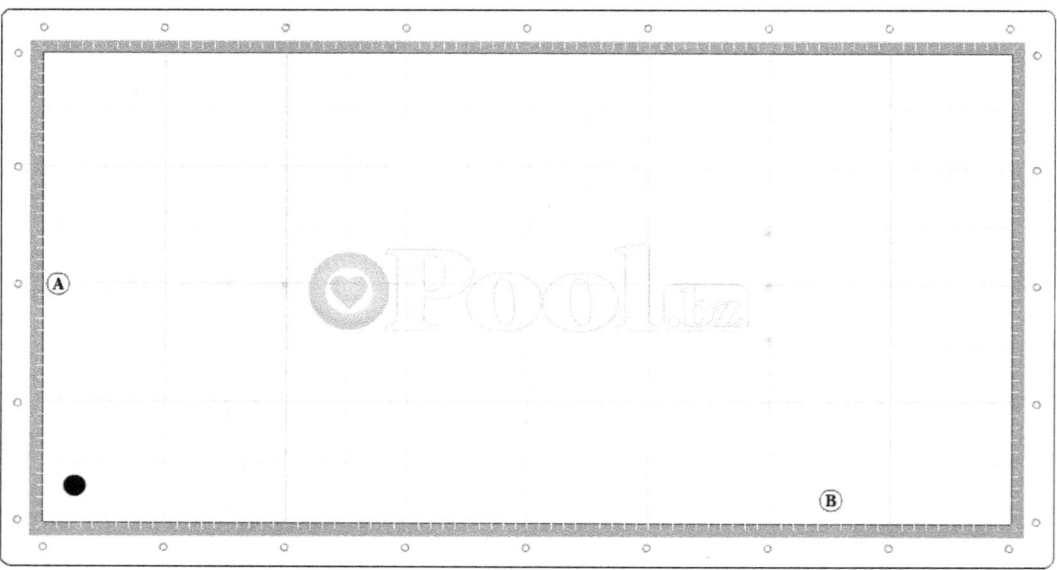

APUNTE:

Grupo 1, conjunto 10

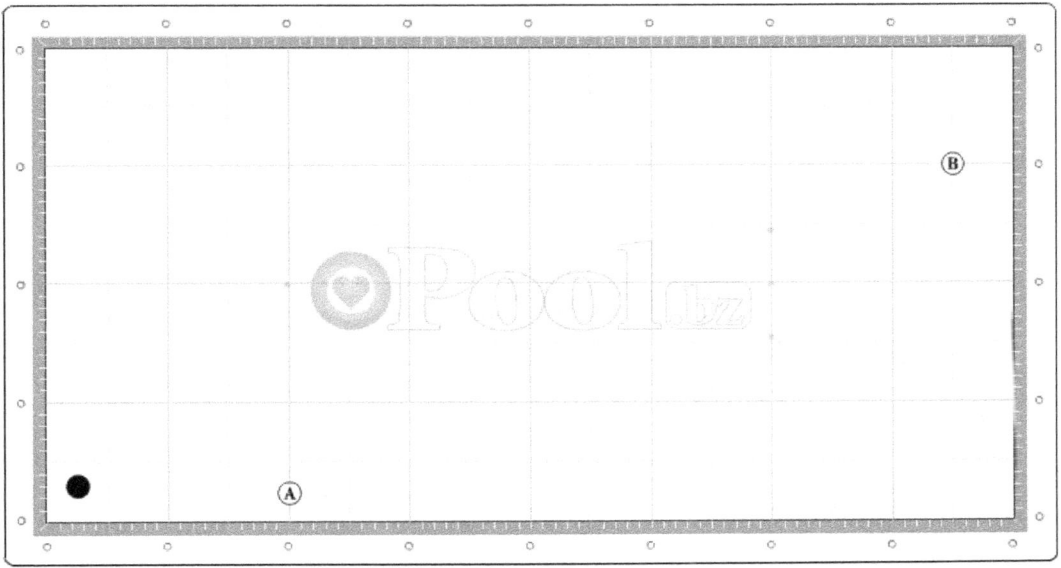

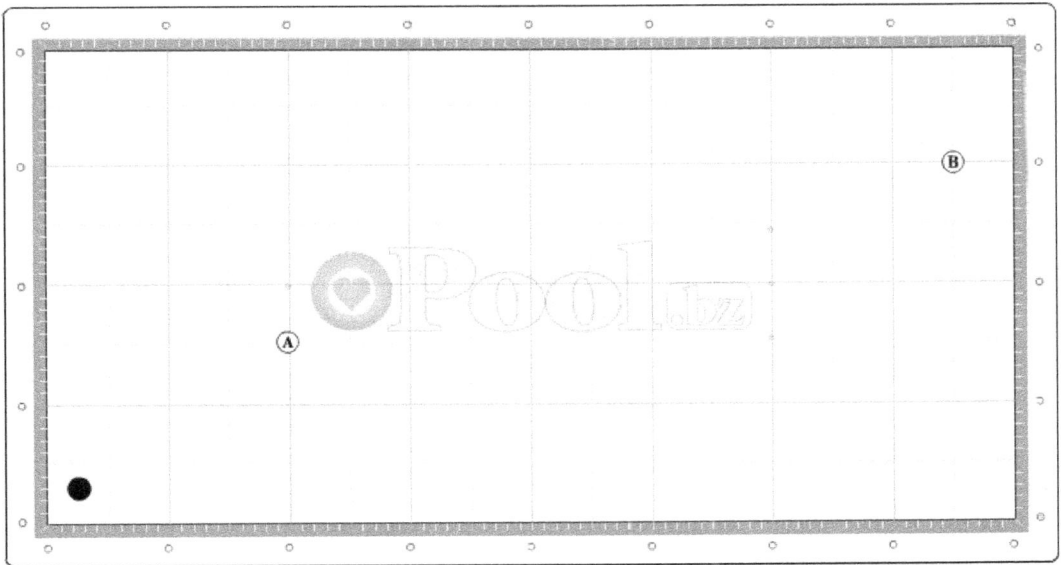

APUNTE:

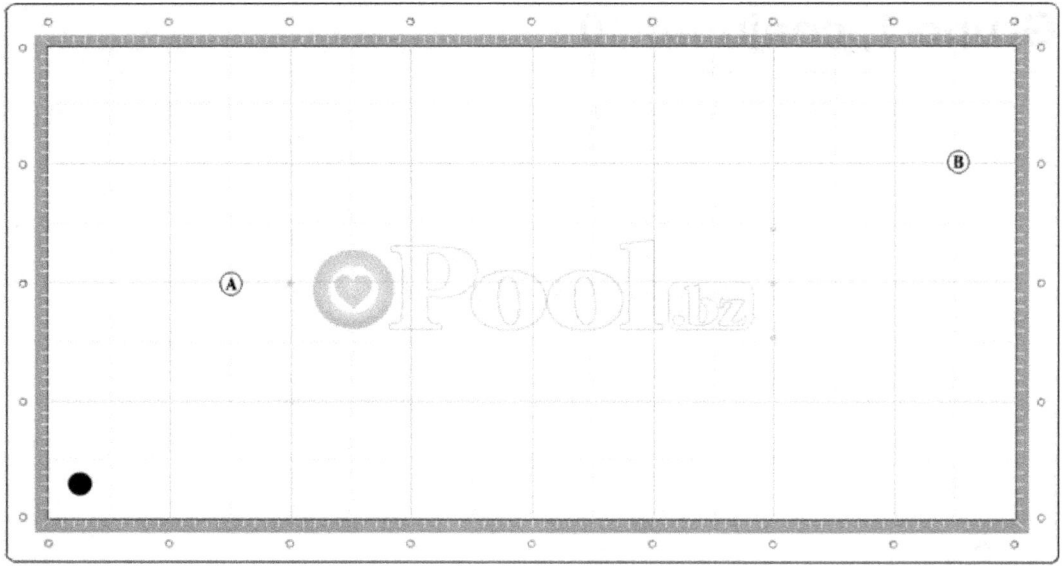

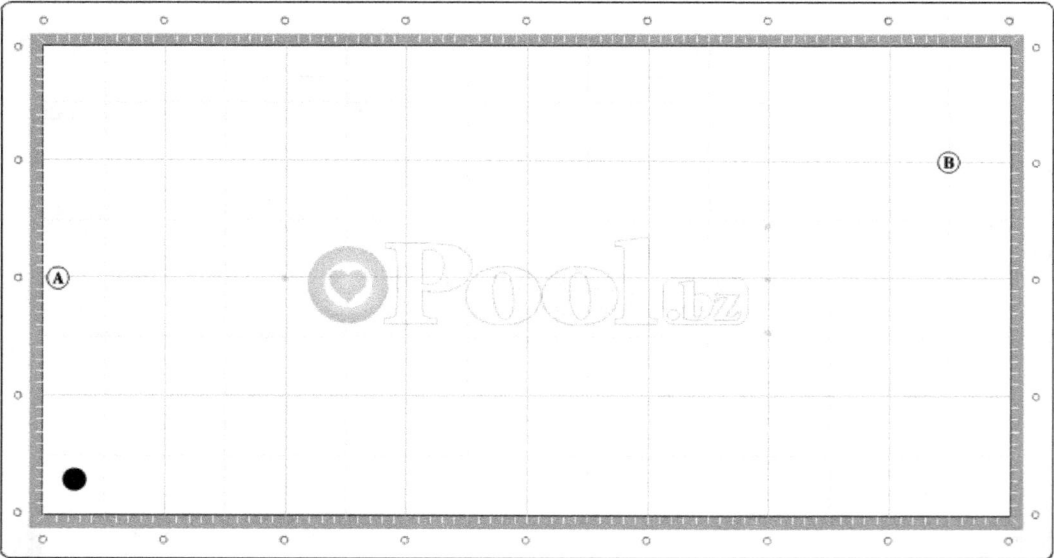

APUNTE:

Grupo 1, conjunto 11

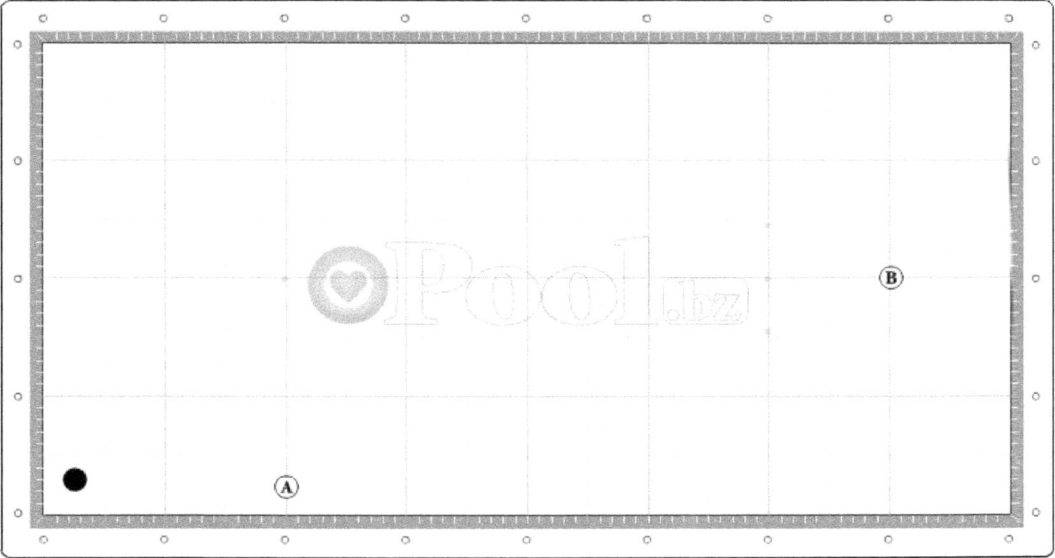

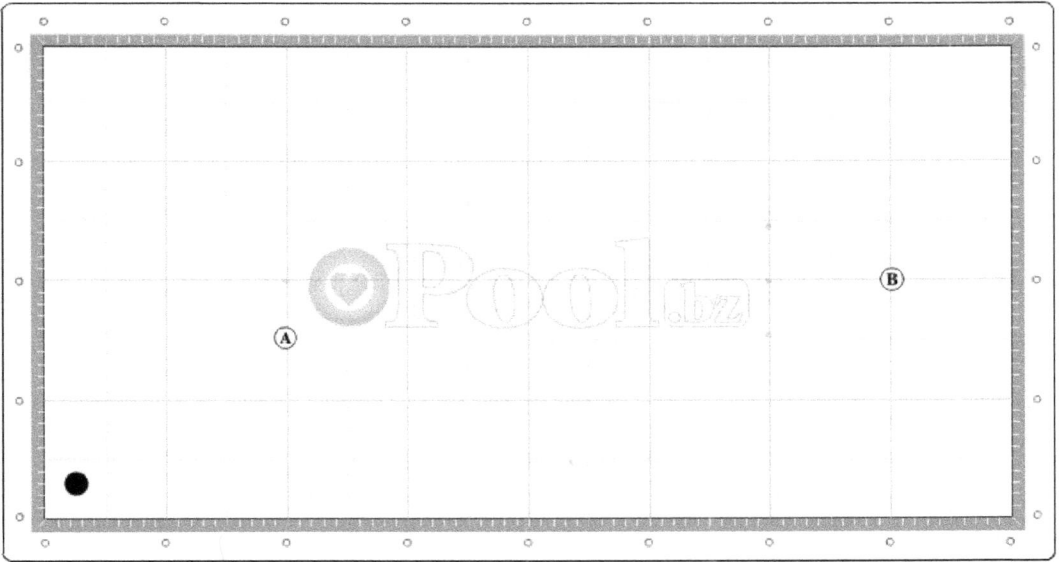

APUNTE:

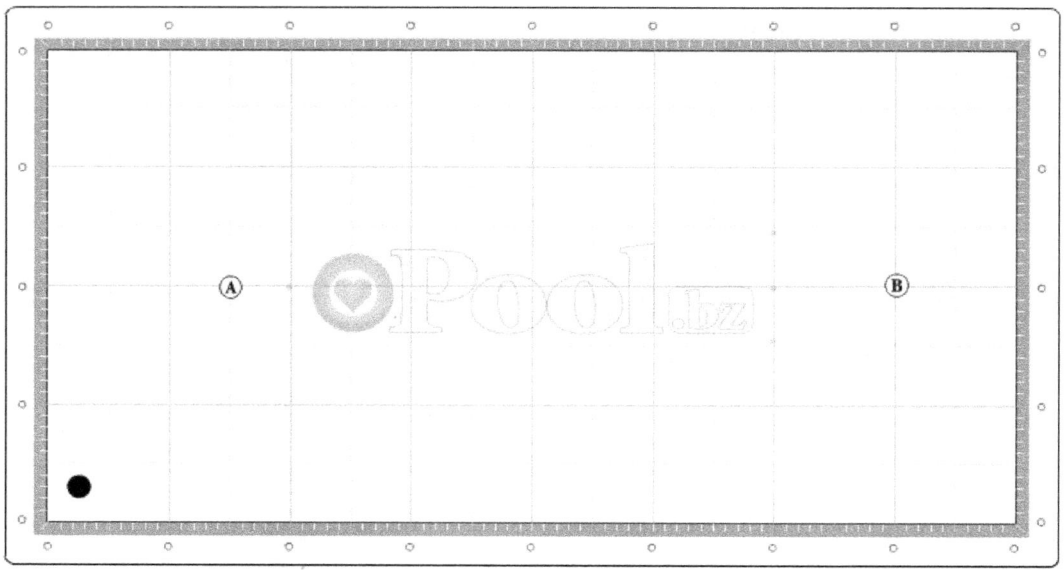

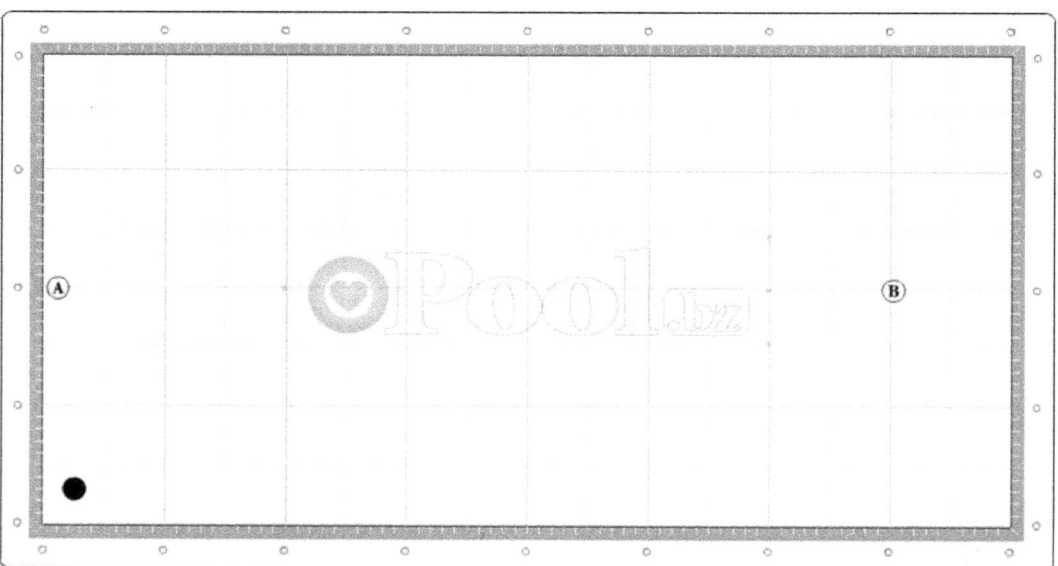

APUNTE:

Grupo 1, conjunto 12

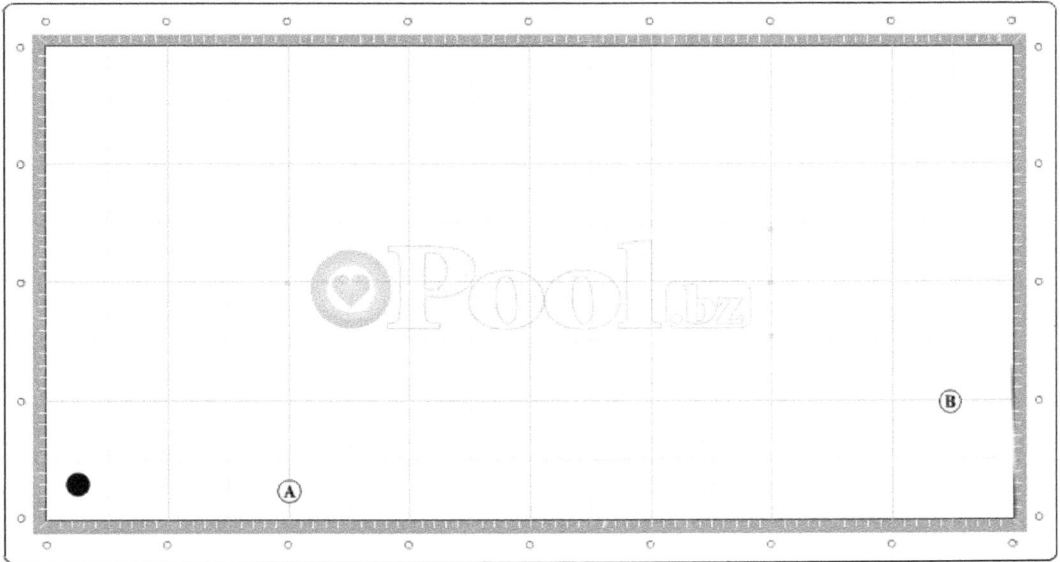

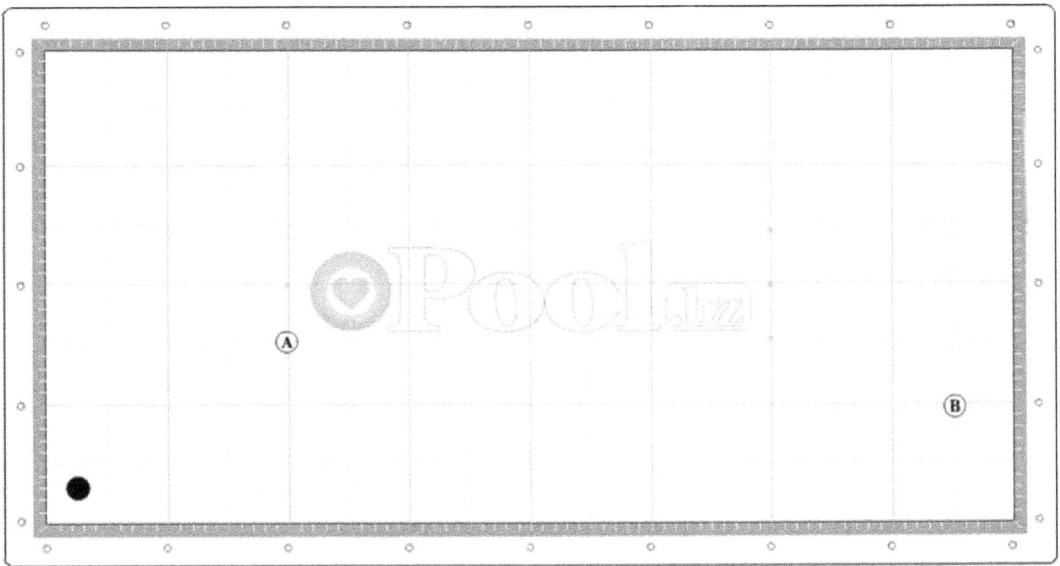

APUNTE:

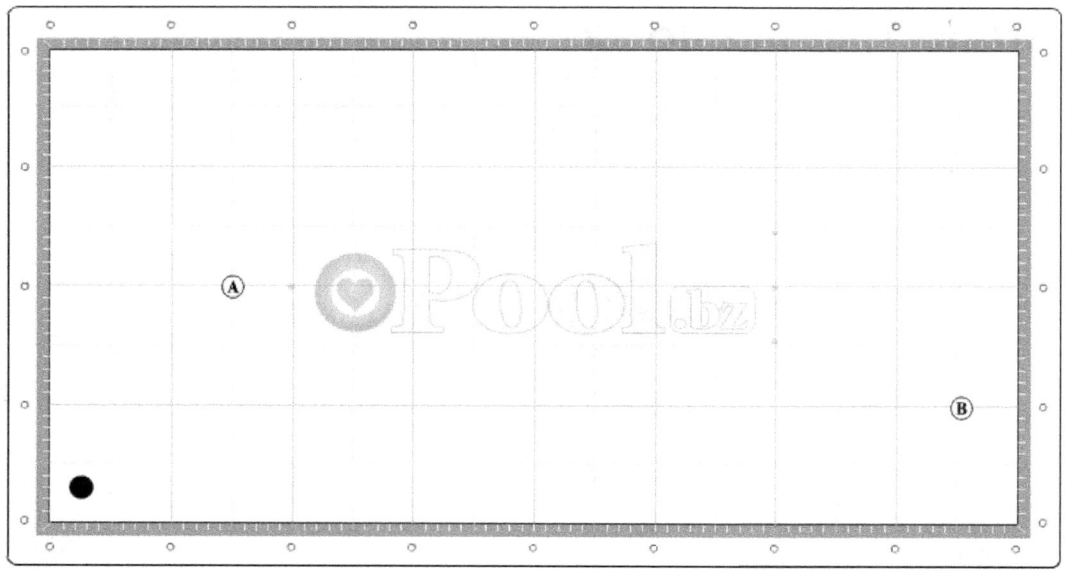

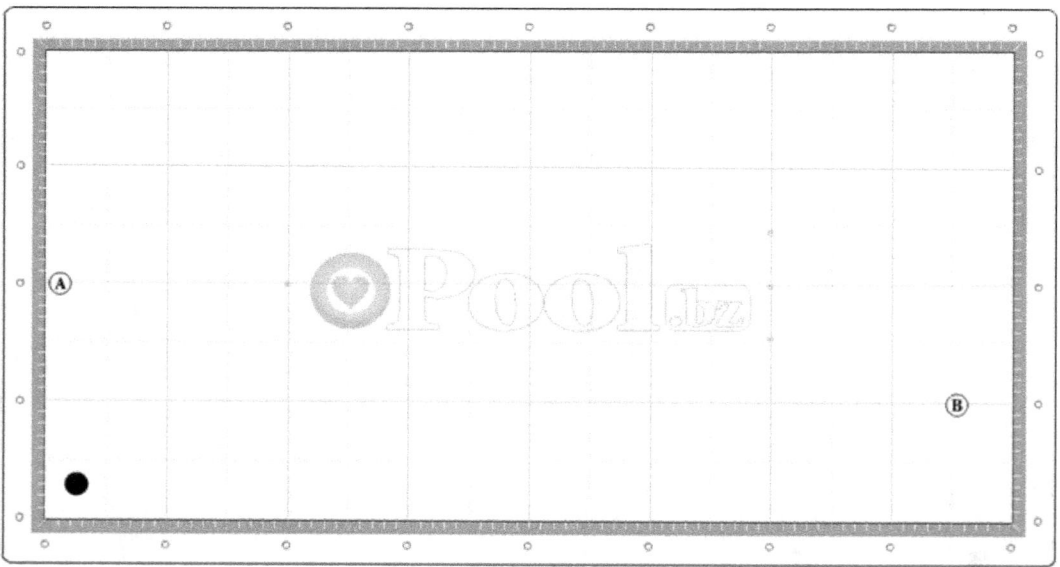

APUNTE:

GRUPO 2
Grupo 2, conjunto 1

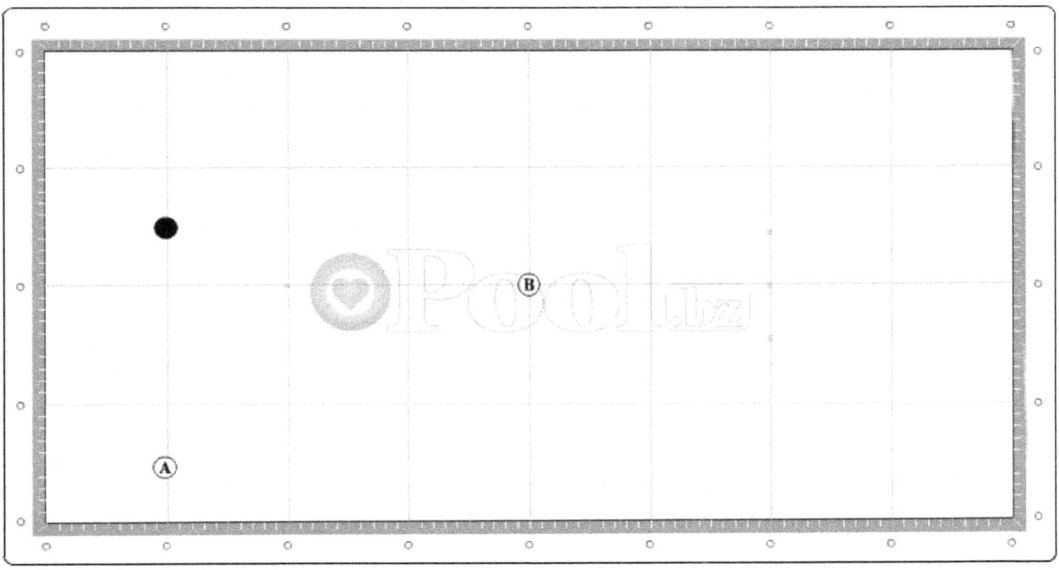

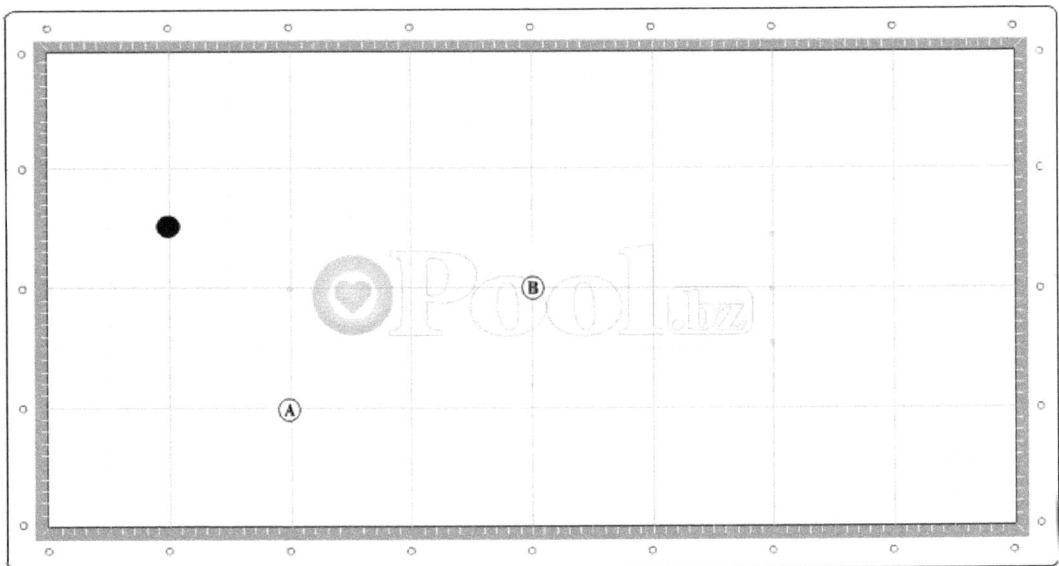

APUNTE:

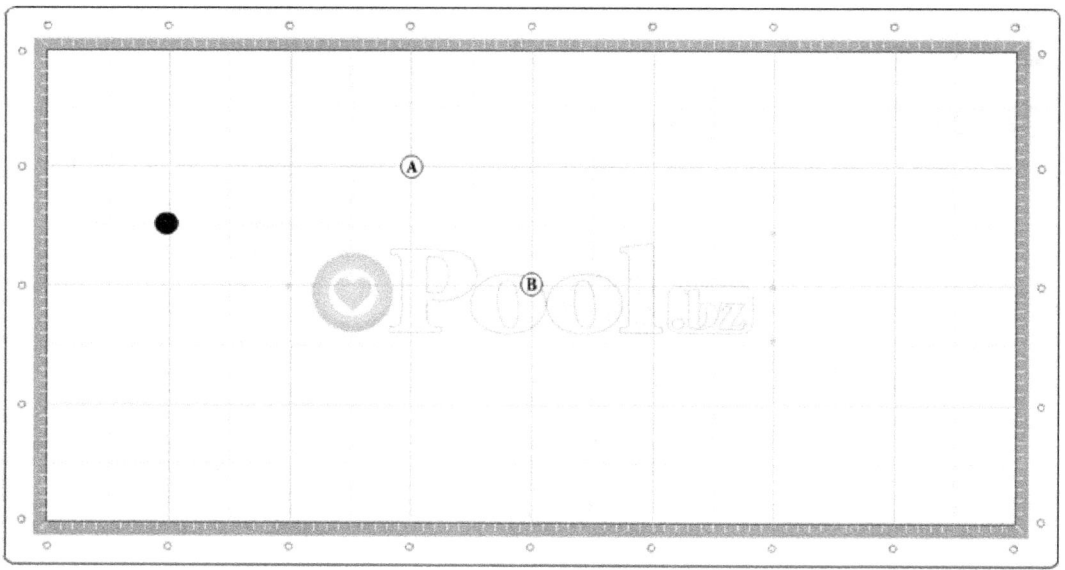

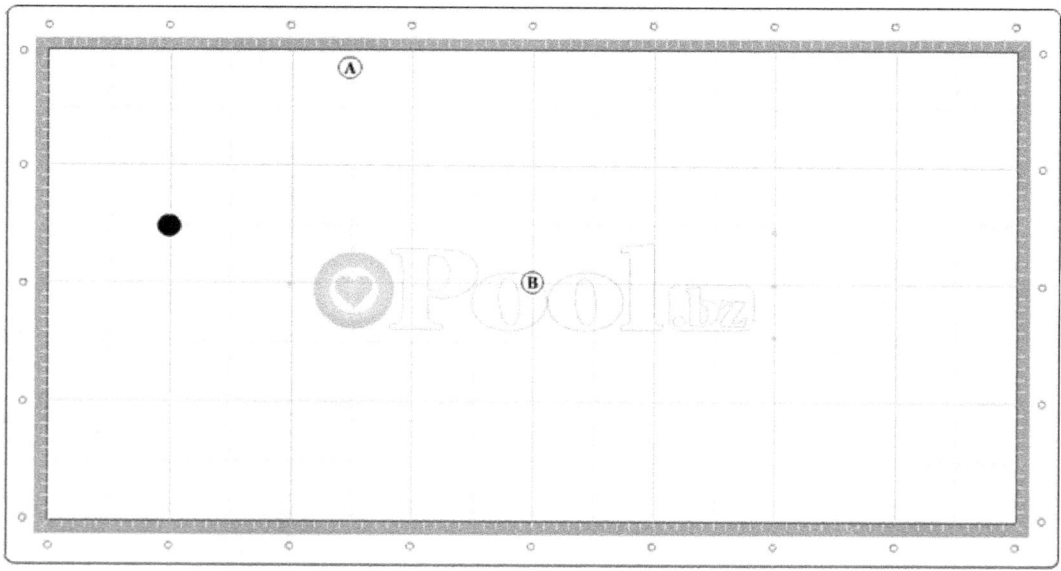

APUNTE:

Grupo 2, conjunto 2

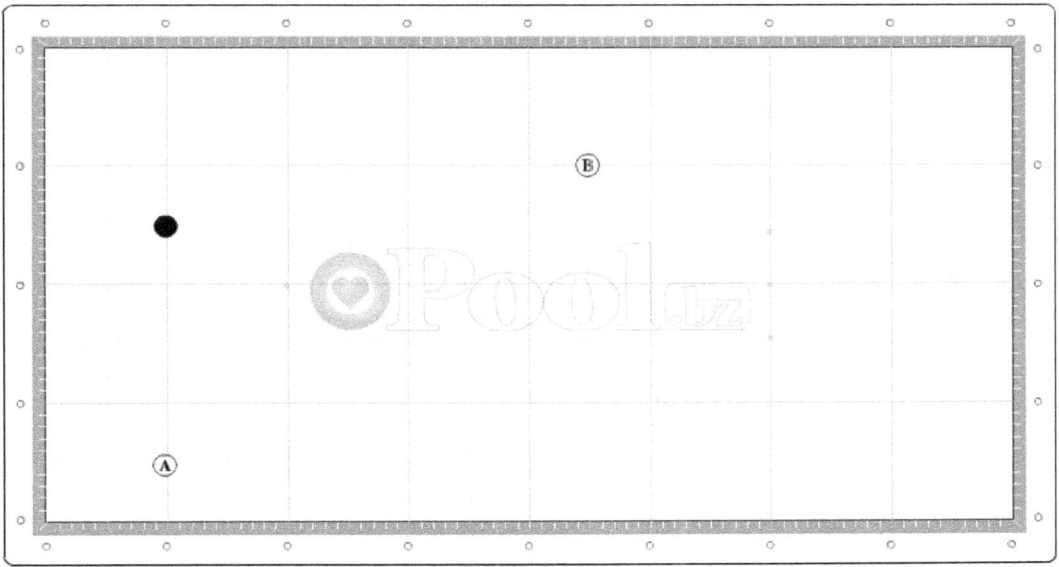

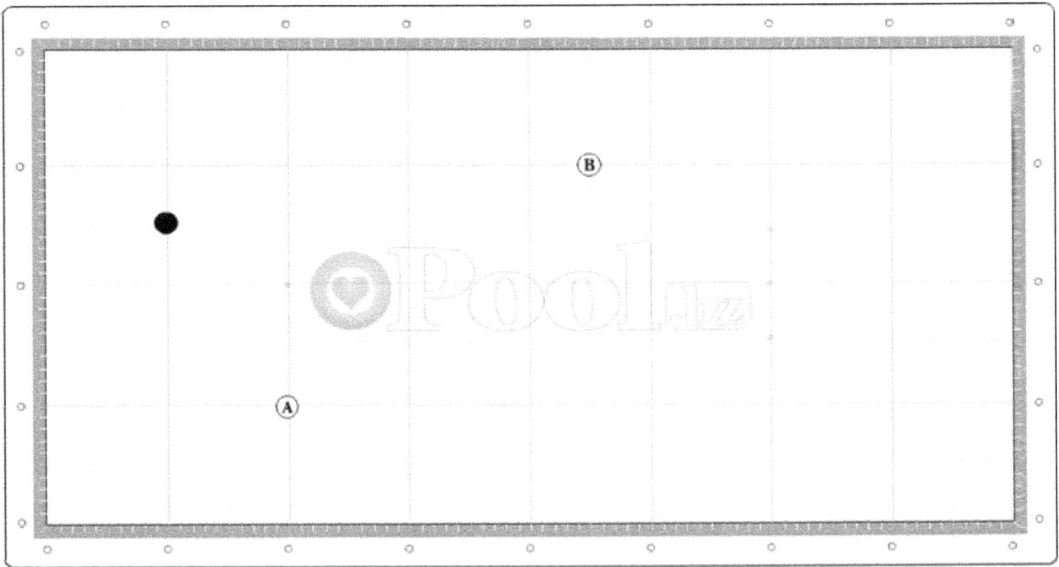

APUNTE:

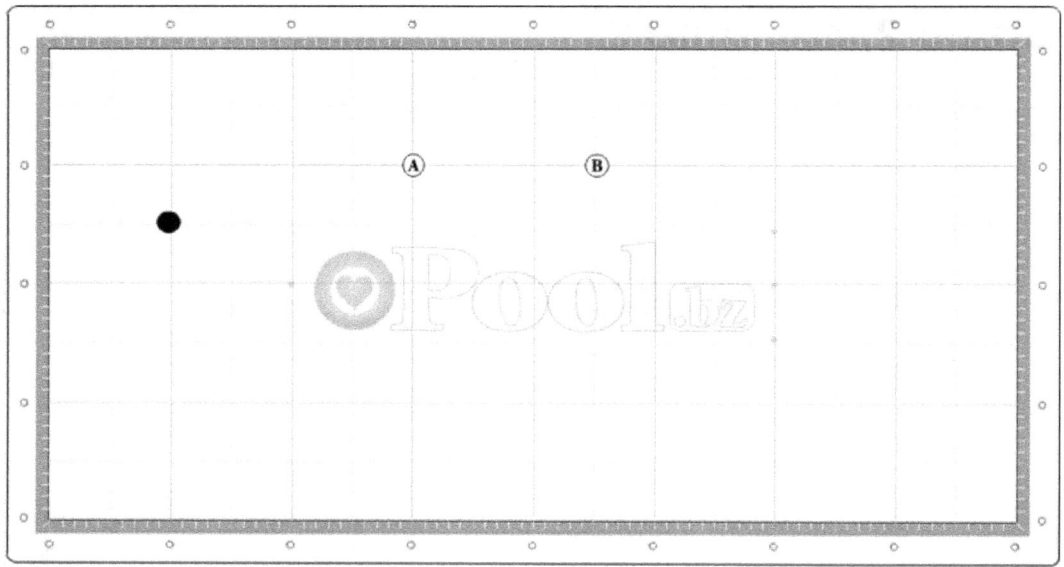

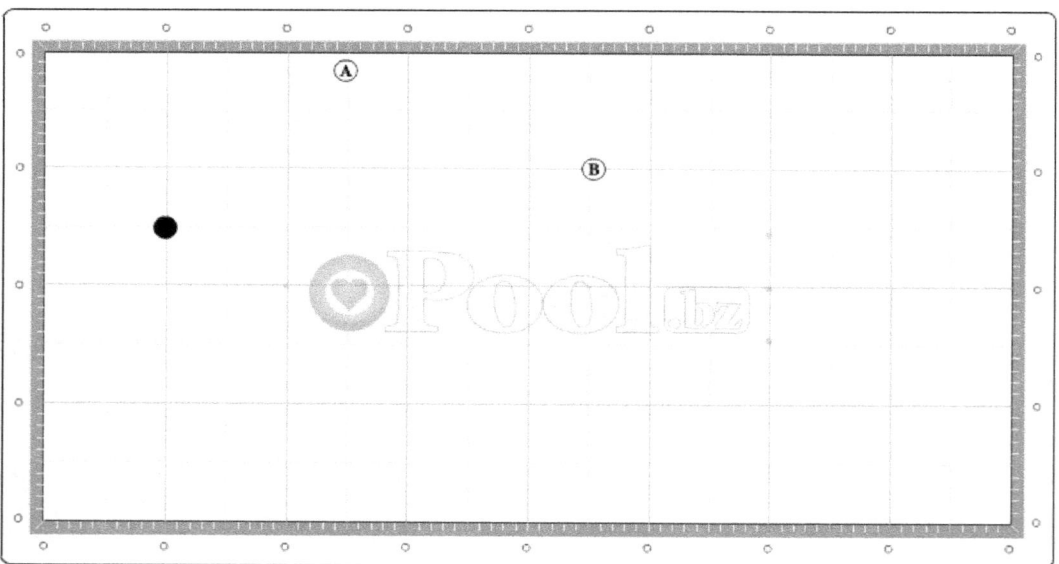

APUNTE:

Grupo 2, conjunto 3

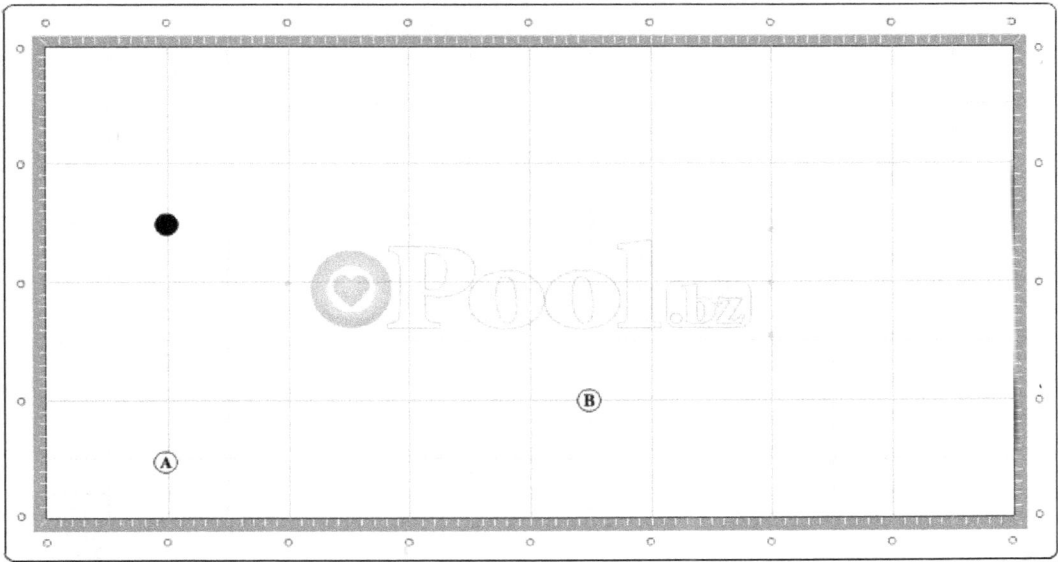

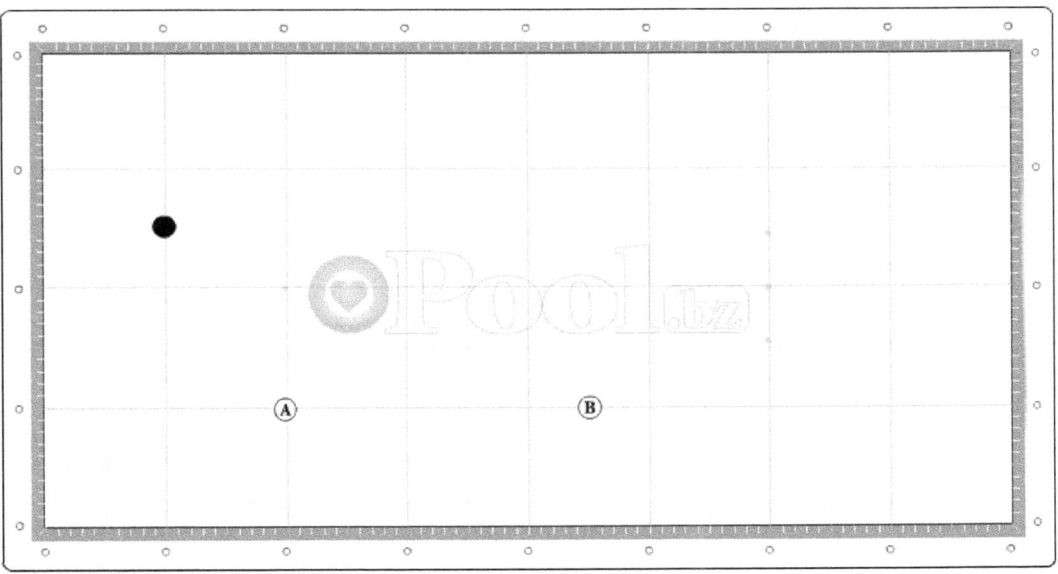

APUNTE:

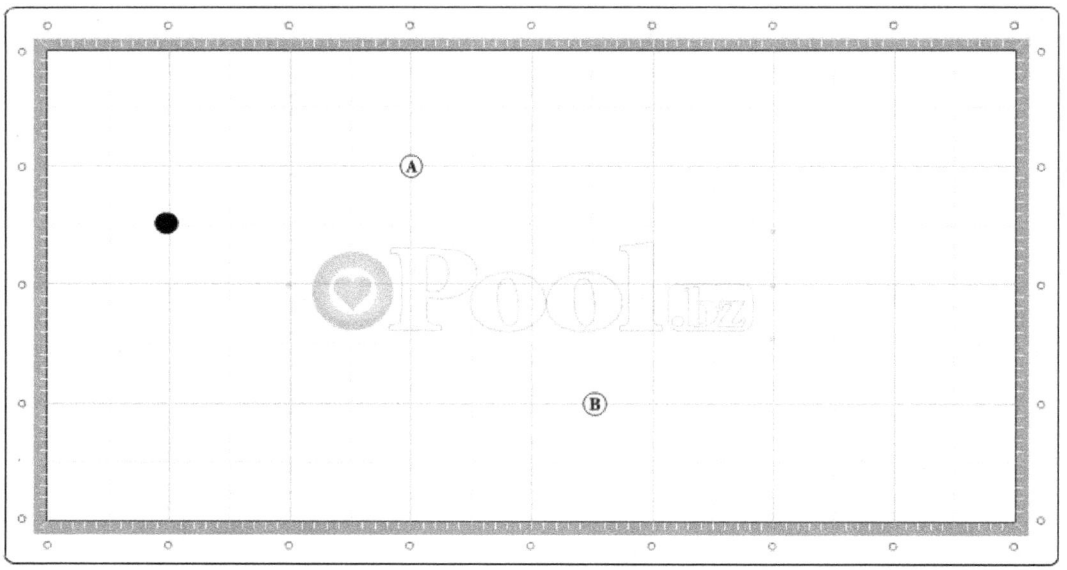

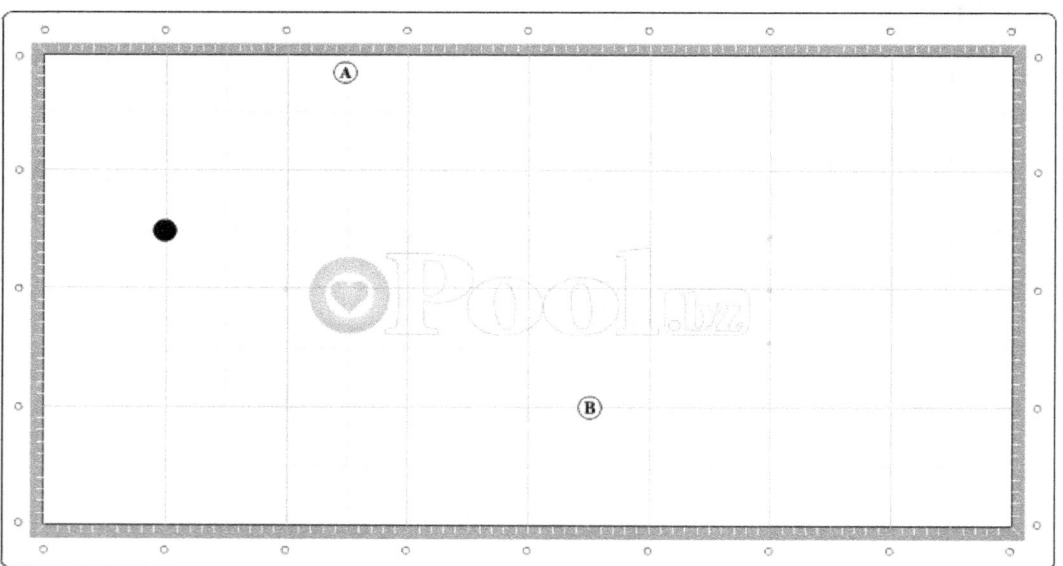

APUNTE:

Grupo 2, conjunto 4

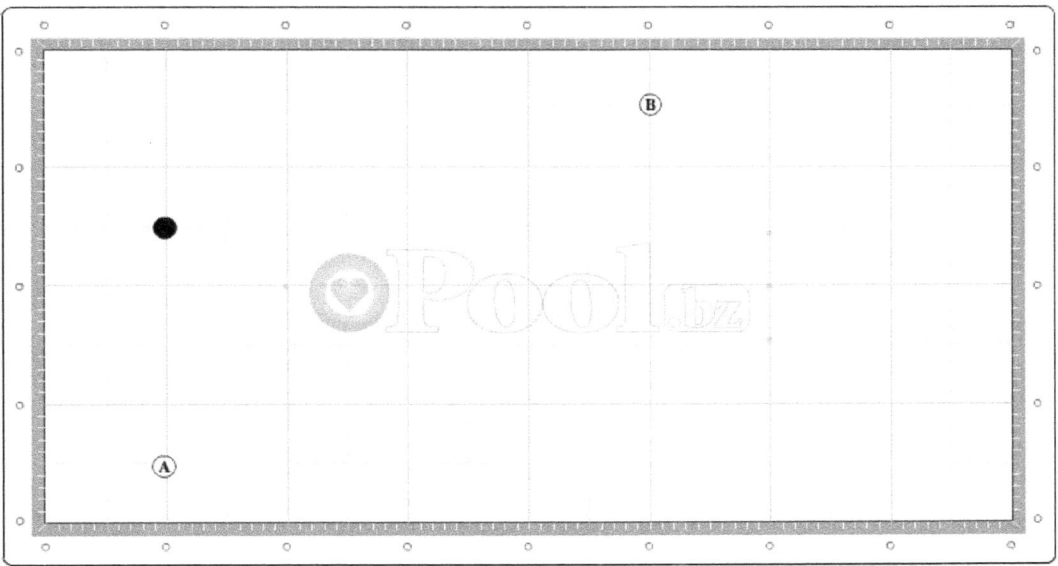

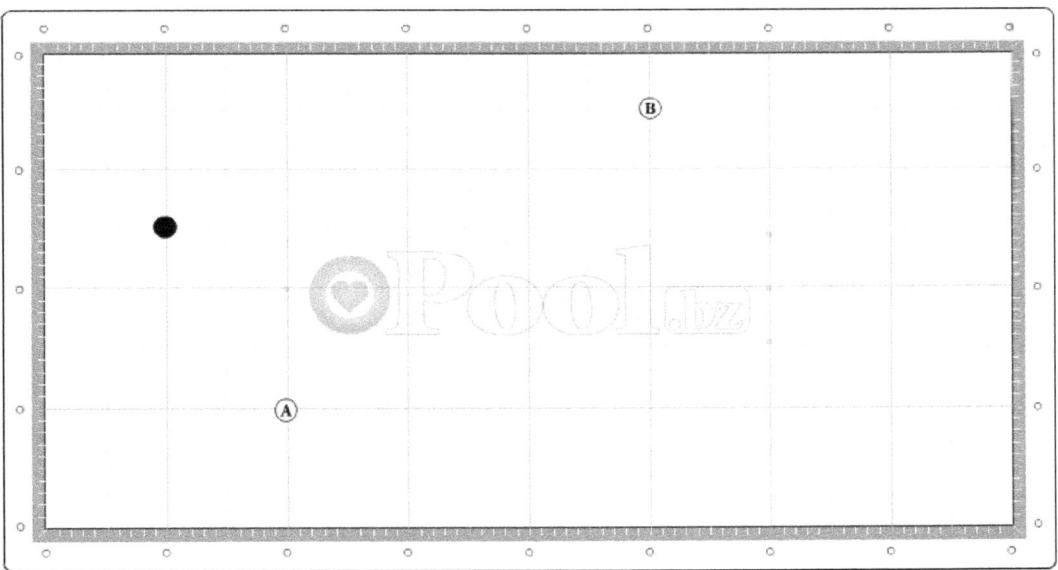

APUNTE:

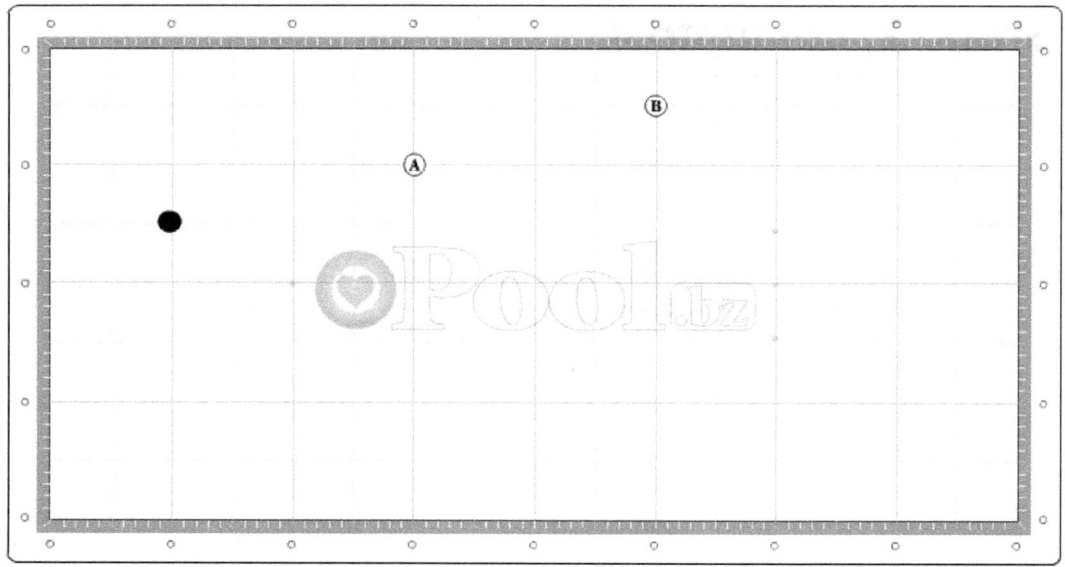

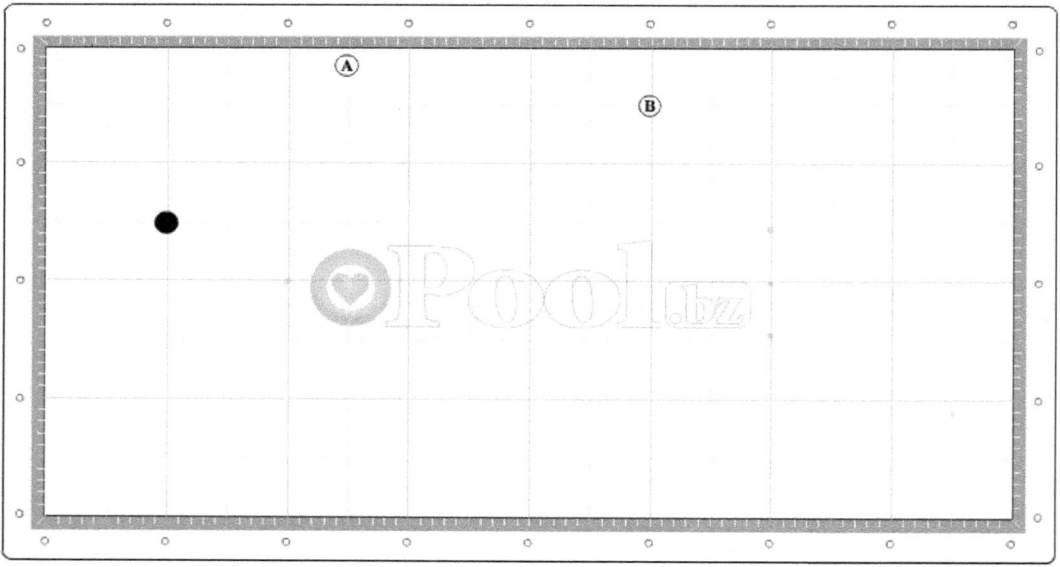

APUNTE:

Grupo 2, conjunto 5

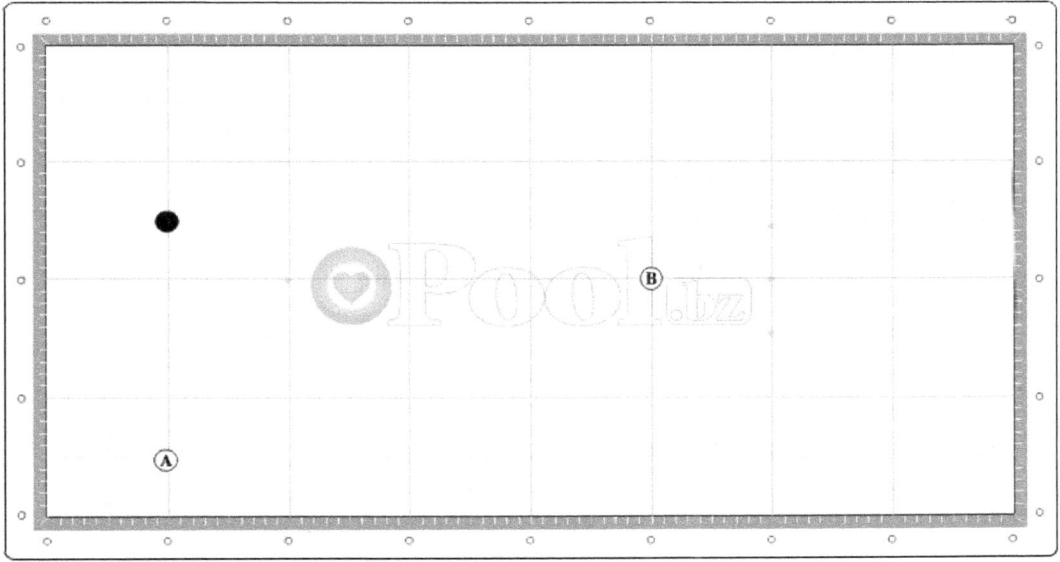

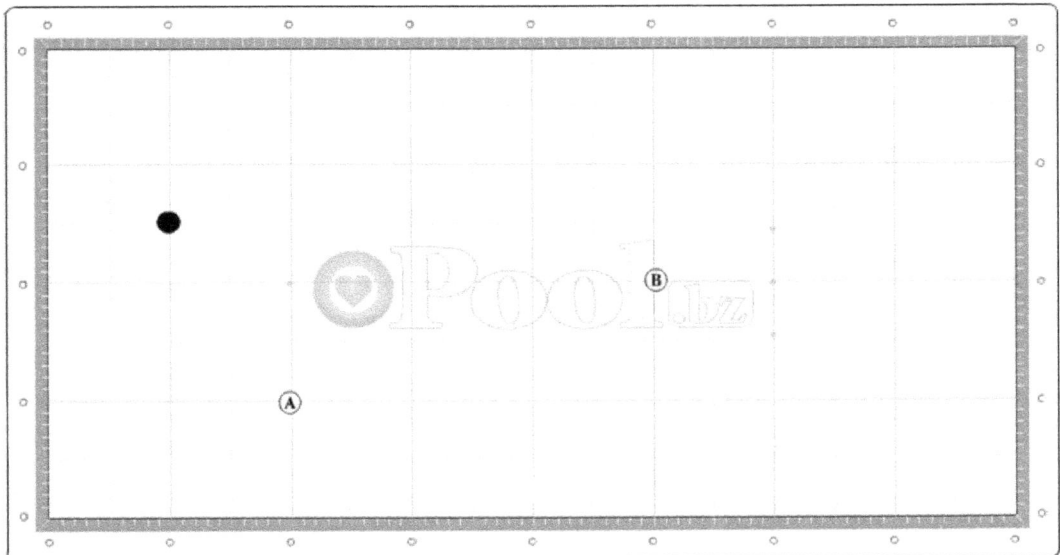

APUNTE:

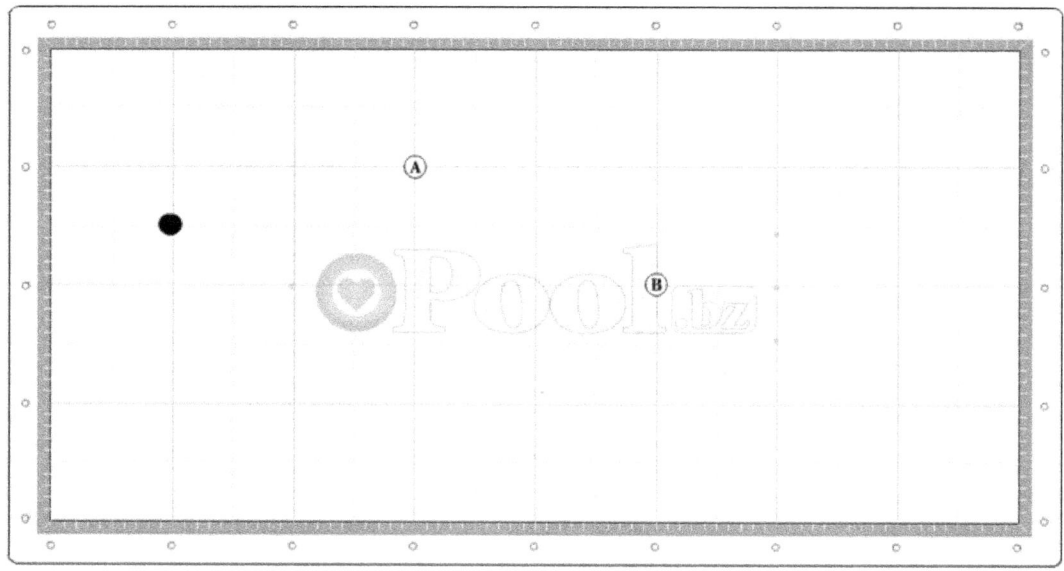

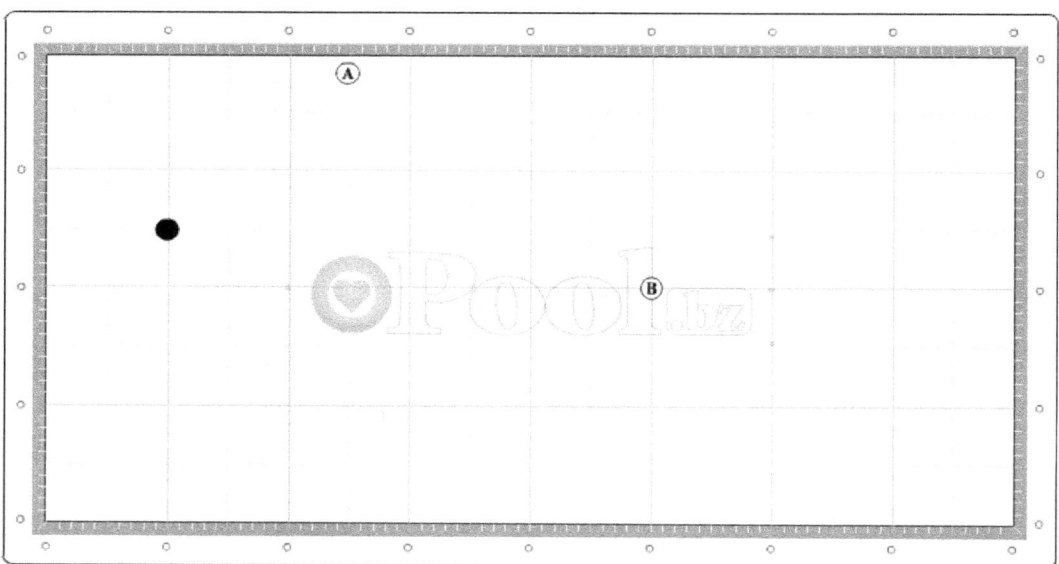

APUNTE:

Grupo 2, conjunto 6

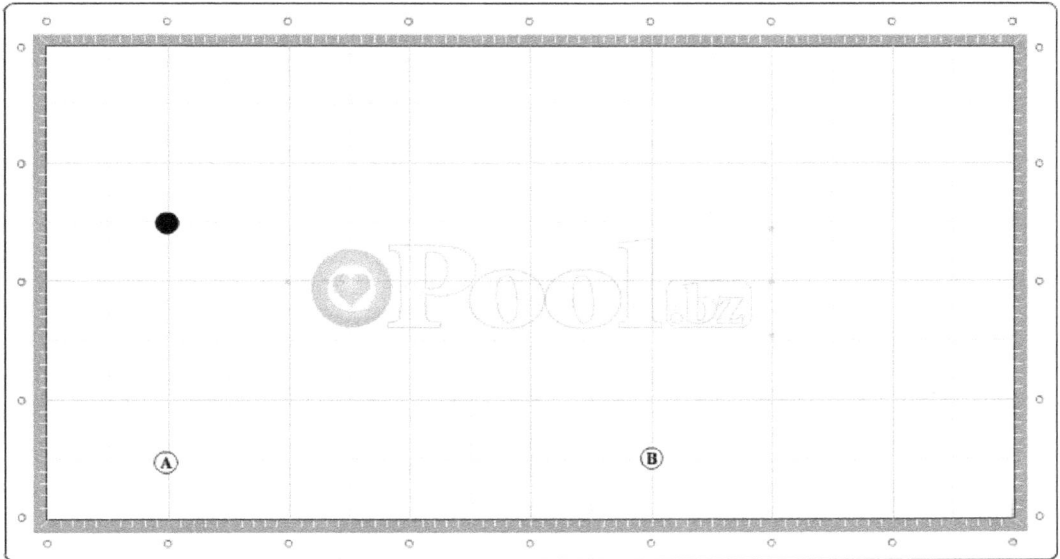

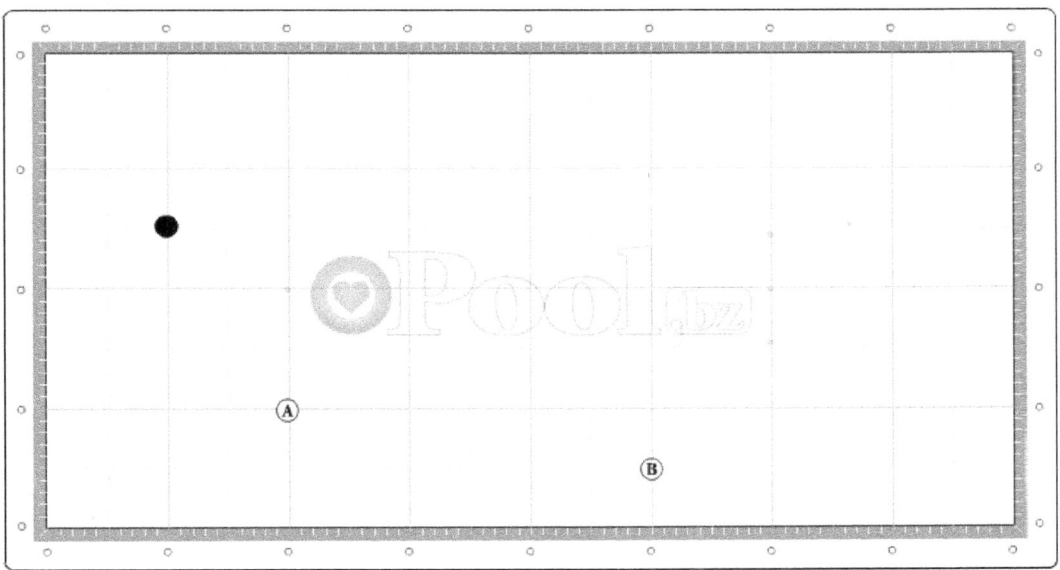

APUNTE:

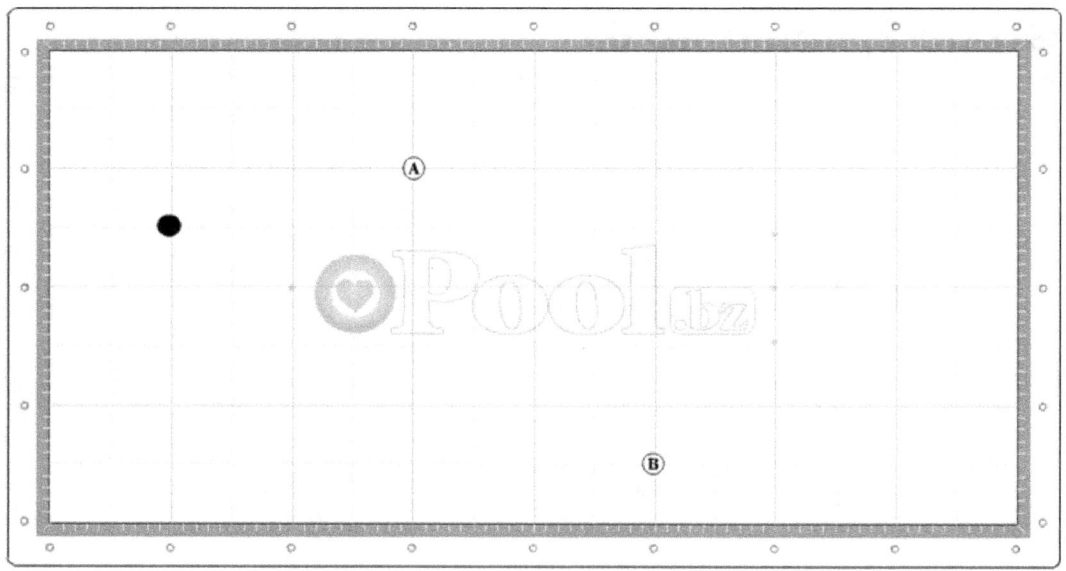

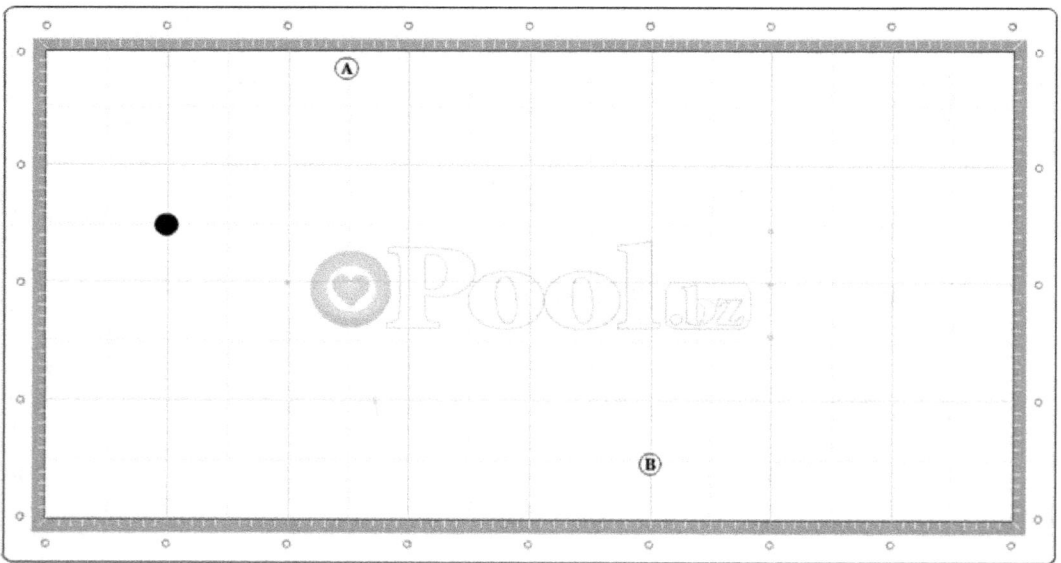

APUNTE:

Grupo 2, conjunto 7

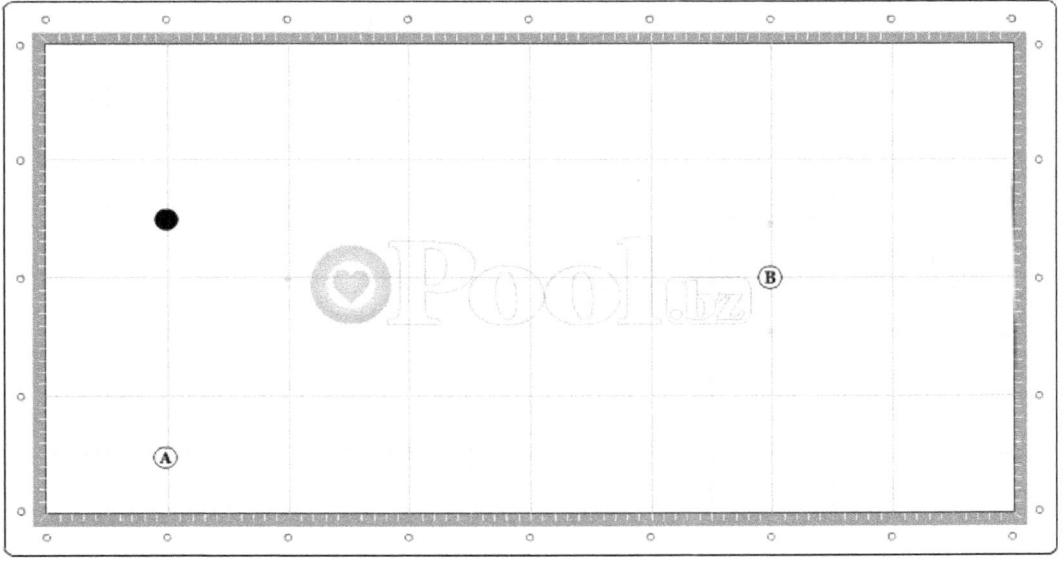

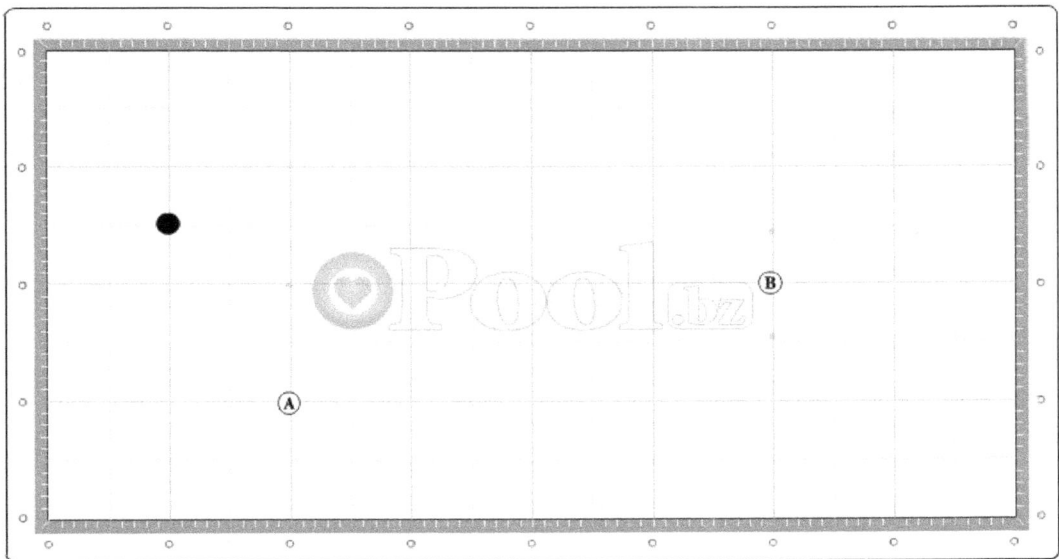

APUNTE:

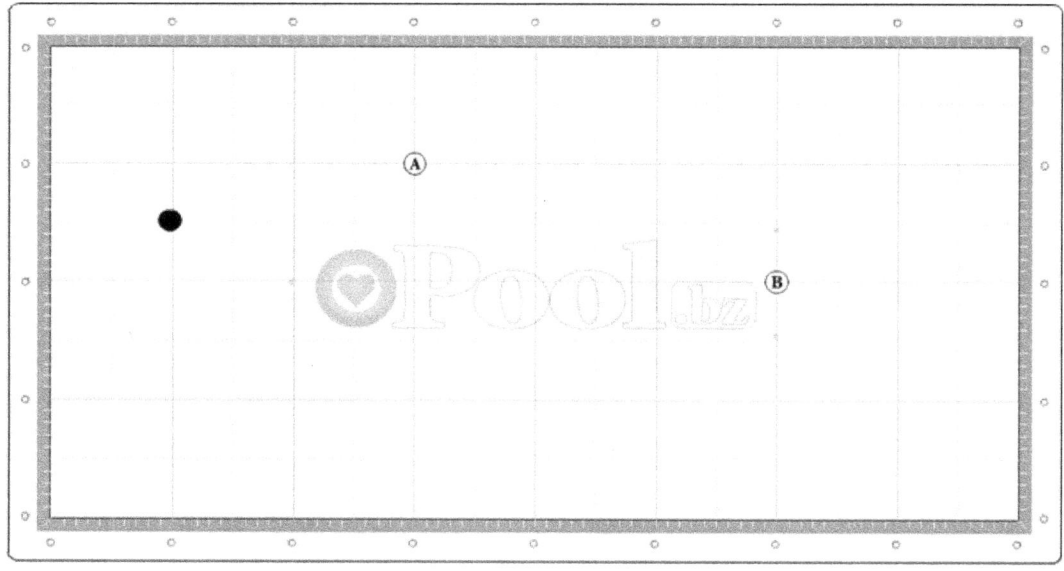

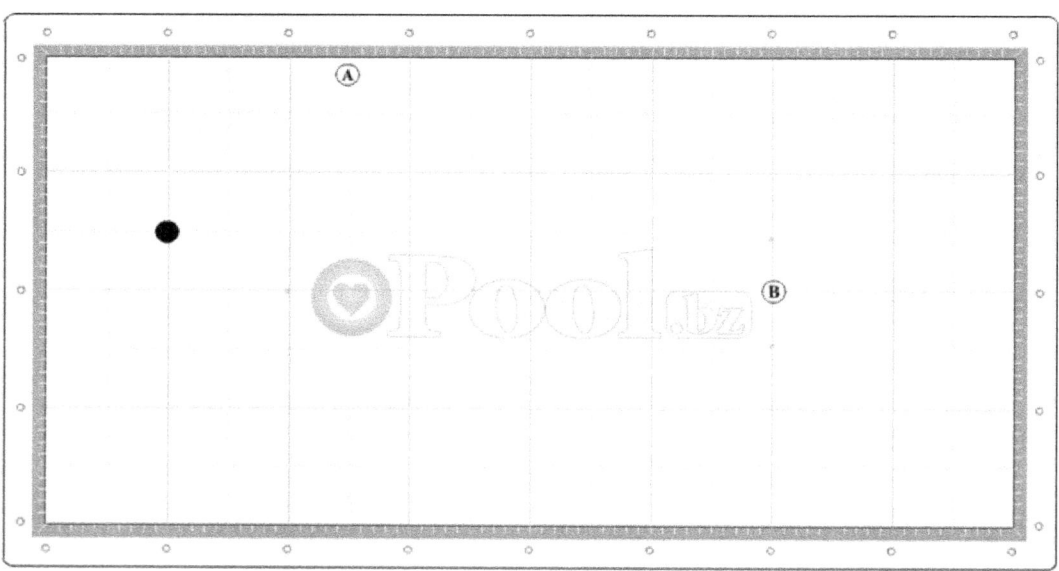

APUNTE:

Grupo 2, conjunto 8

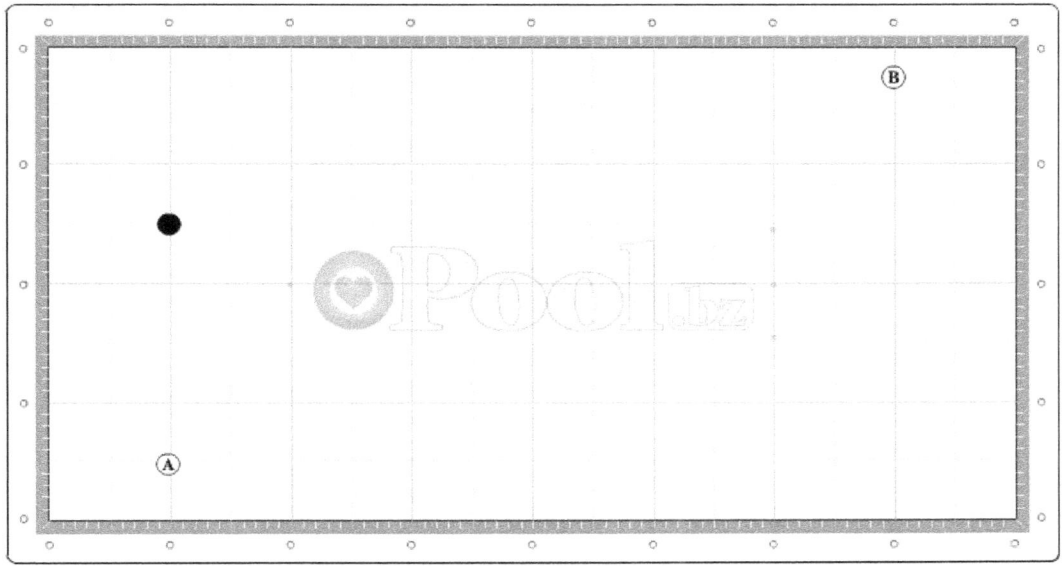

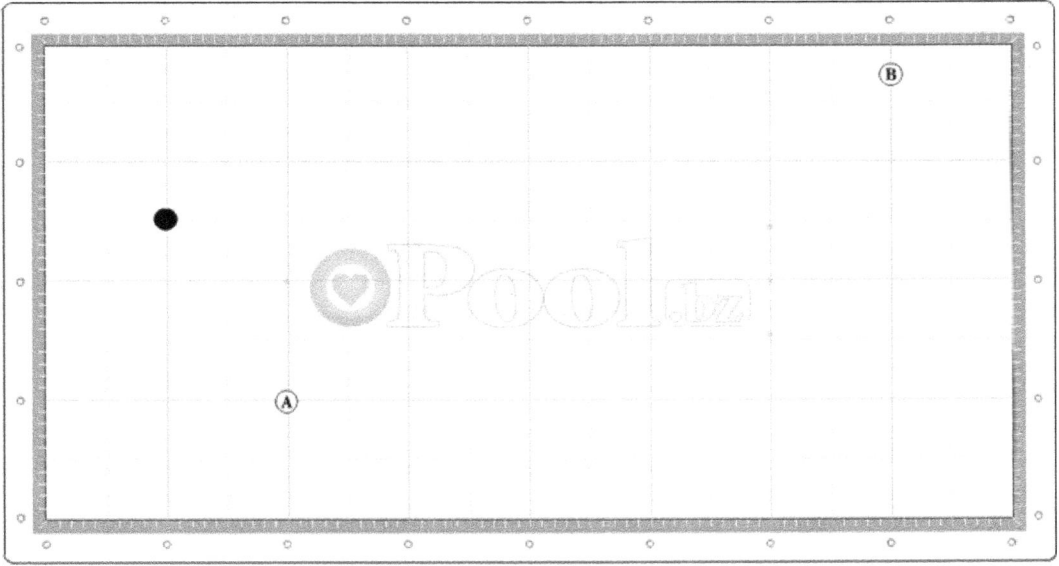

APUNTE:

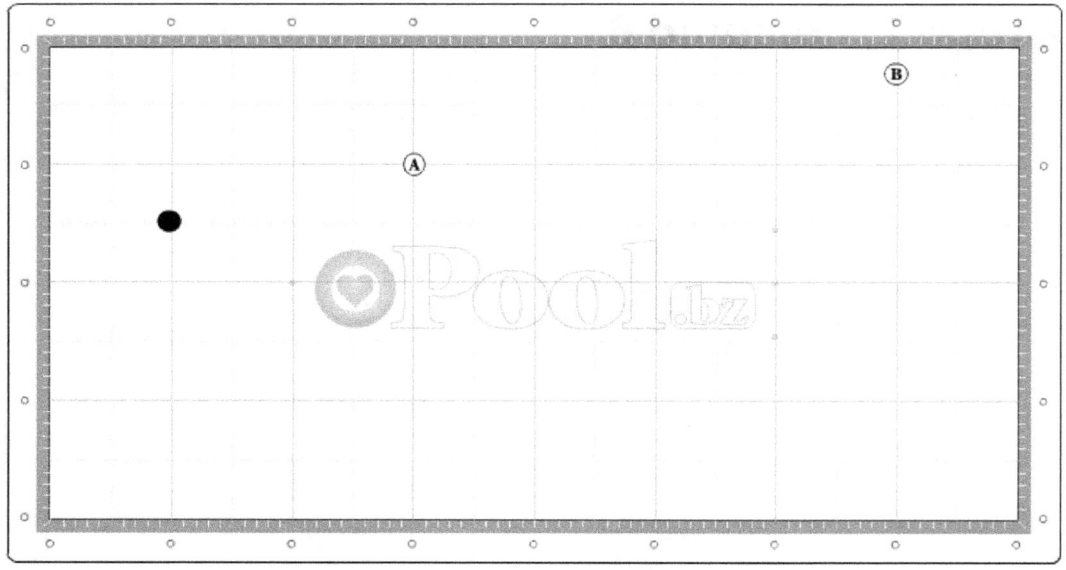

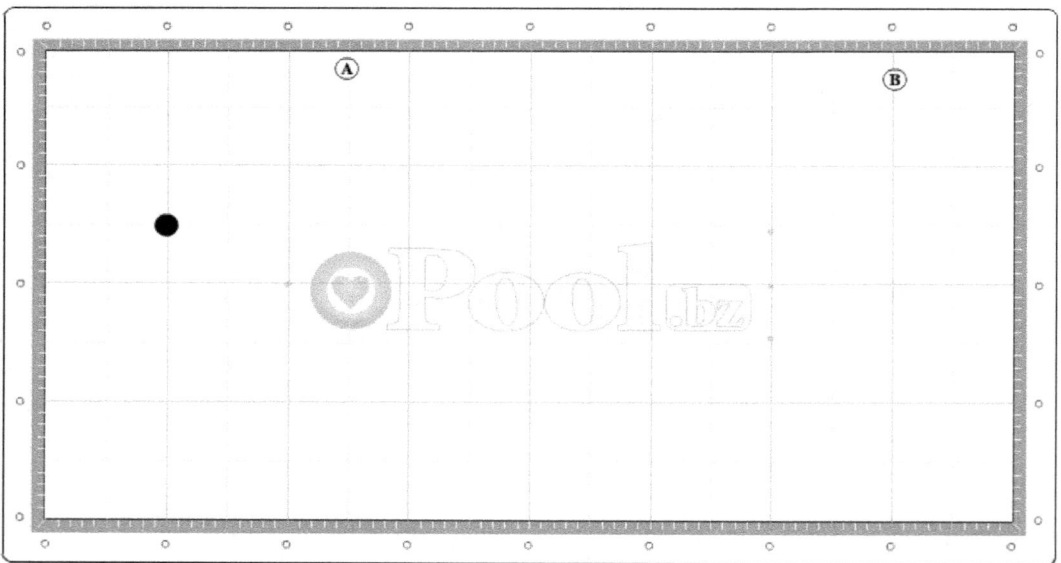

APUNTE:

Grupo 2, conjunto 9

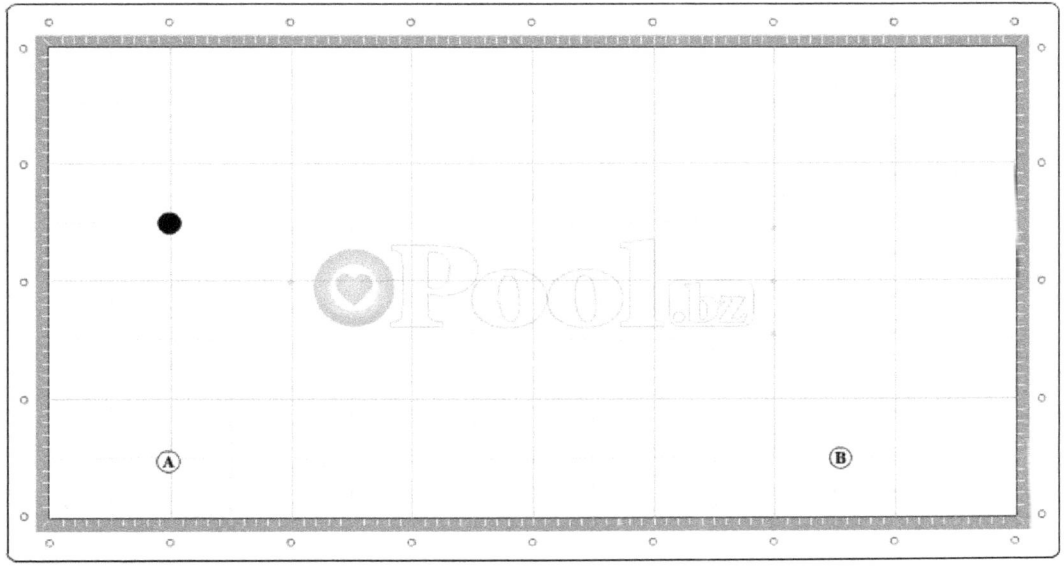

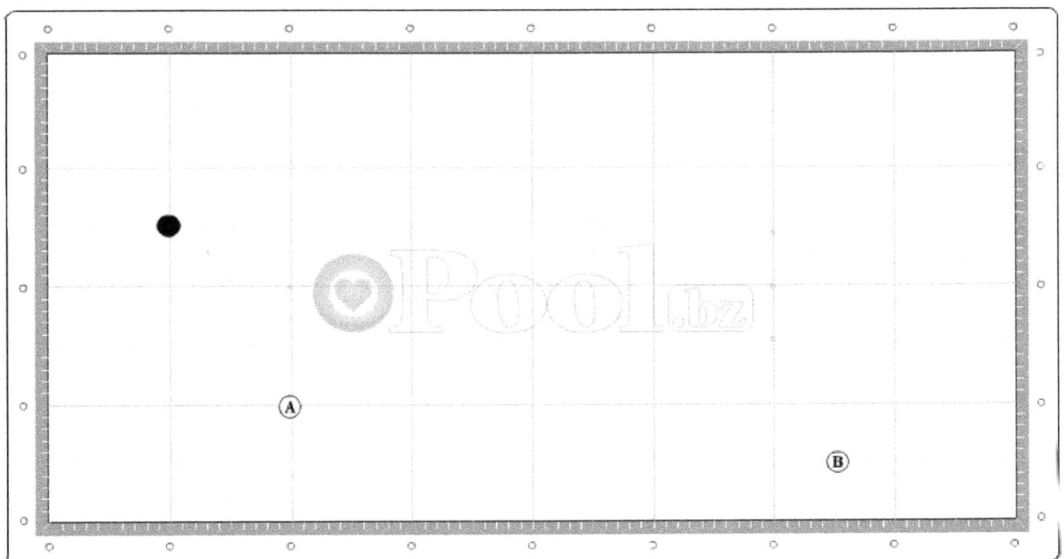

APUNTE:

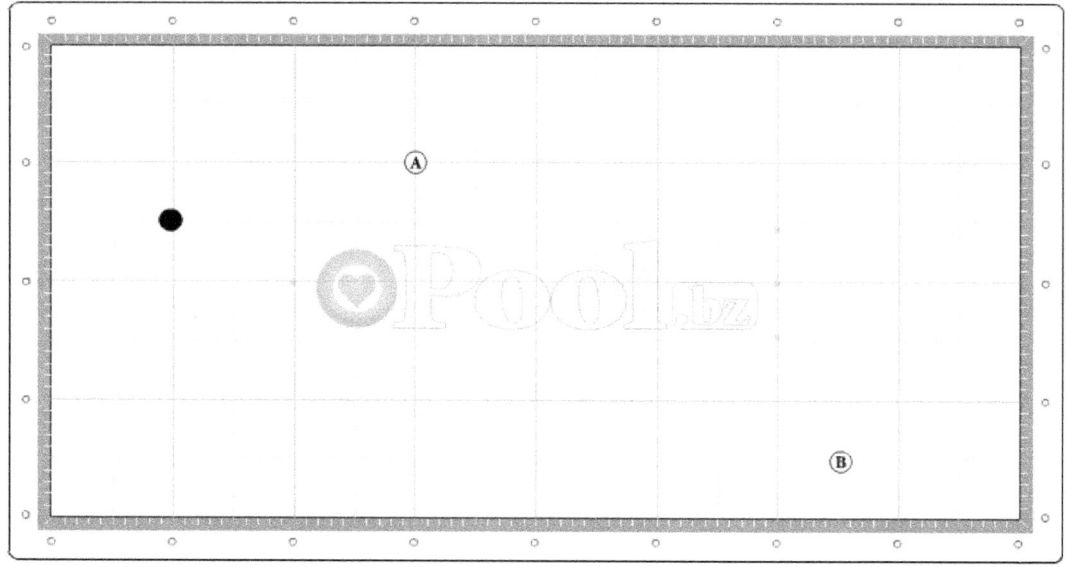

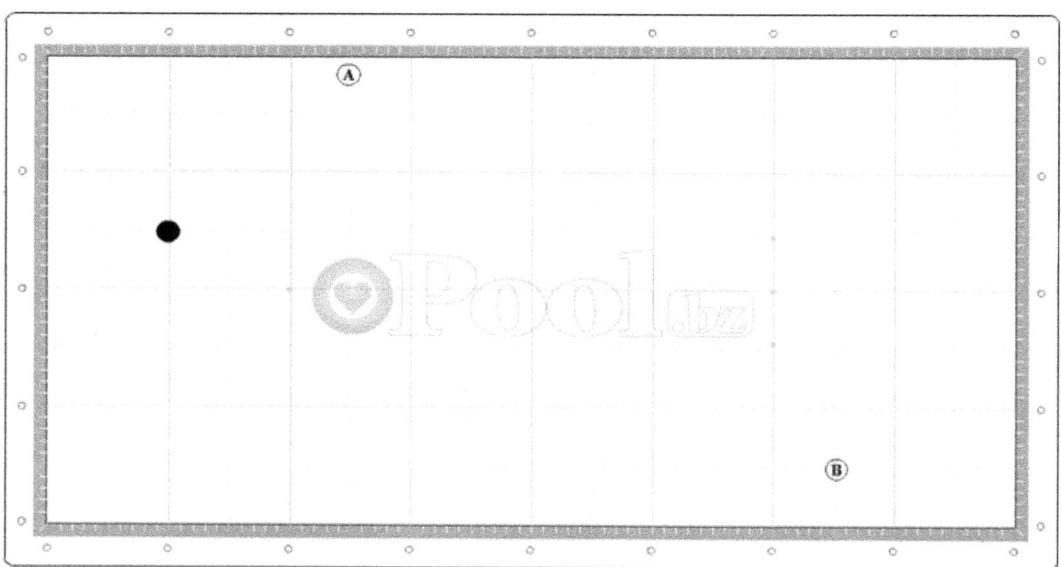

APUNTE:

Grupo 2, conjunto 10

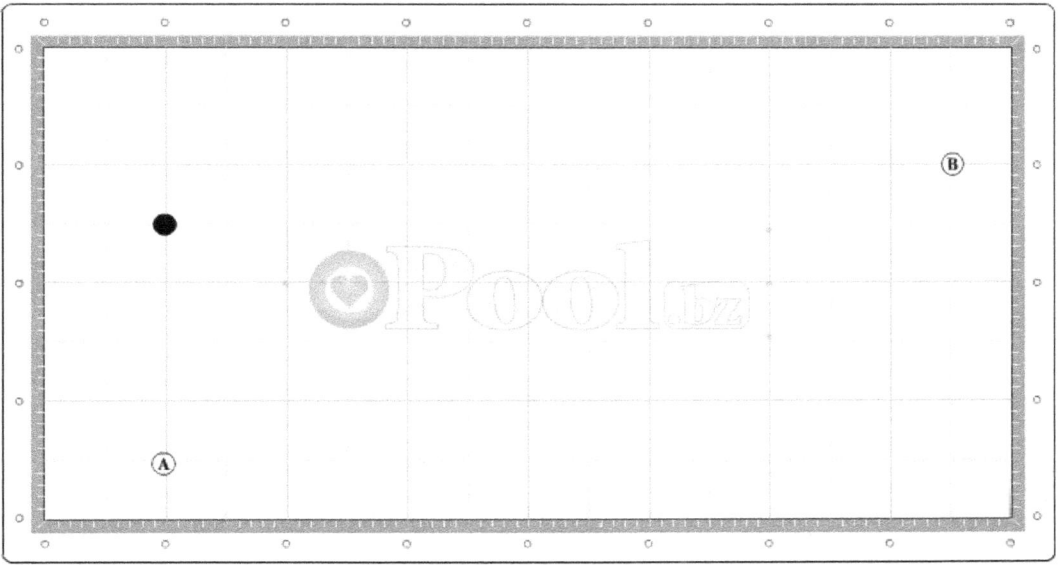

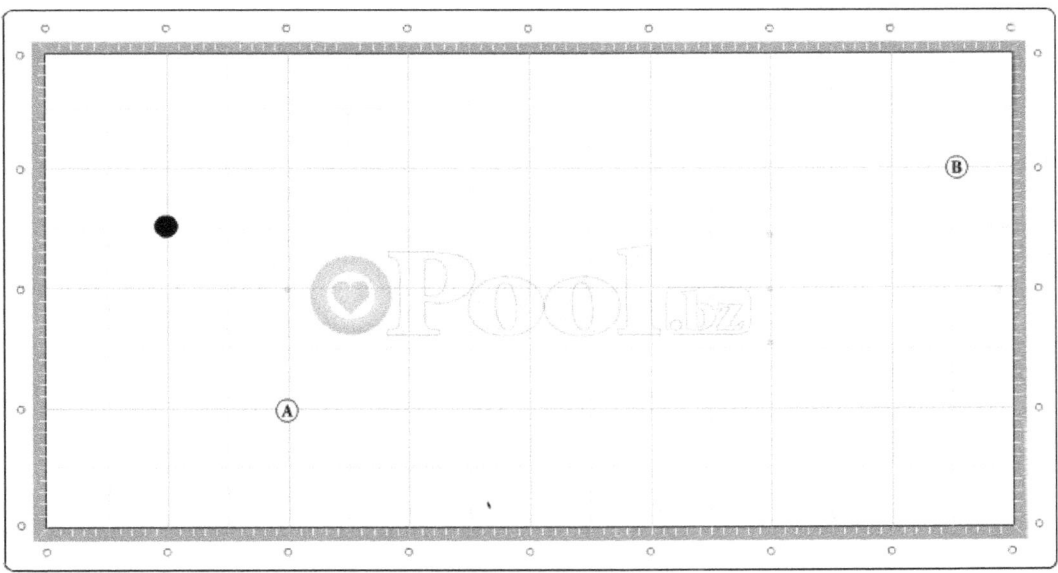

APUNTE:

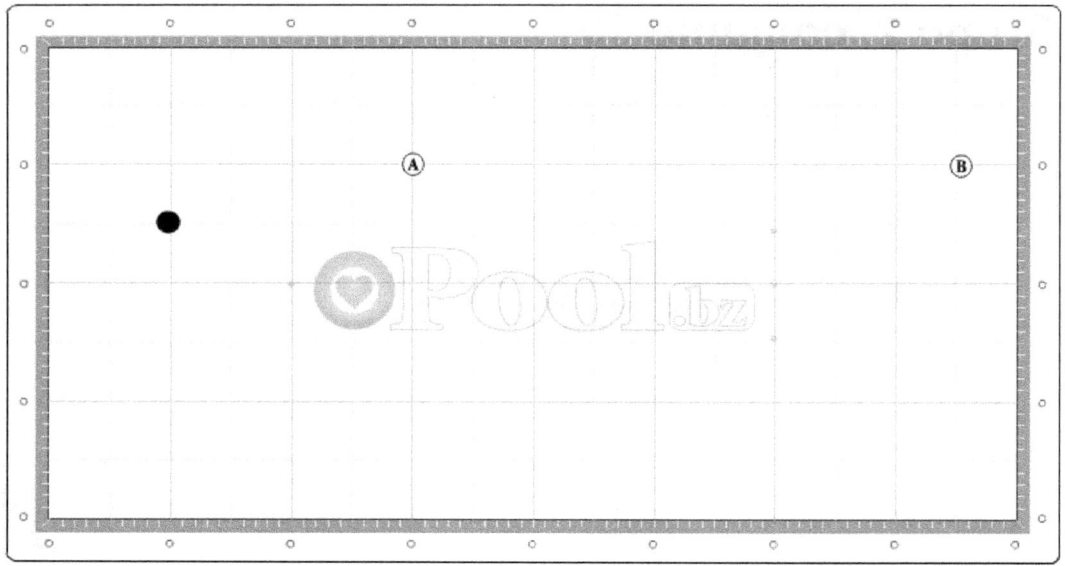

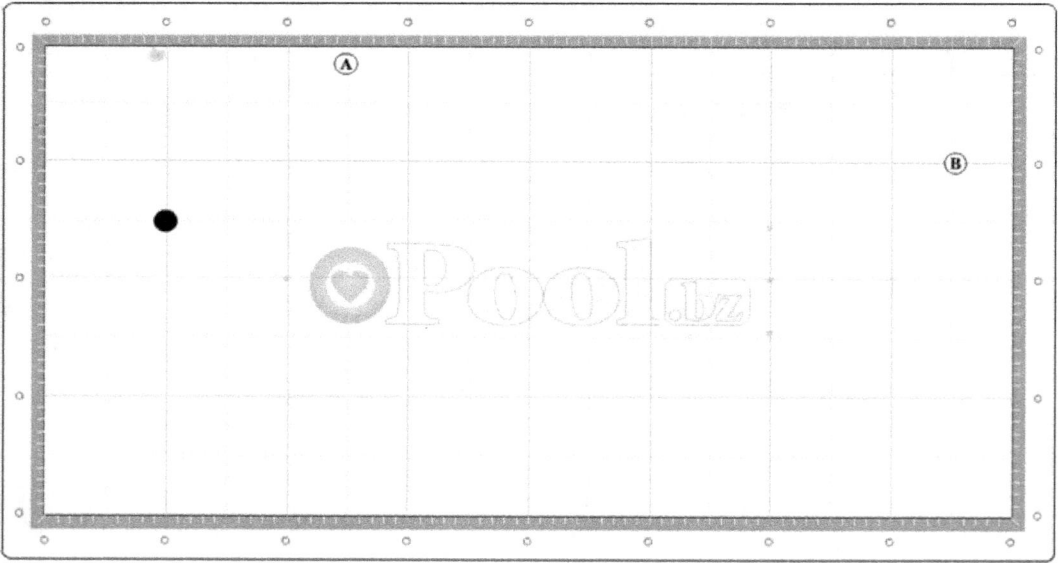

APUNTE:

Grupo 2, conjunto 11

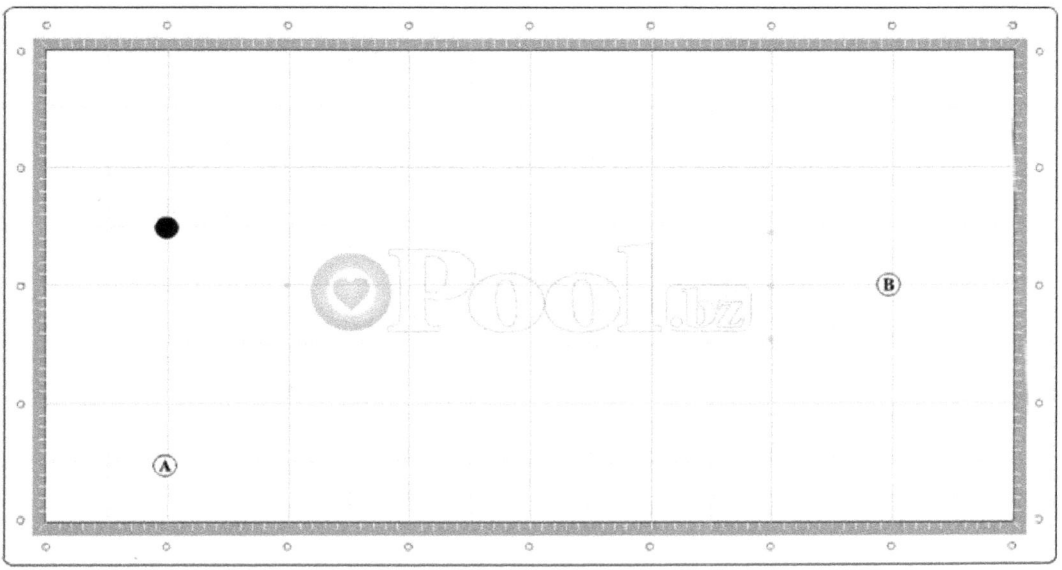

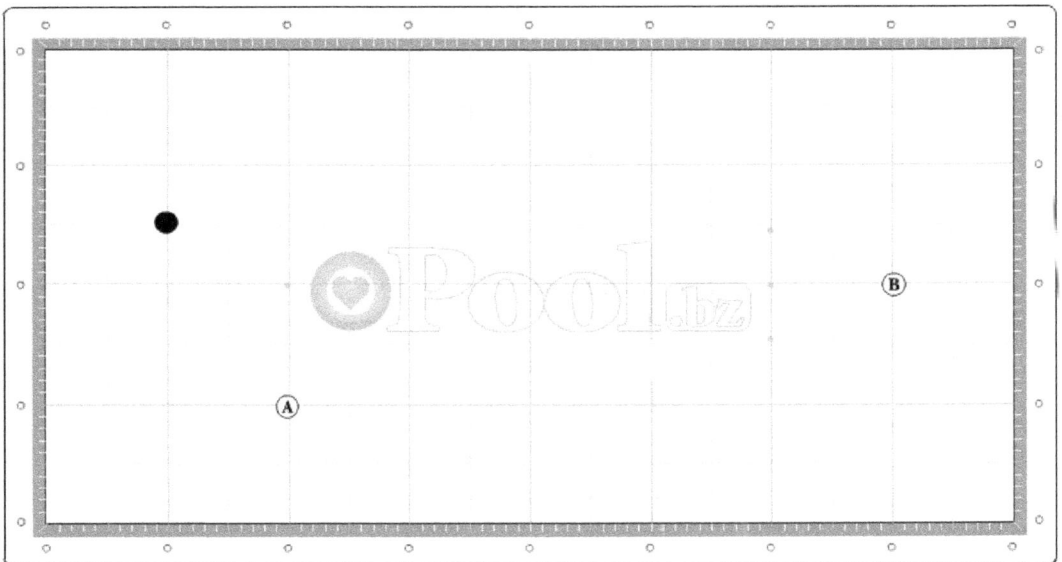

APUNTE:

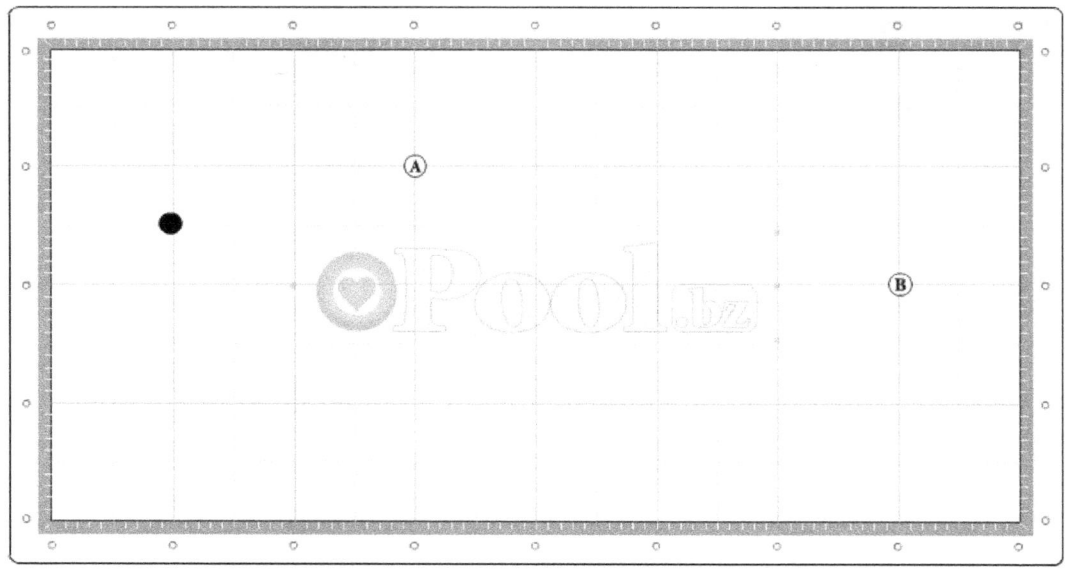

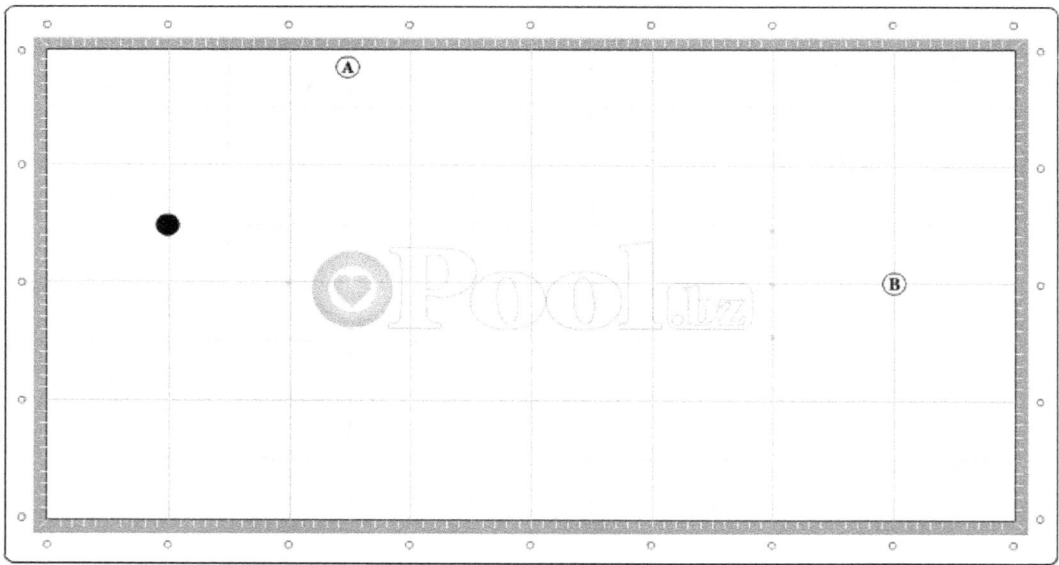

APUNTE:

Grupo 2, conjunto 12

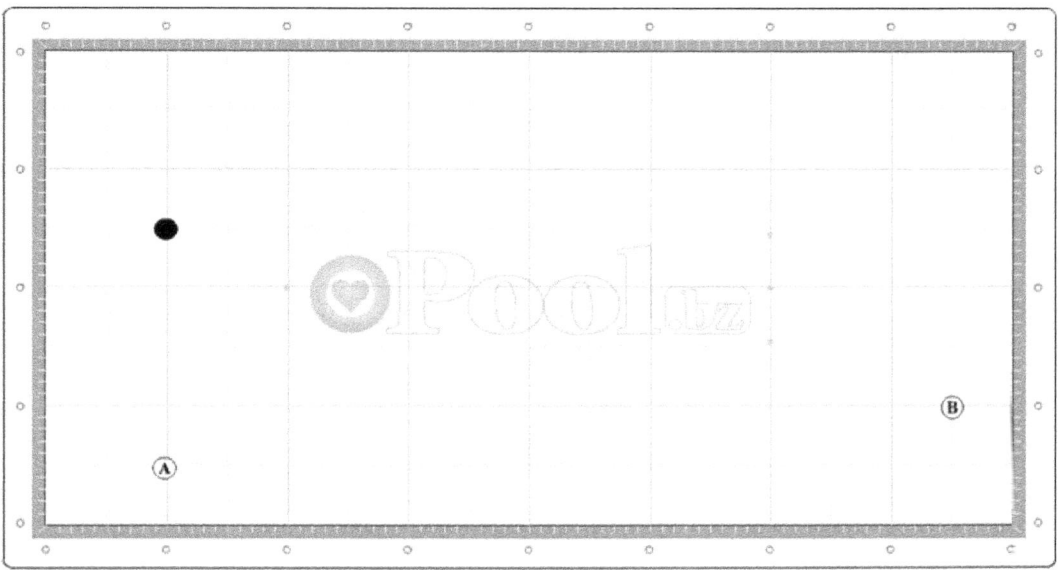

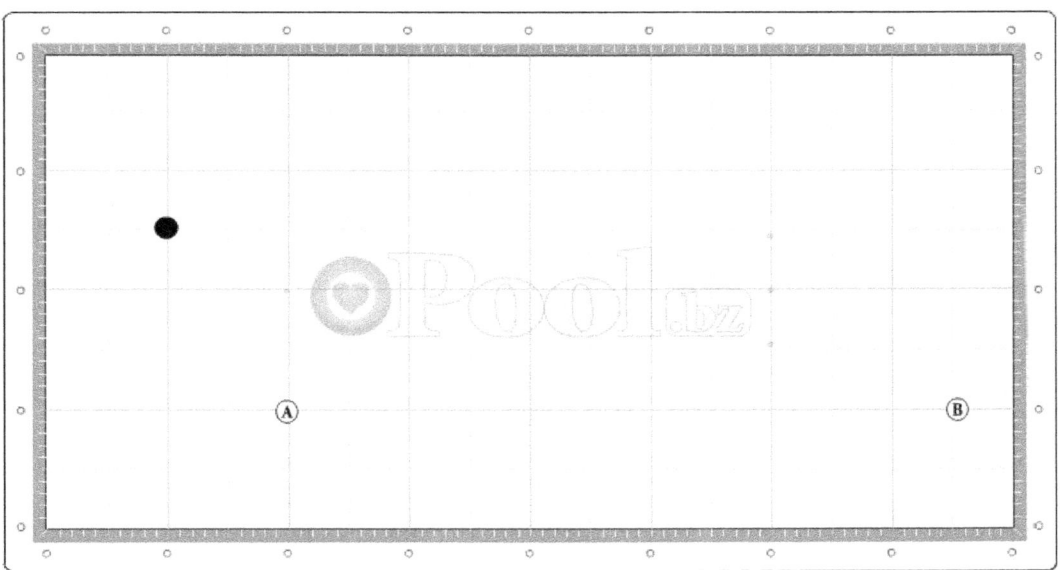

APUNTE:

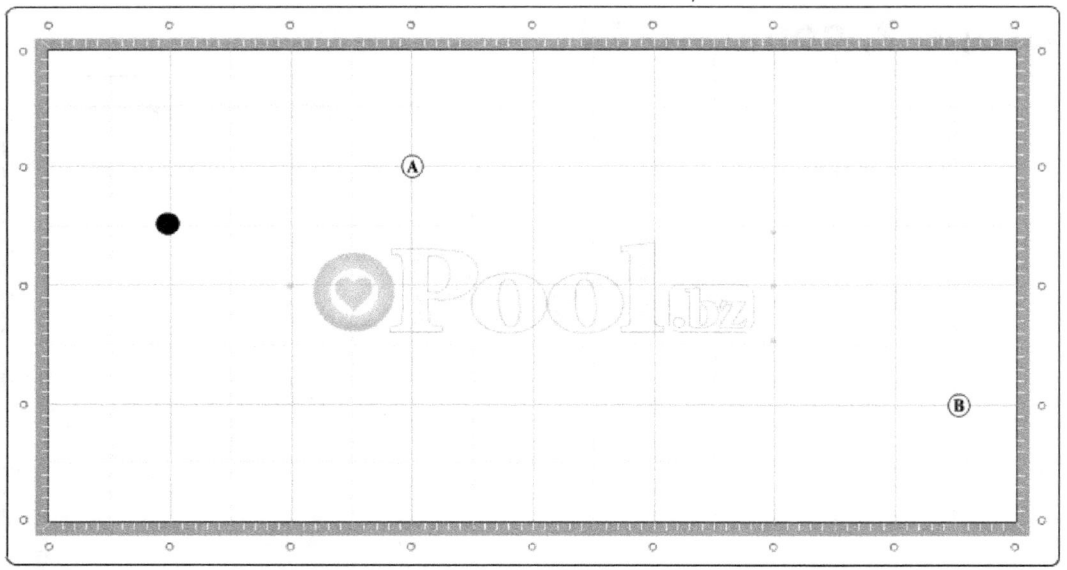

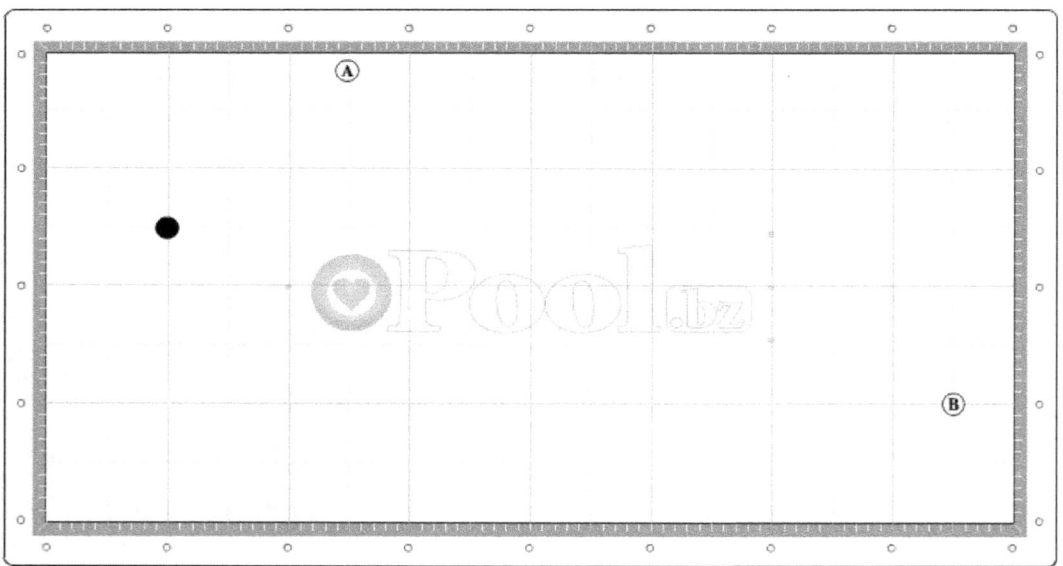

APUNTE:

GRUPO 3

Grupo 3, conjunto 1

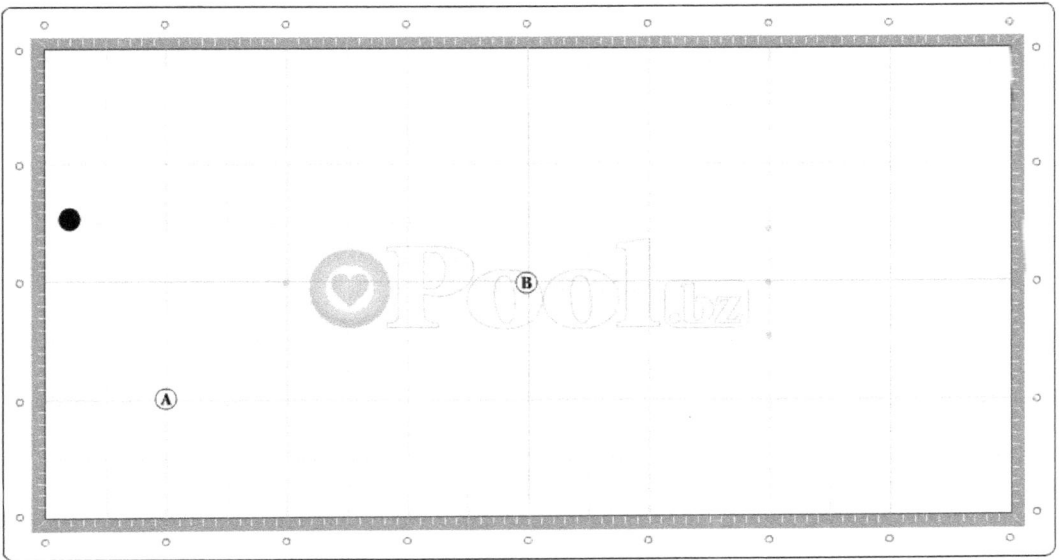

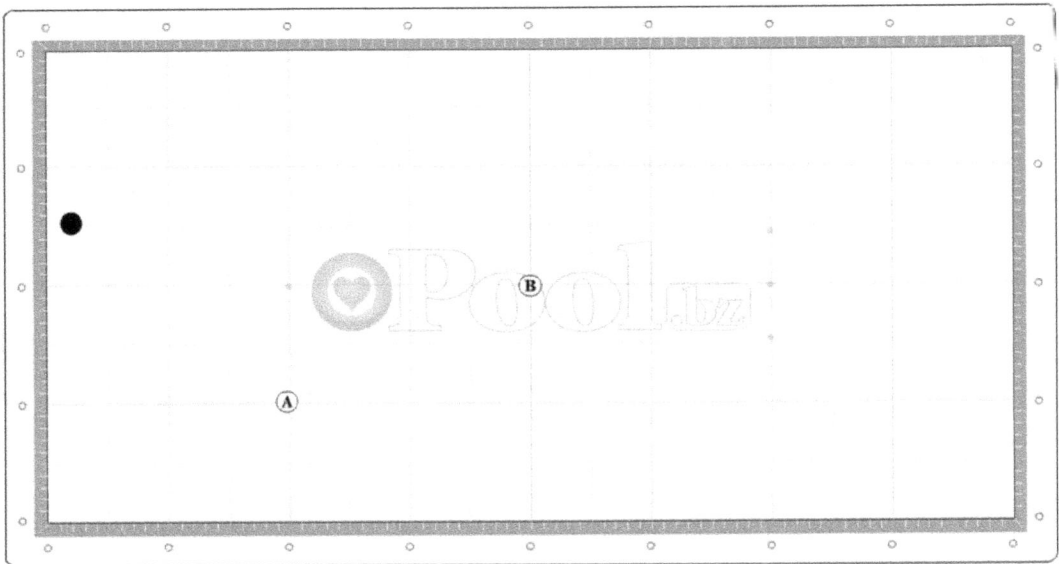

APUNTE:

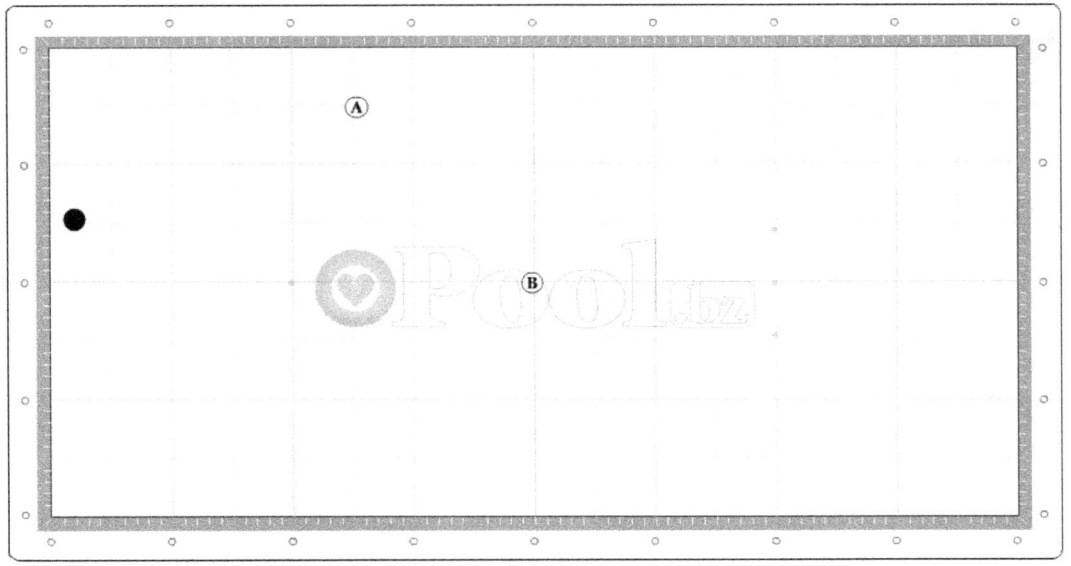

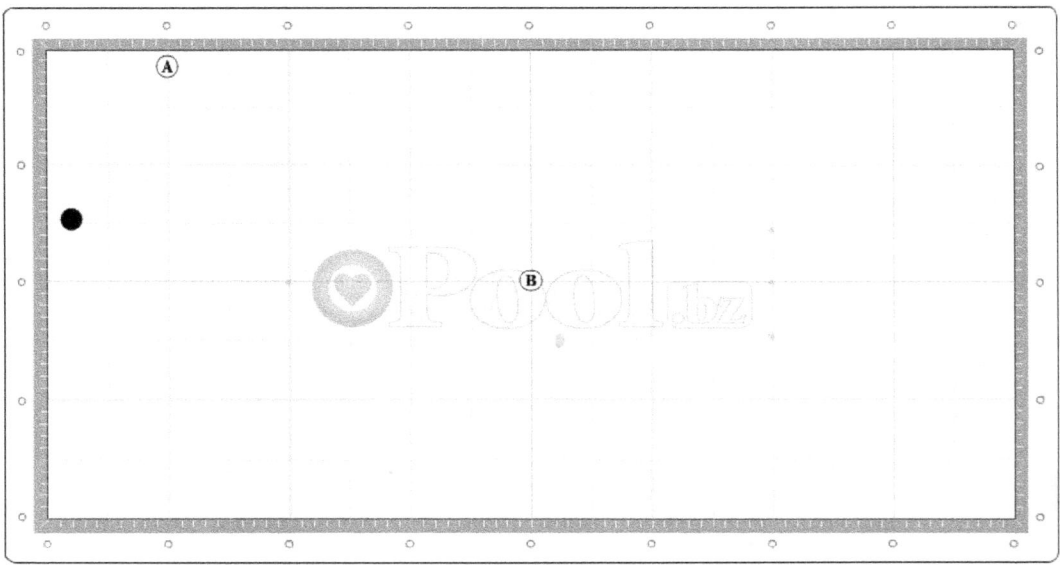

APUNTE:

Grupo 3, conjunto 2

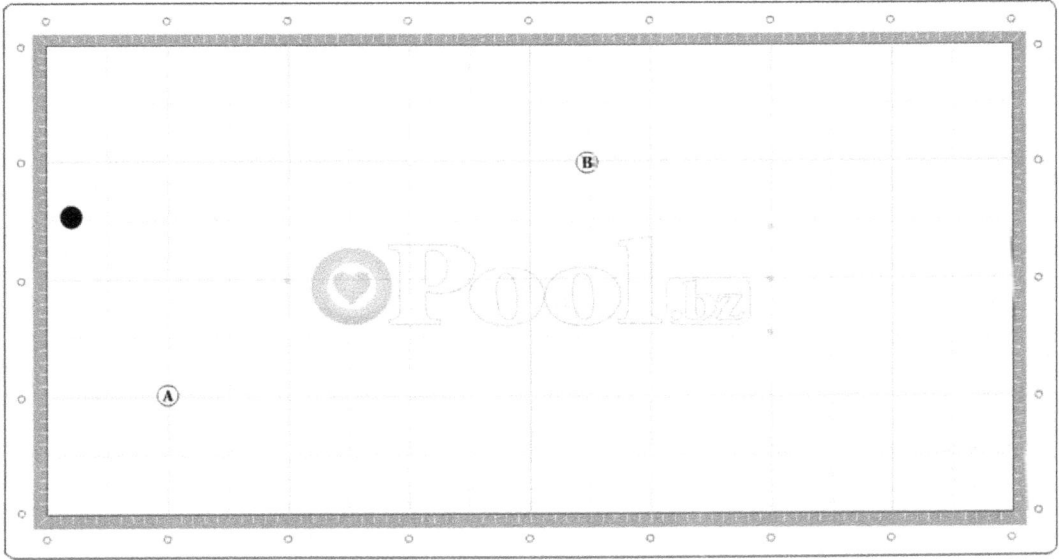

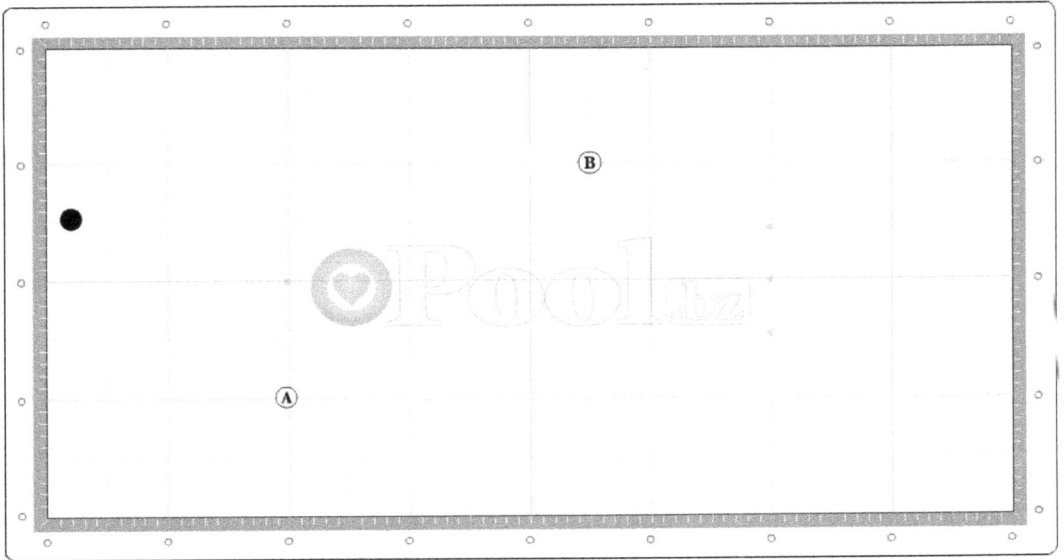

APUNTE:

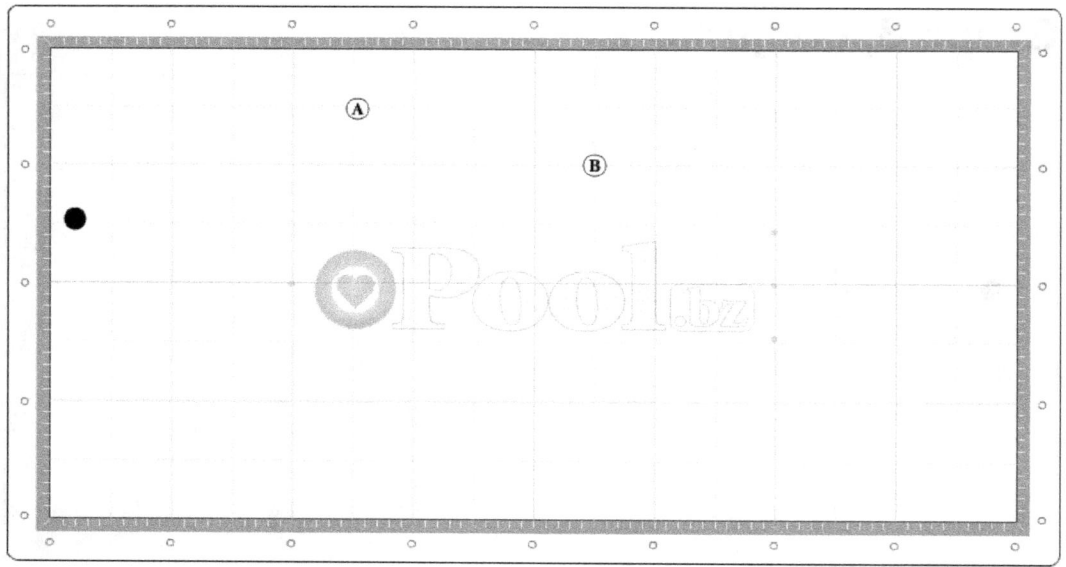

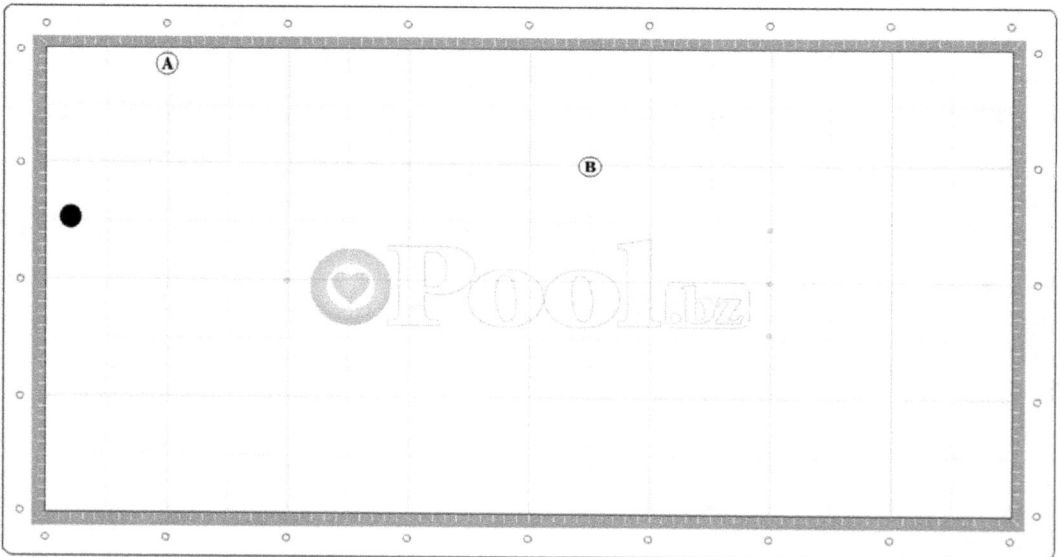

APUNTE:

Grupo 3, conjunto 3

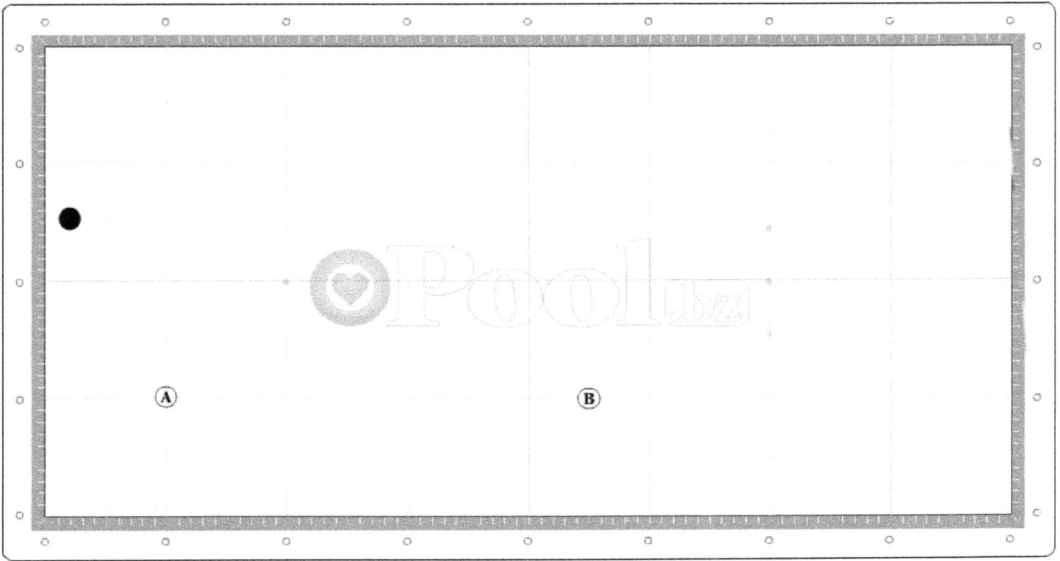

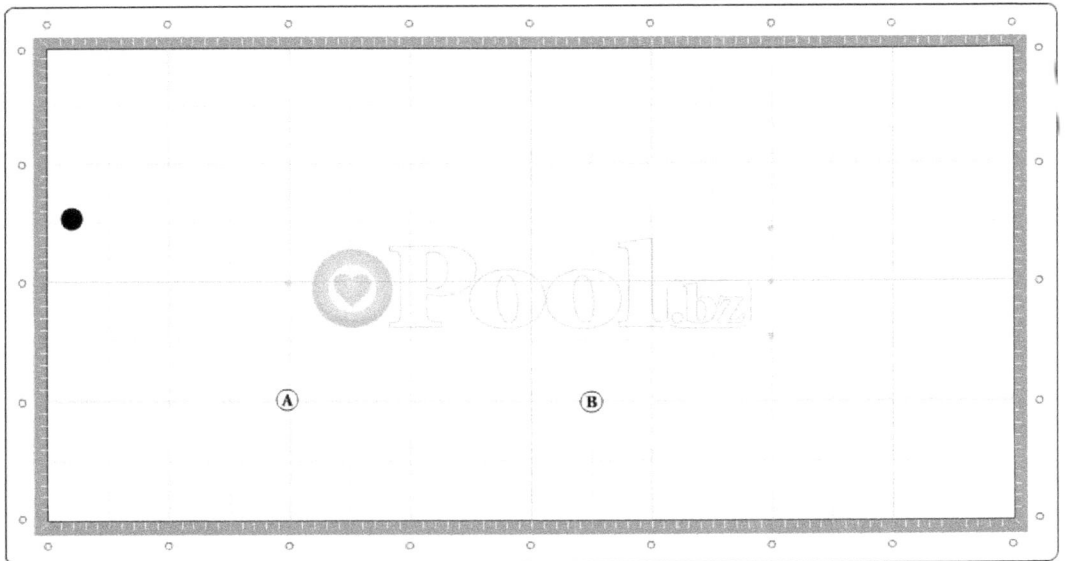

APUNTE:

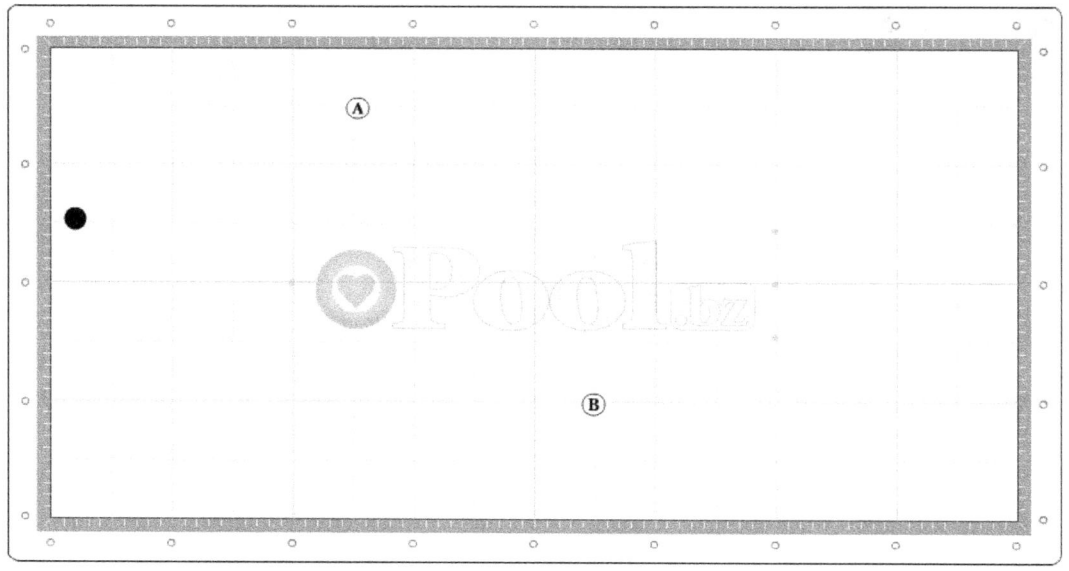

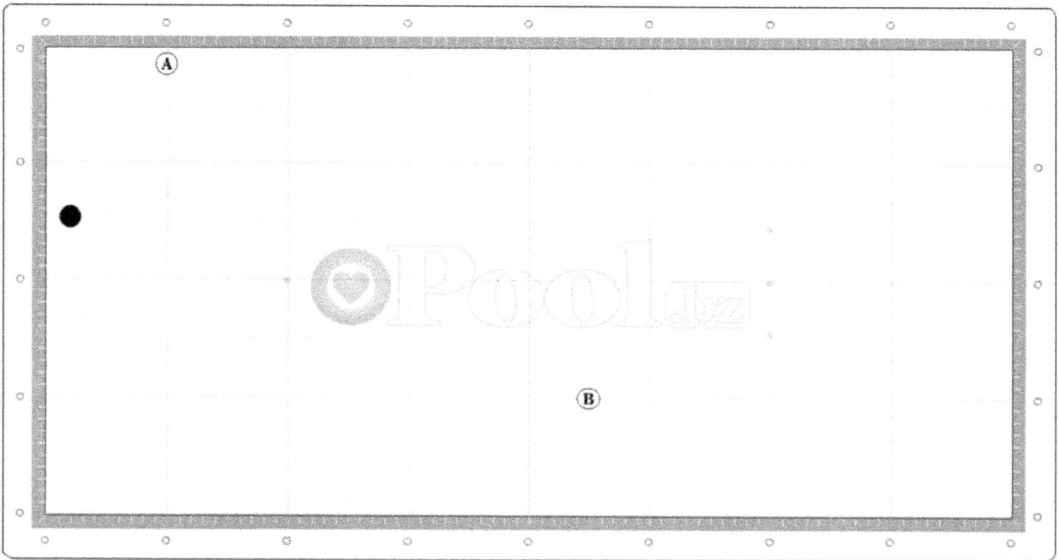

APUNTE:

Grupo 3, conjunto 4

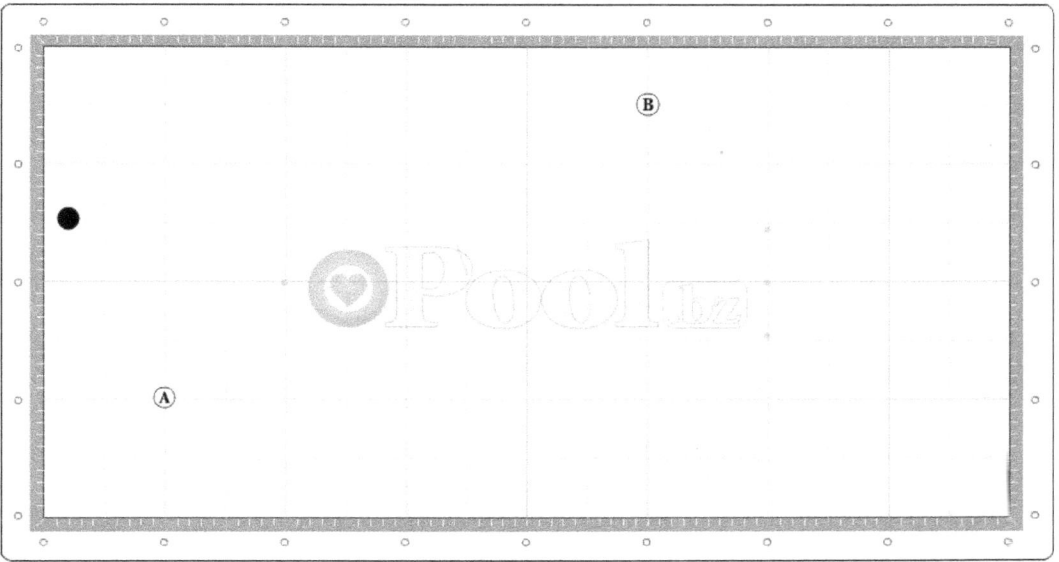

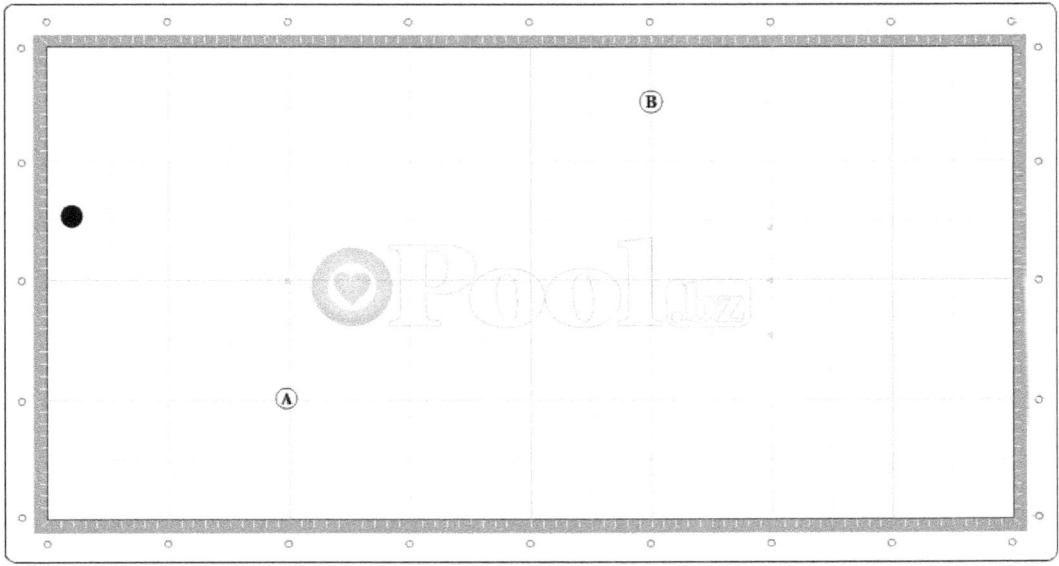

APUNTE:

Billar de carambola: Más acertijos y rompecabezas

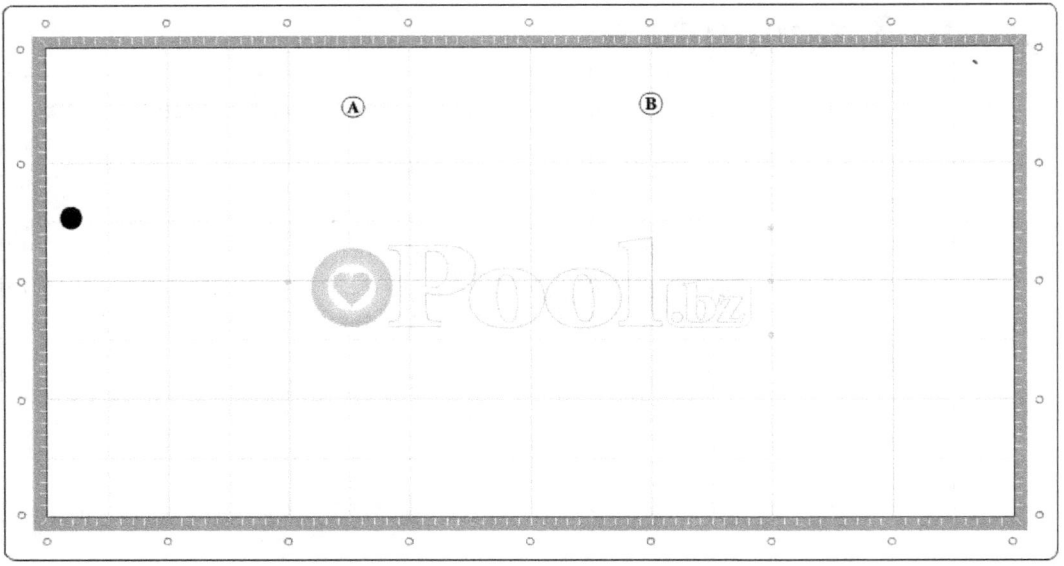

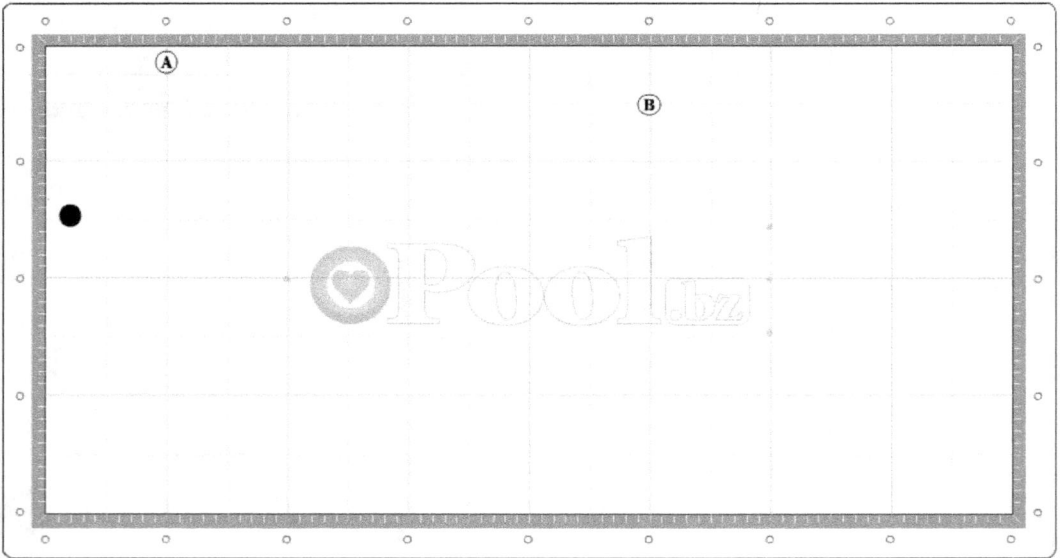

APUNTE:

Grupo 3, conjunto 5

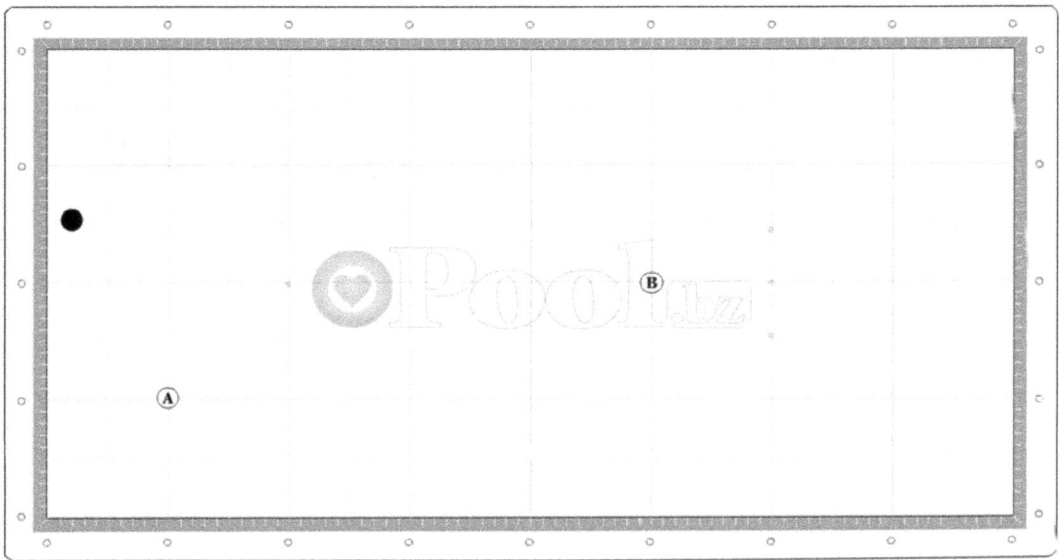

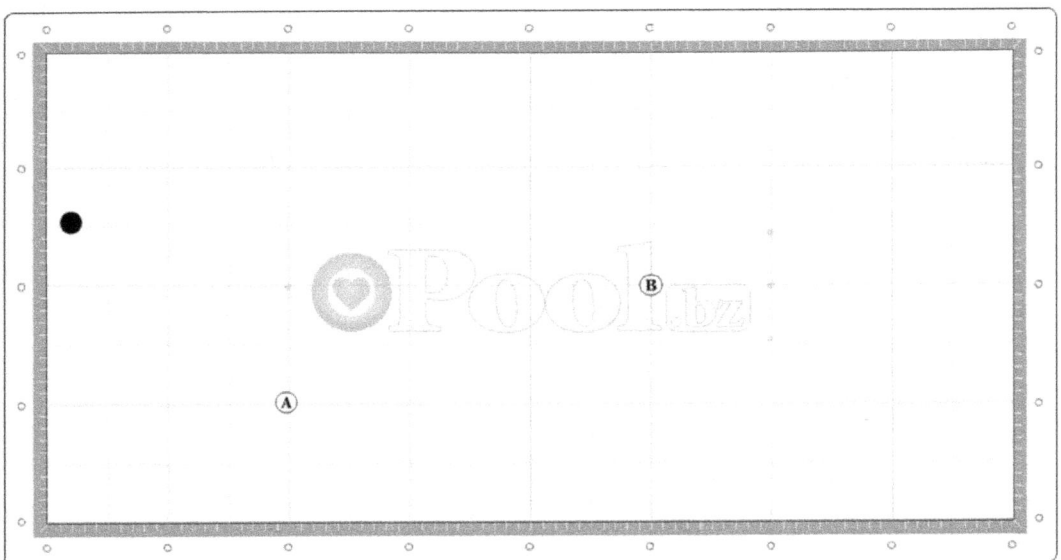

APUNTE:

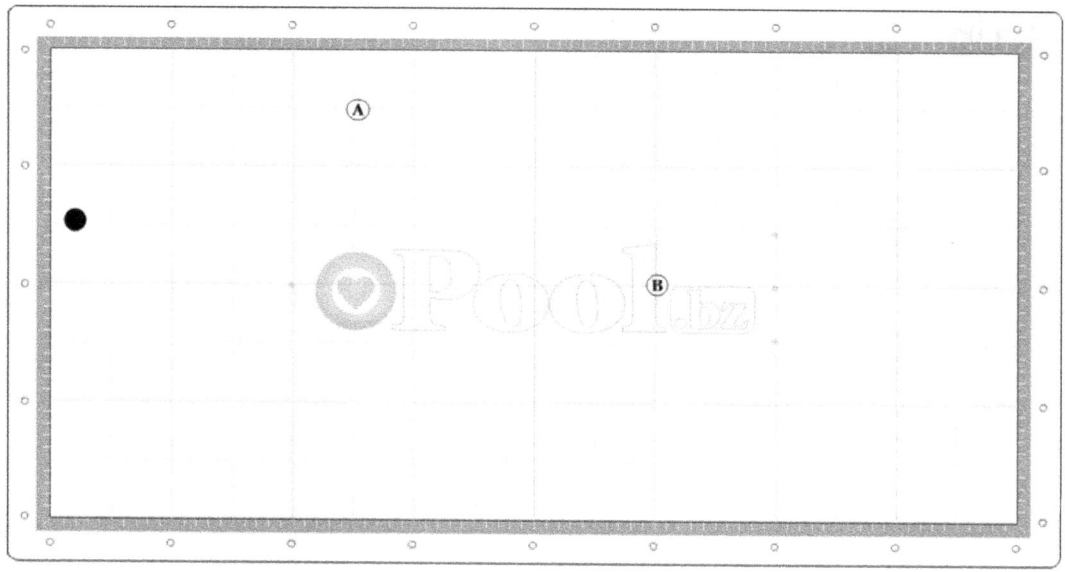

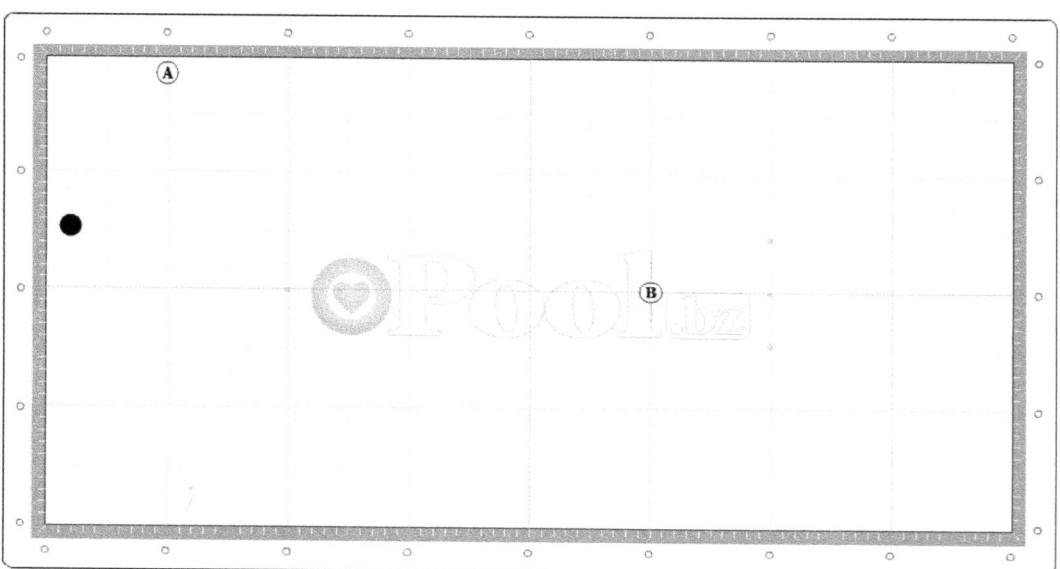

APUNTE:

Grupo 3, conjunto 6

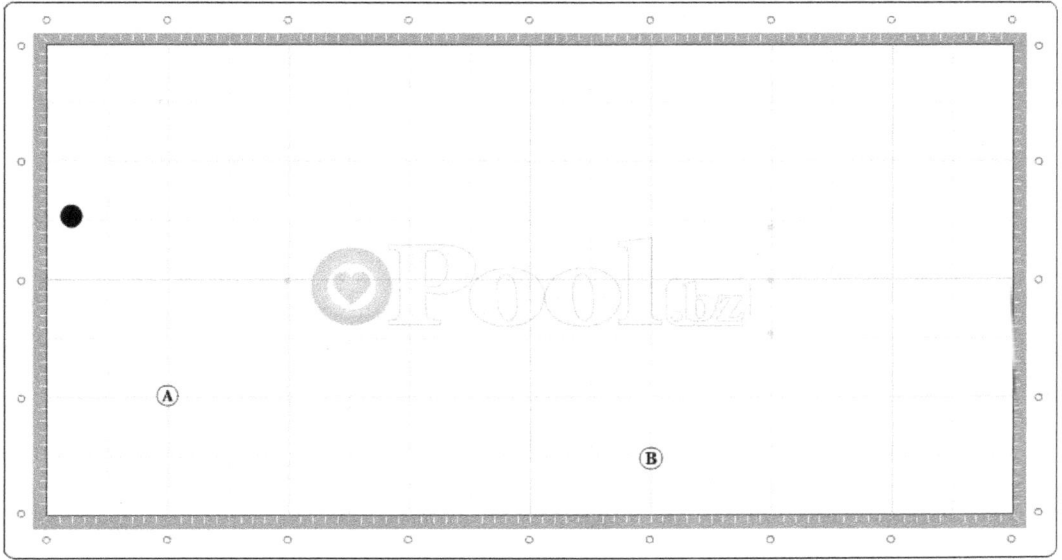

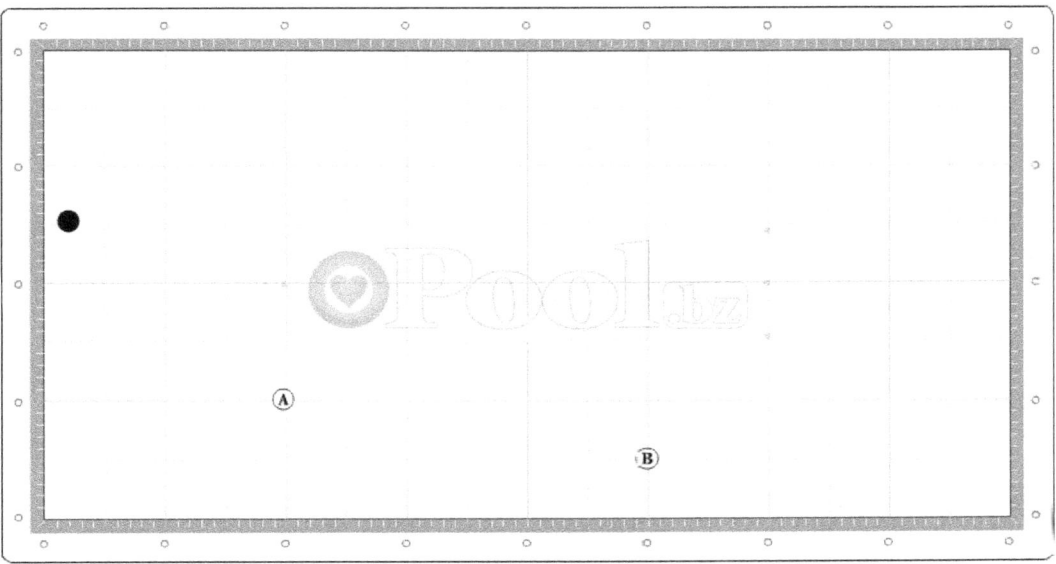

APUNTE:

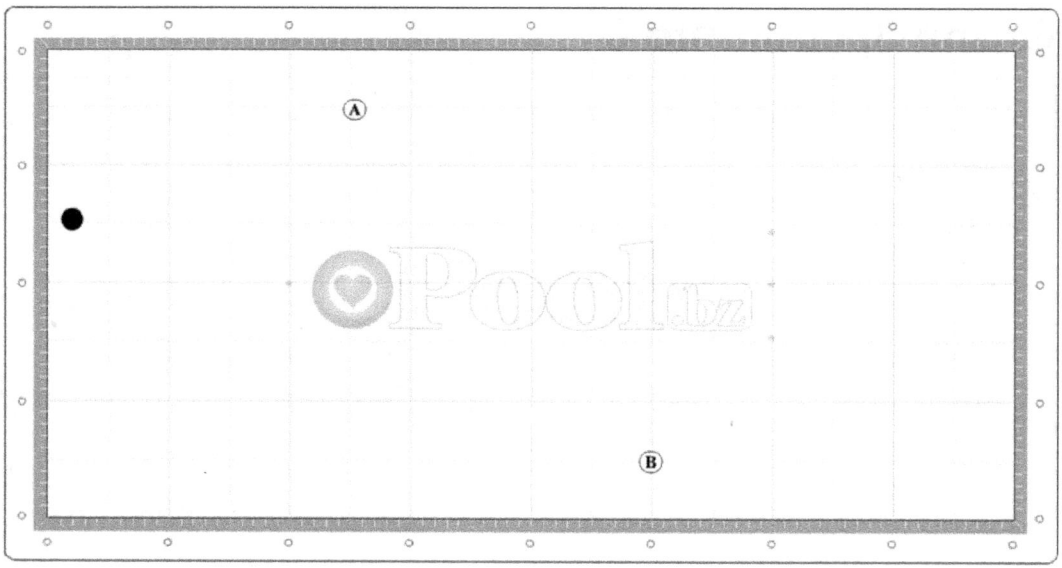

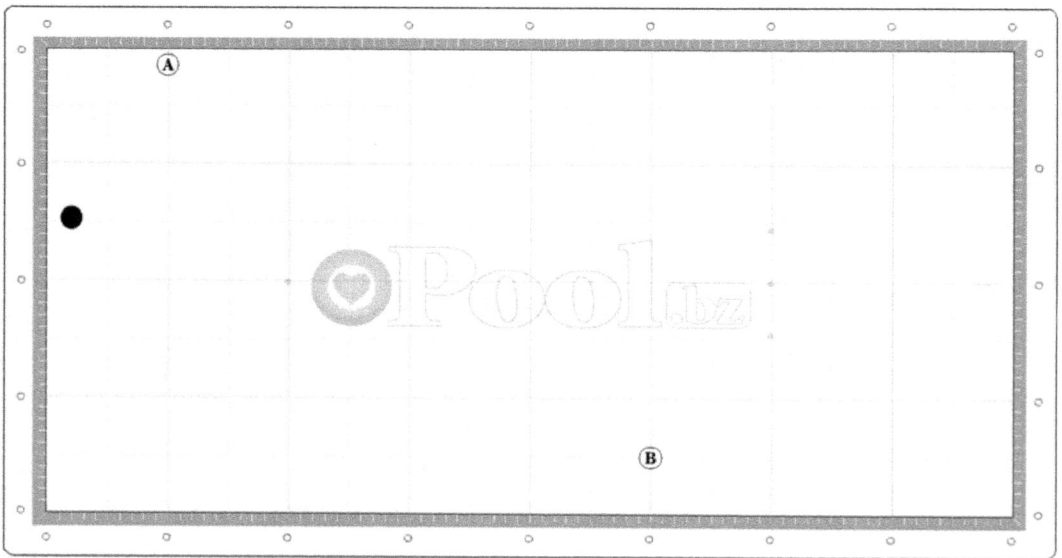

APUNTE:

Grupo 3, conjunto 7

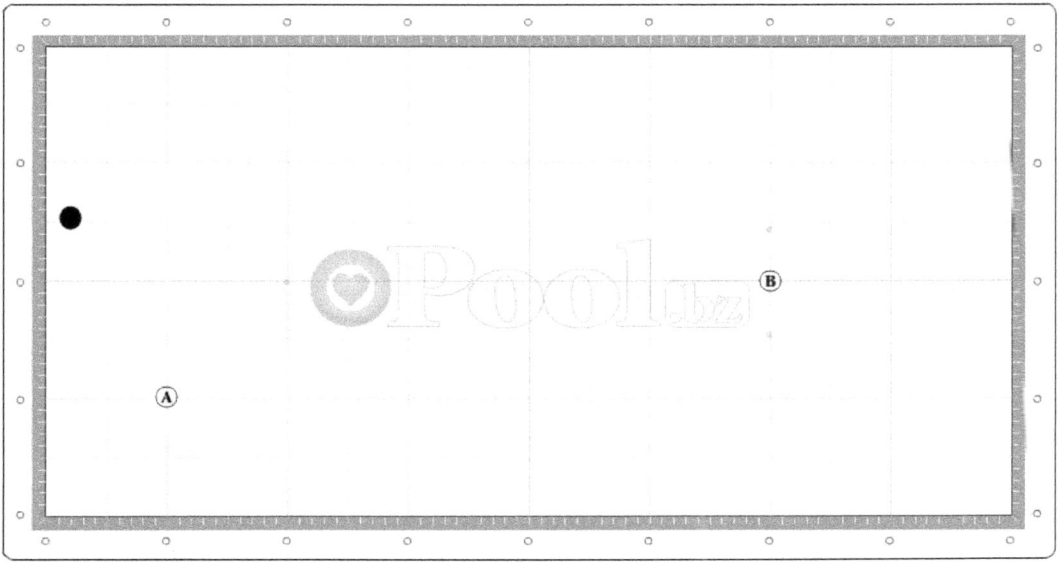

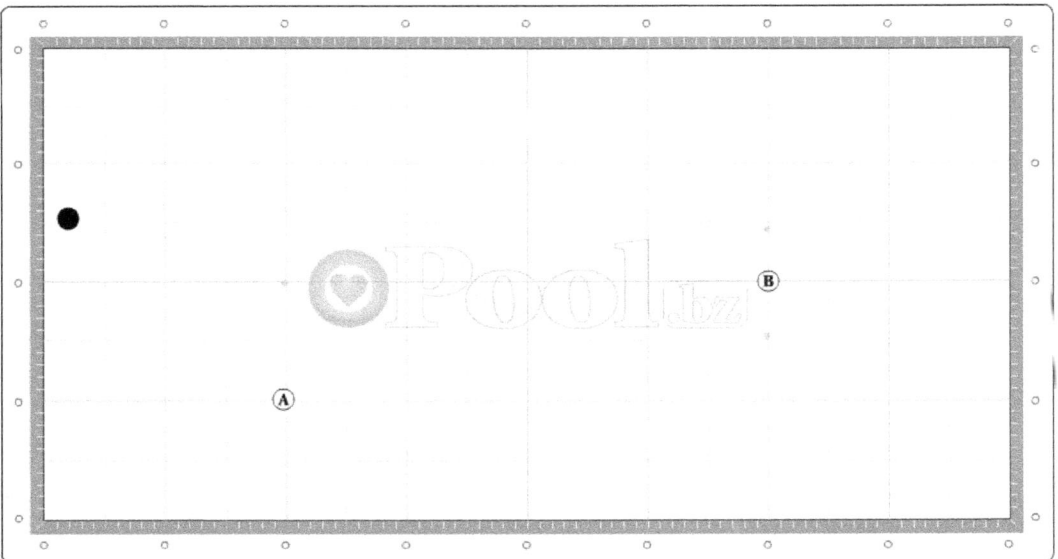

APUNTE:

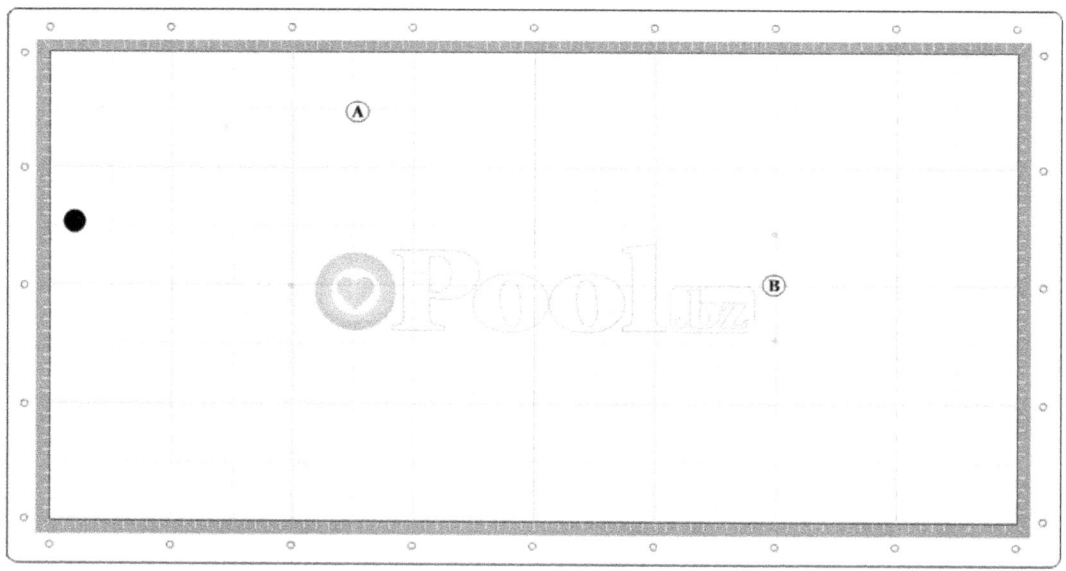

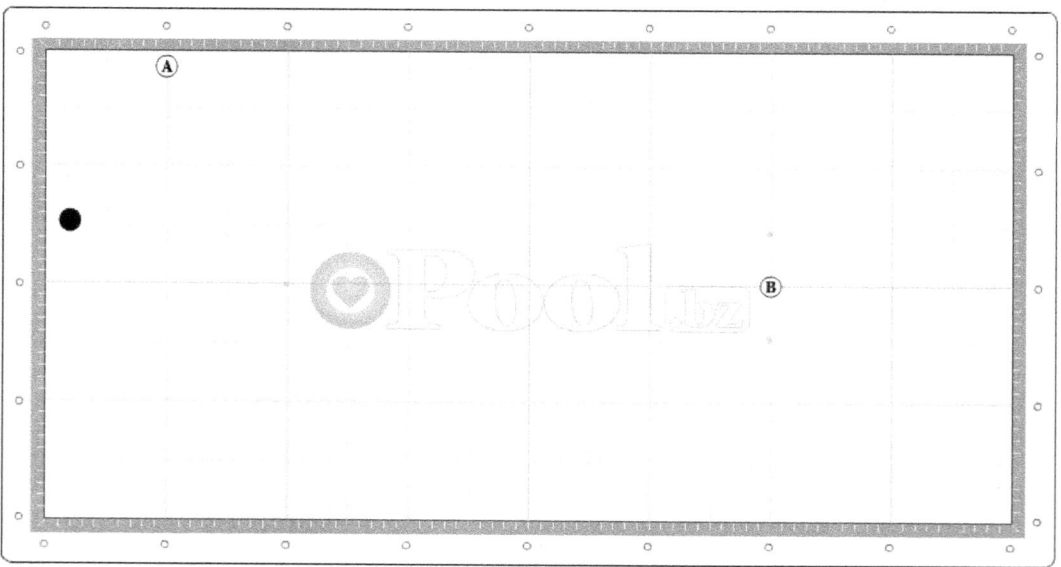

APUNTE:

Grupo 3, conjunto 8

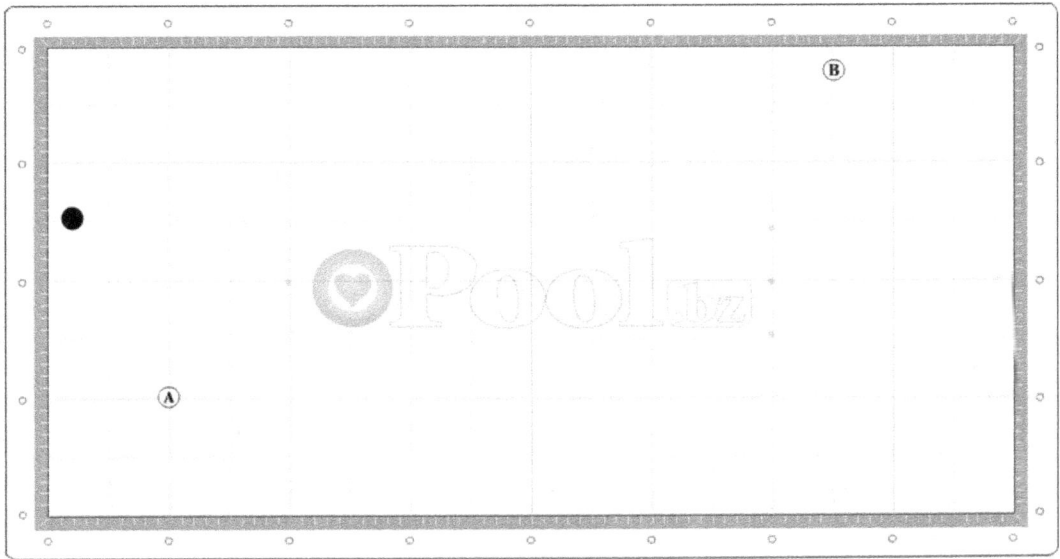

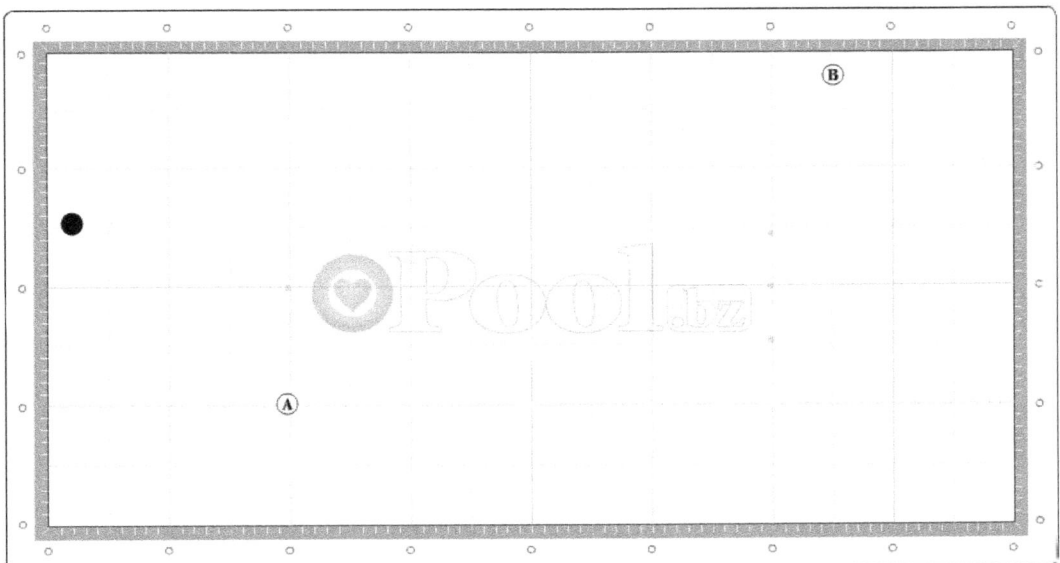

APUNTE:

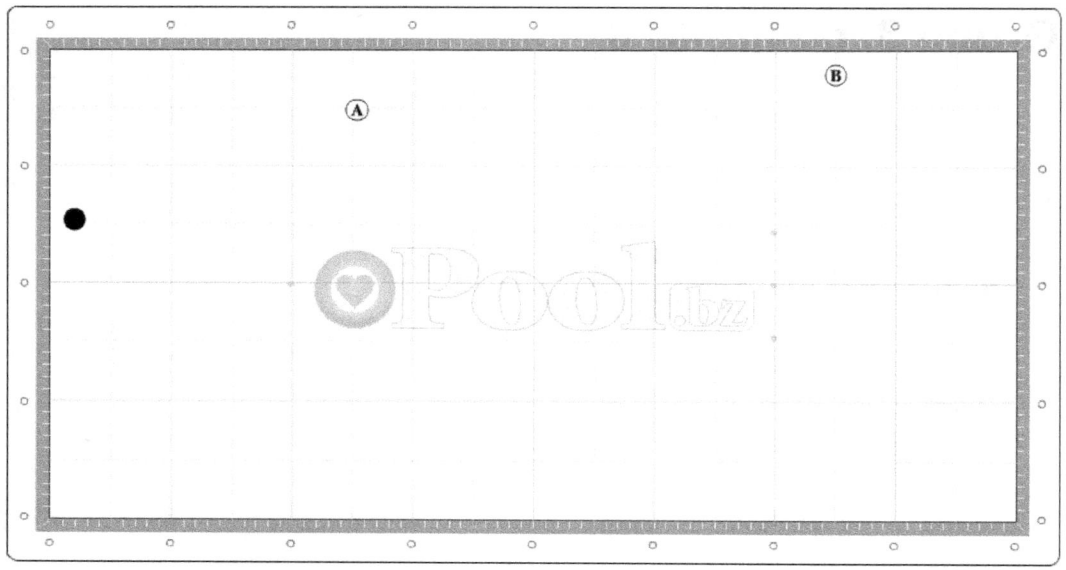

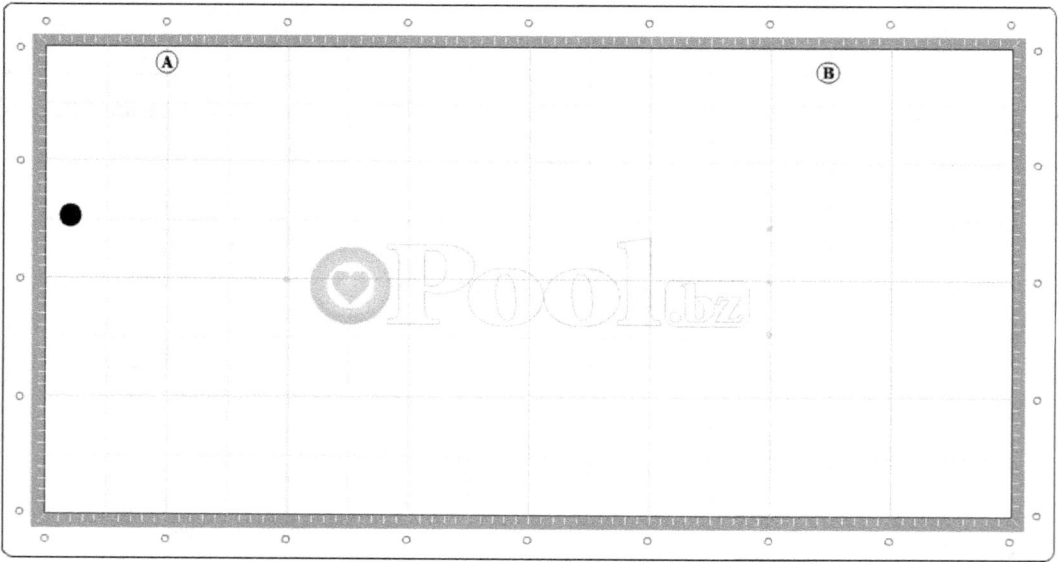

APUNTE:

Grupo 3, conjunto 9

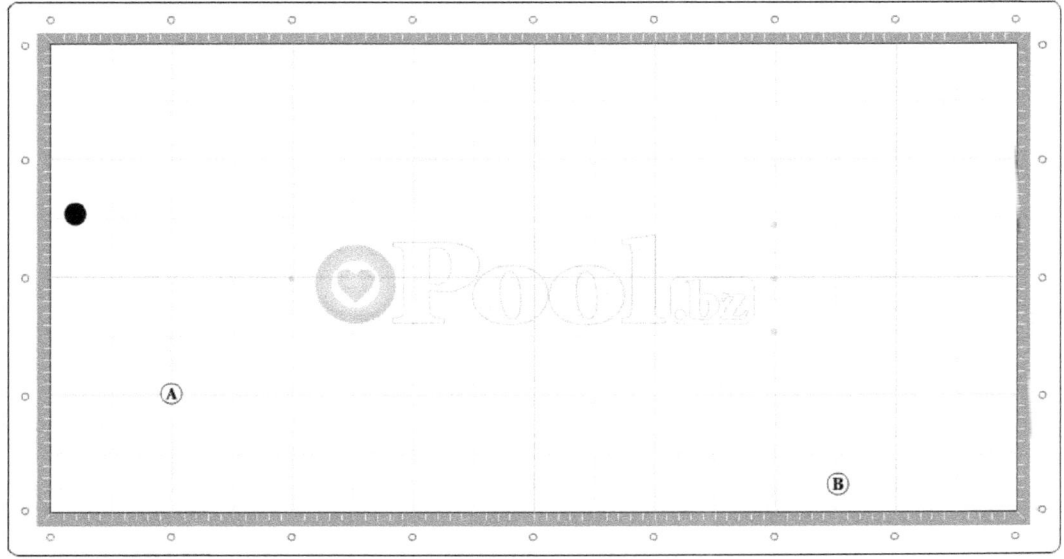

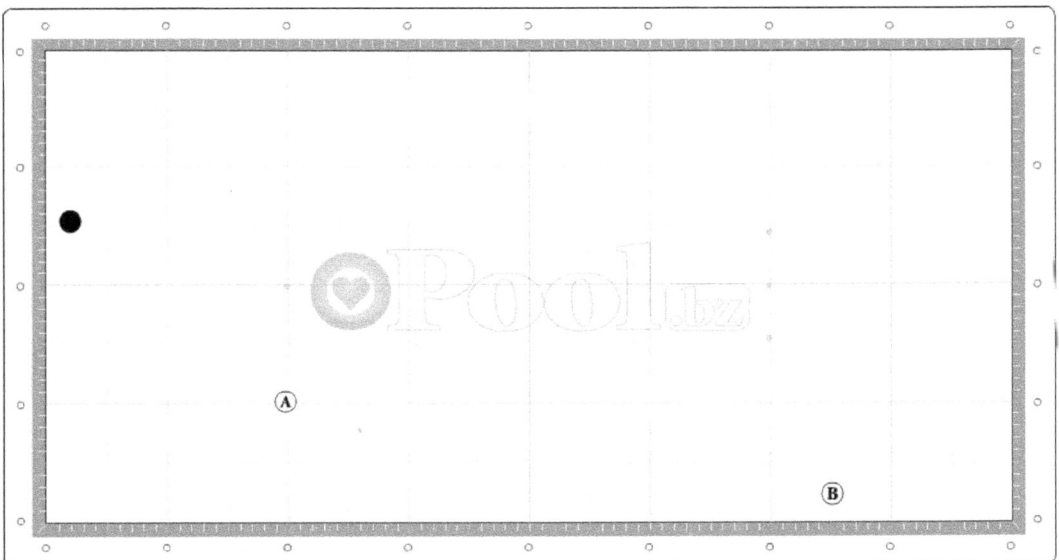

APUNTE:

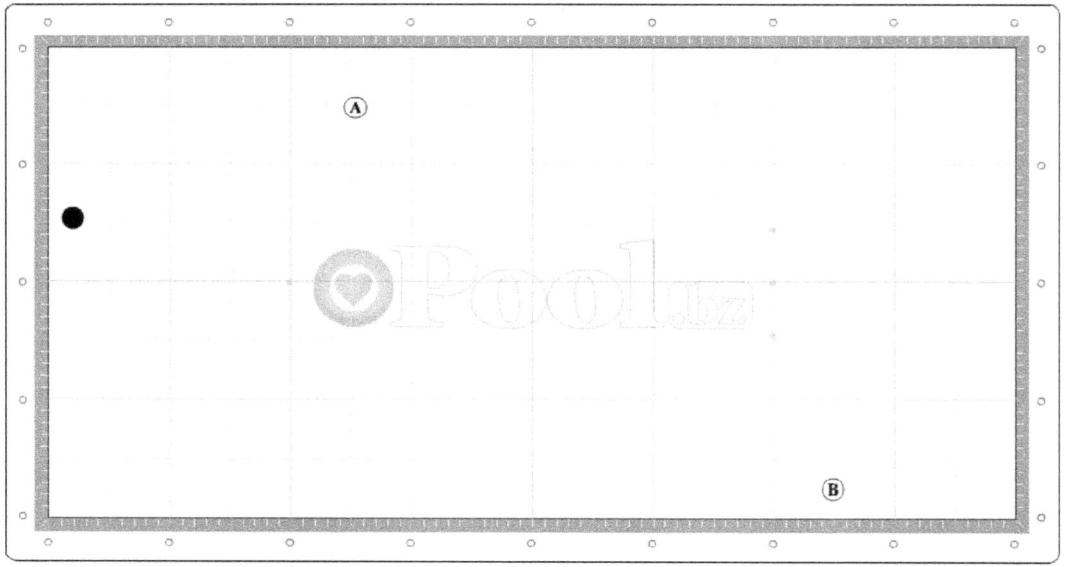

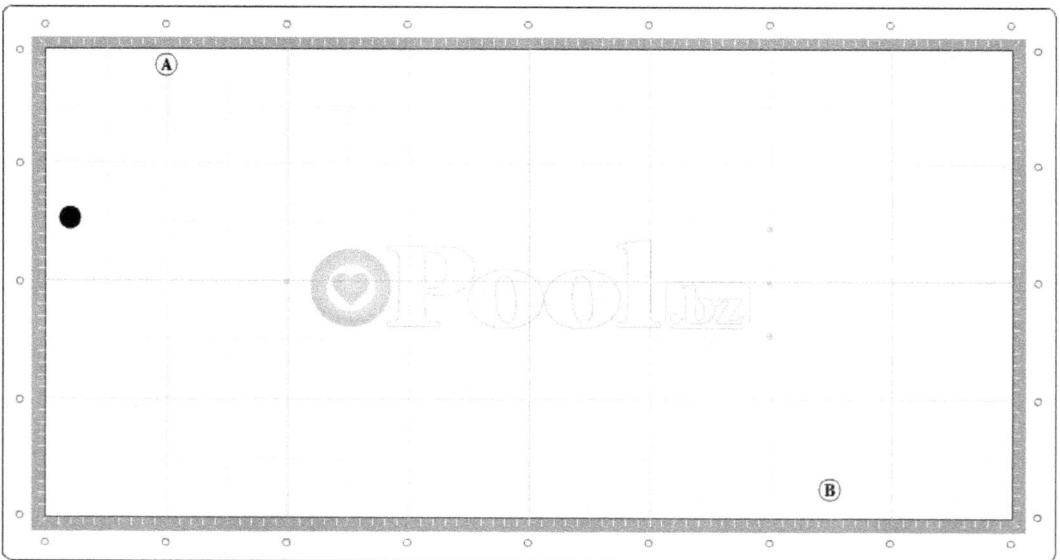

APUNTE:

Grupo 3, conjunto 10

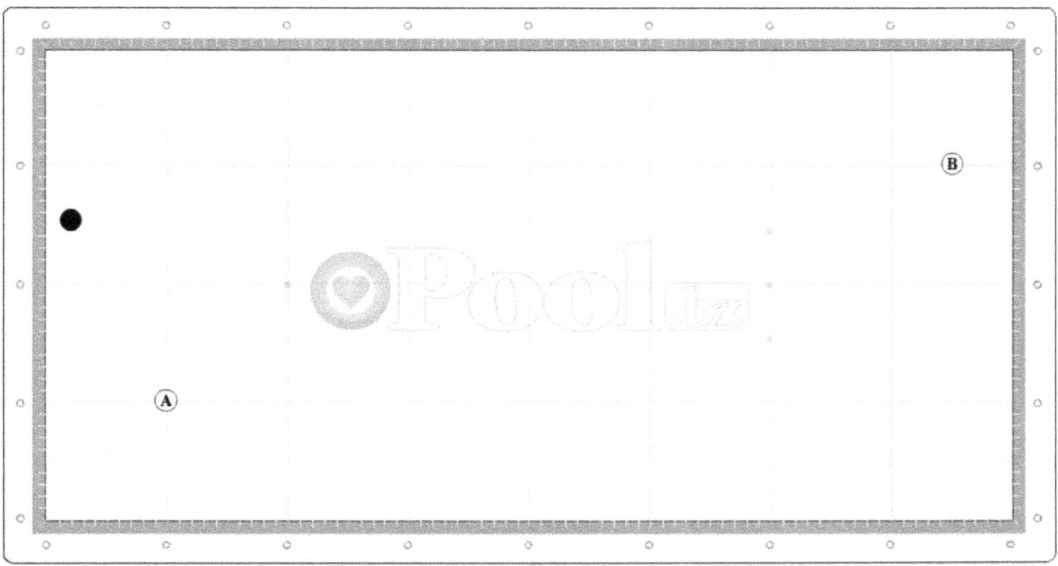

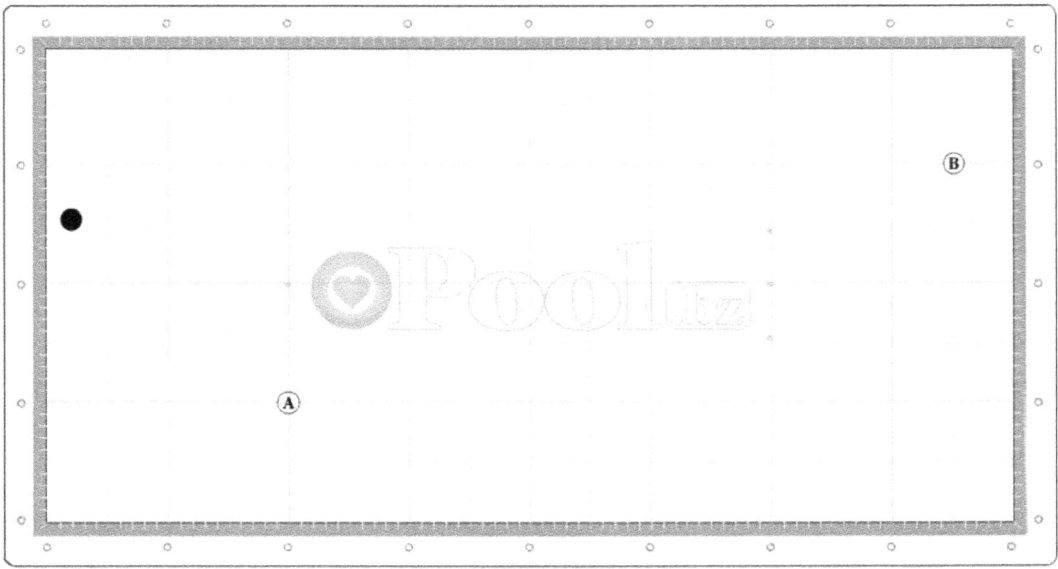

APUNTE:

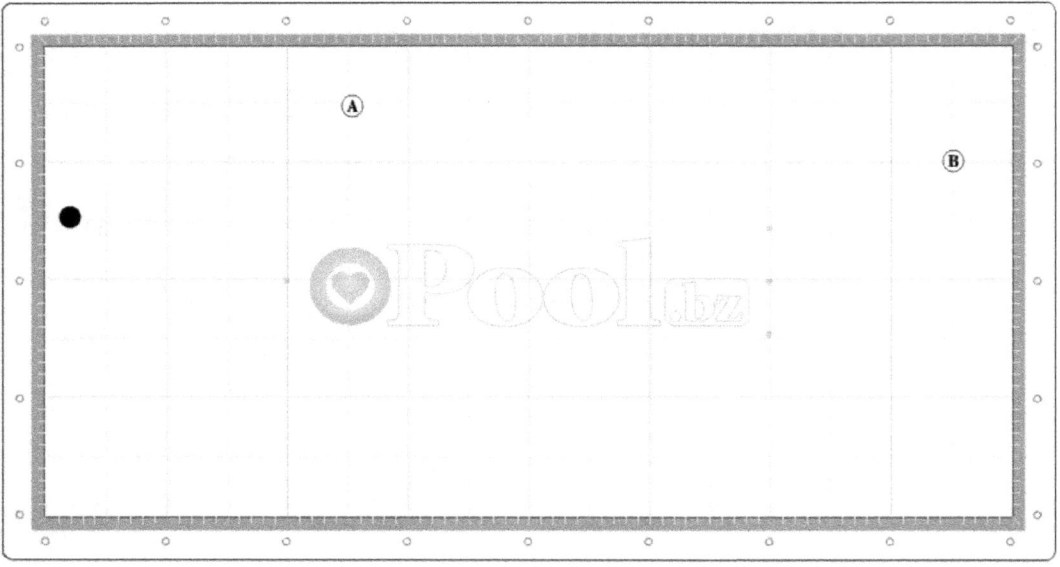

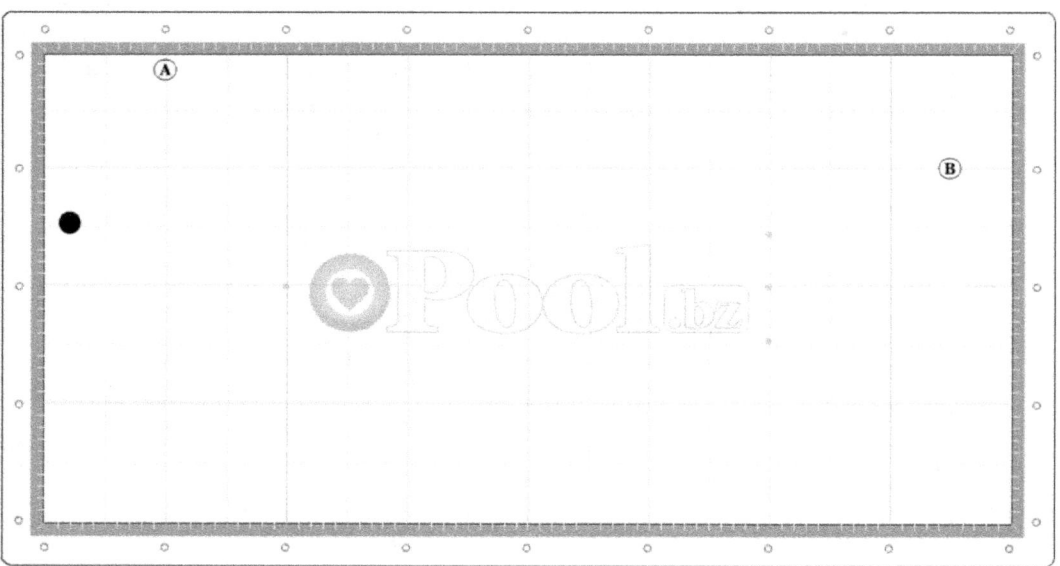

APUNTE:

Grupo 3, conjunto 11

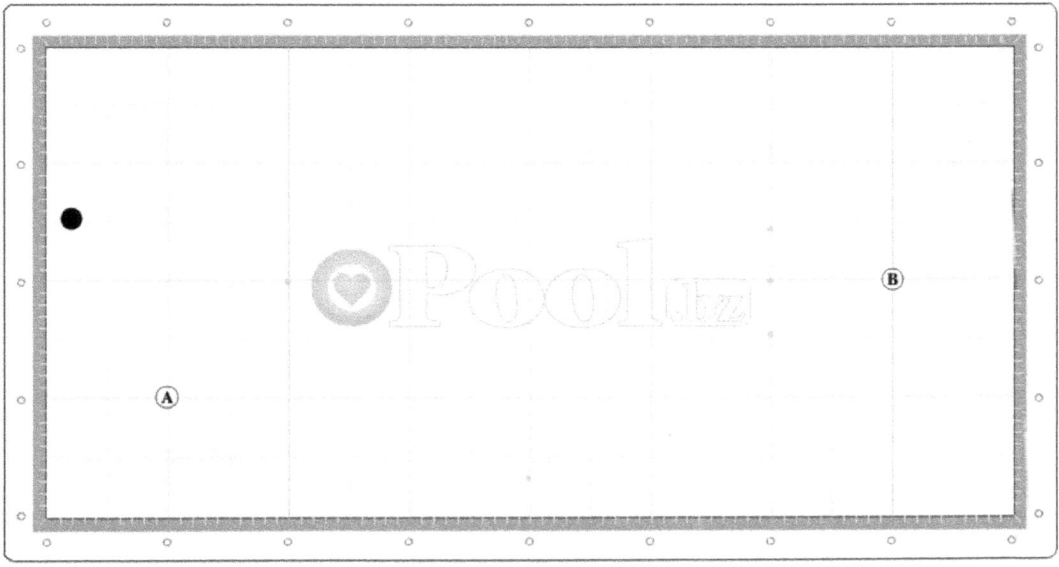

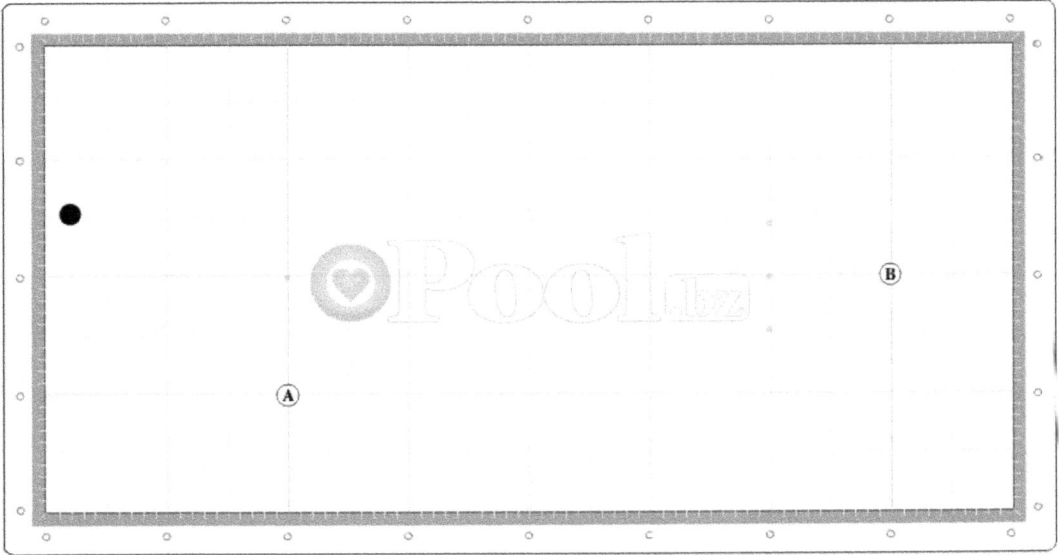

APUNTE:

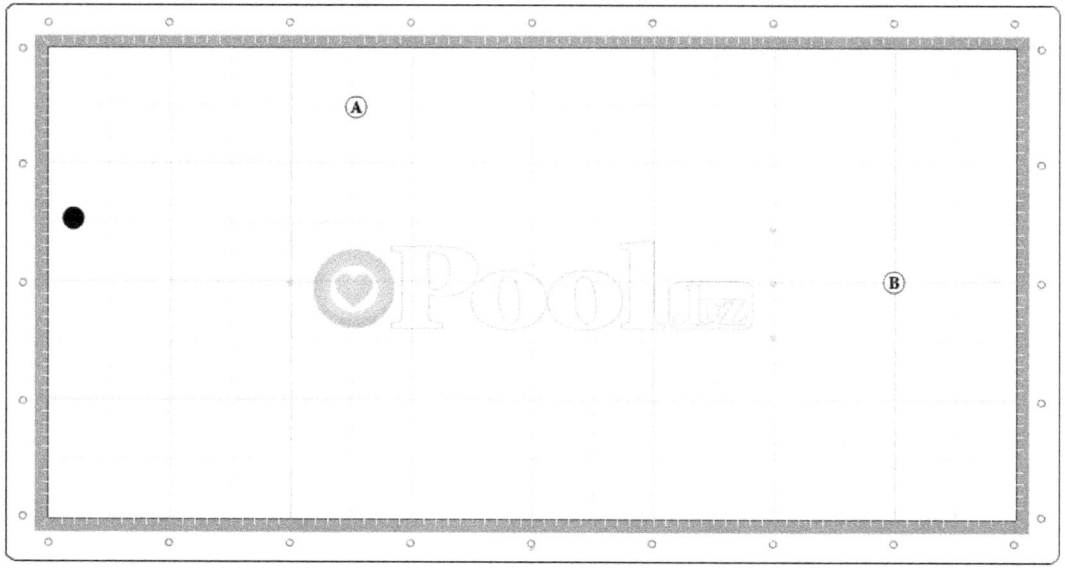

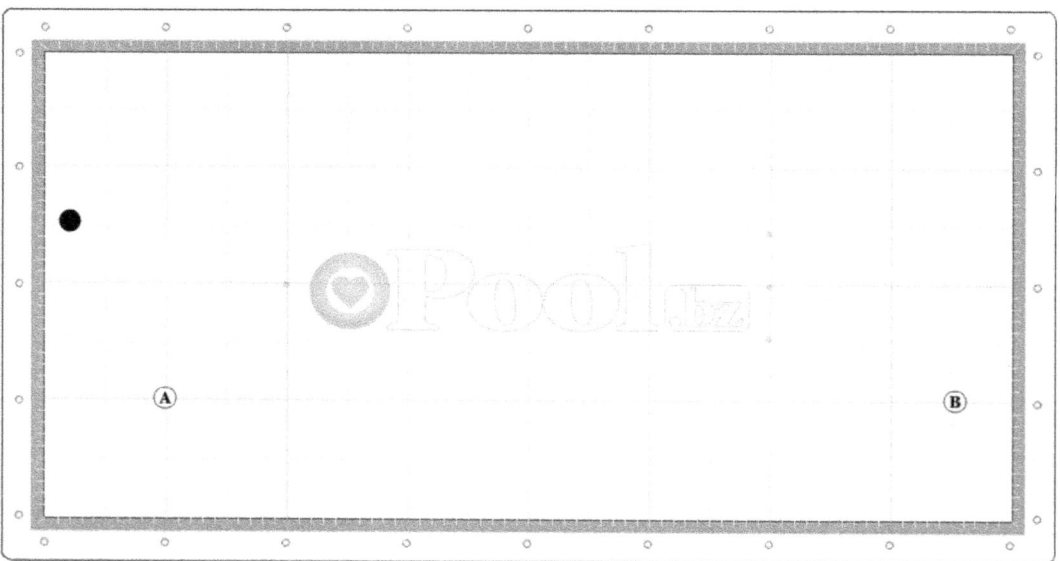

APUNTE:

Grupo 3, conjunto 12

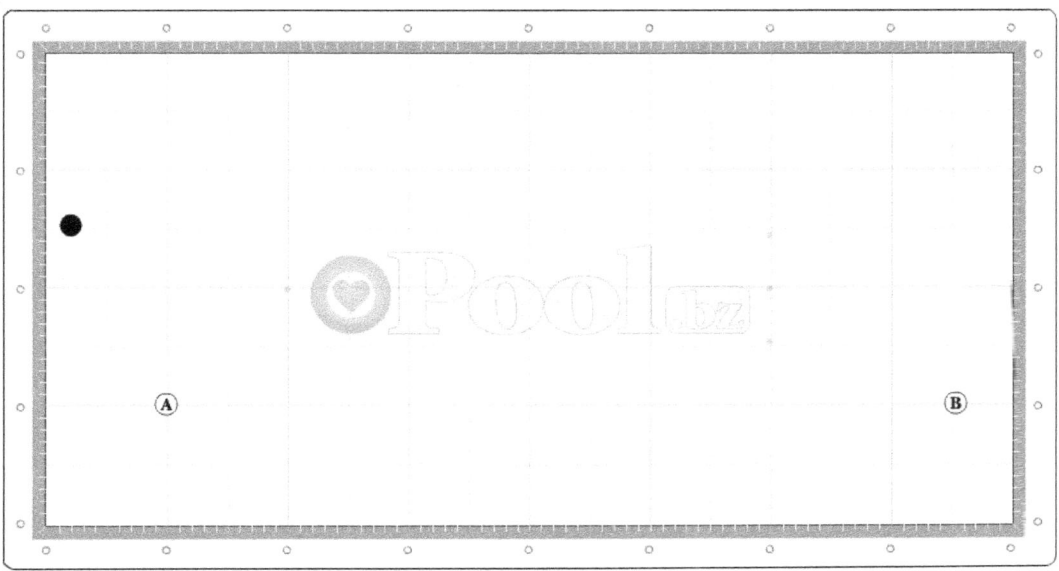

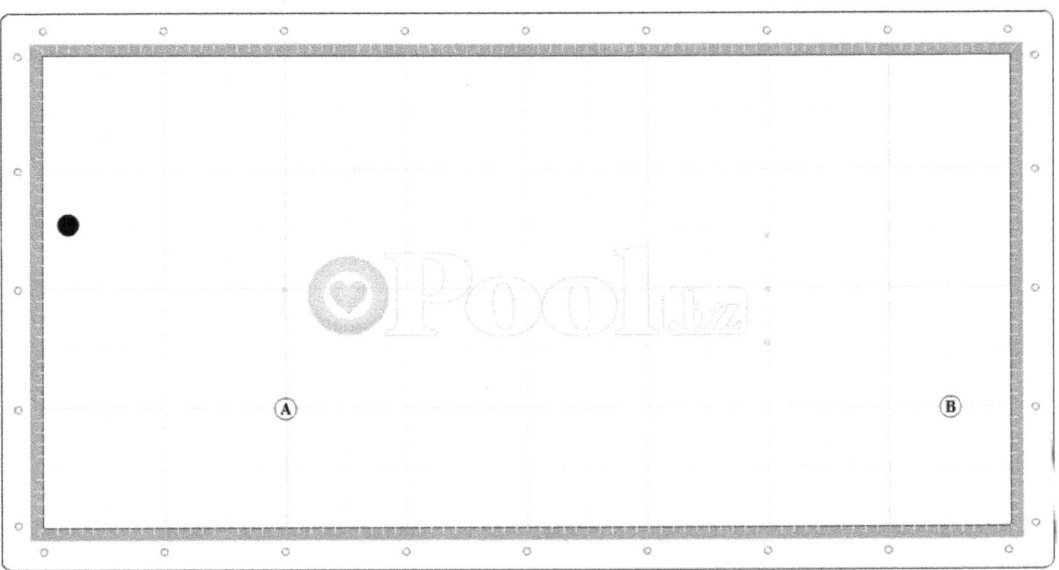

APUNTE:

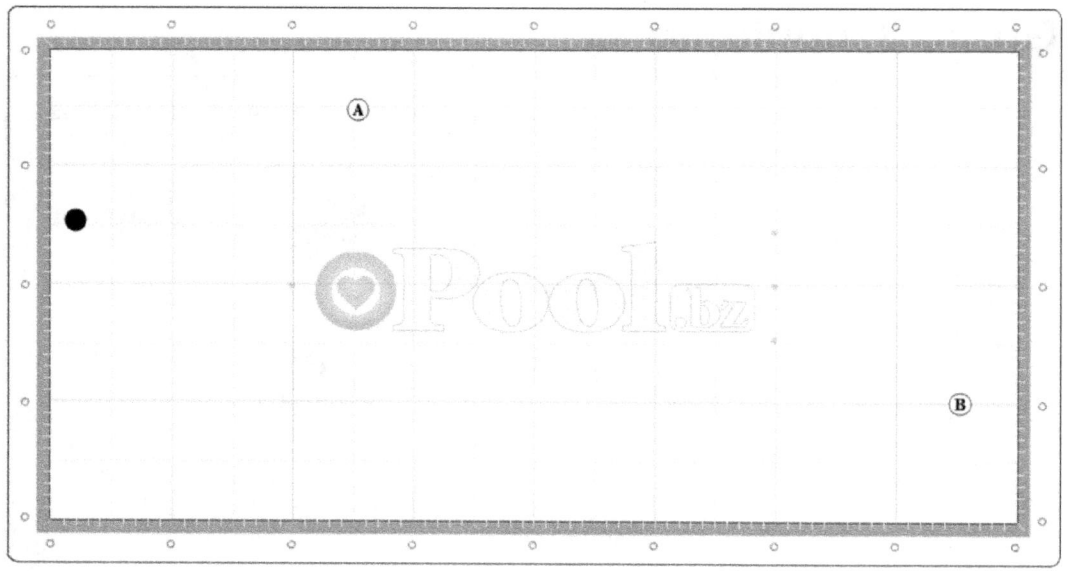

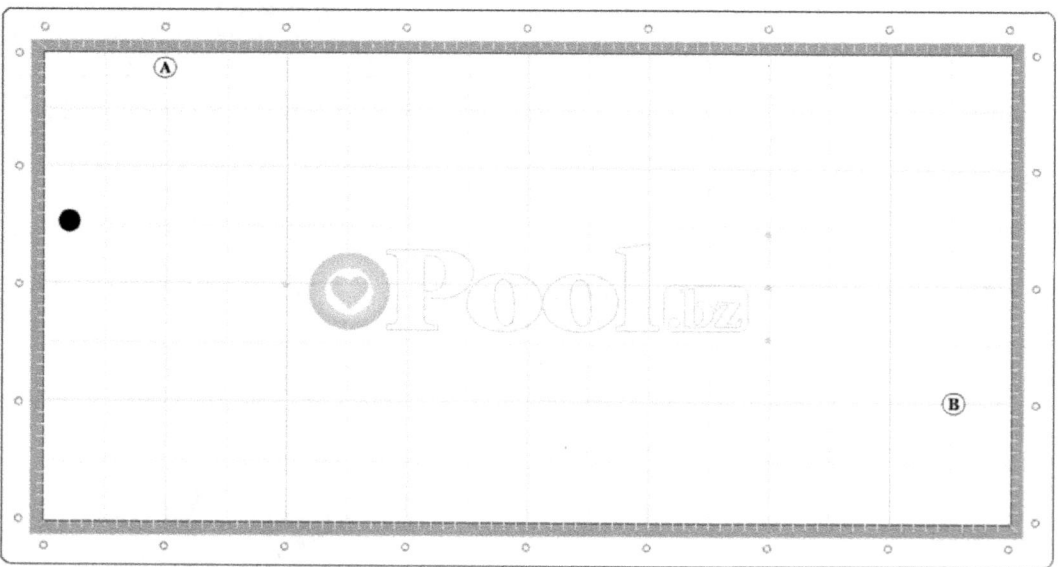

APUNTE:

GRUPO 4

Grupo 4, conjunto 1

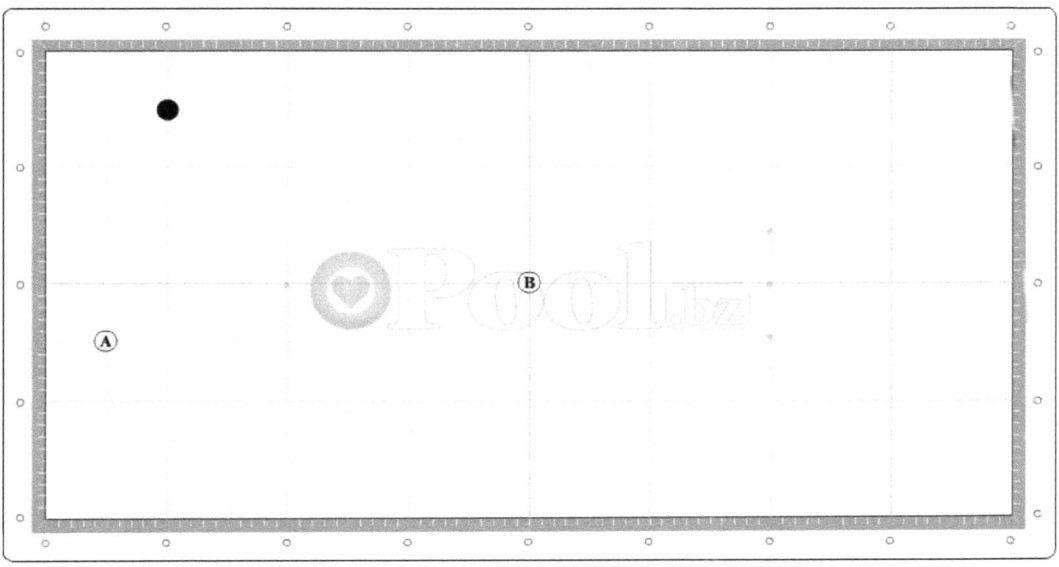

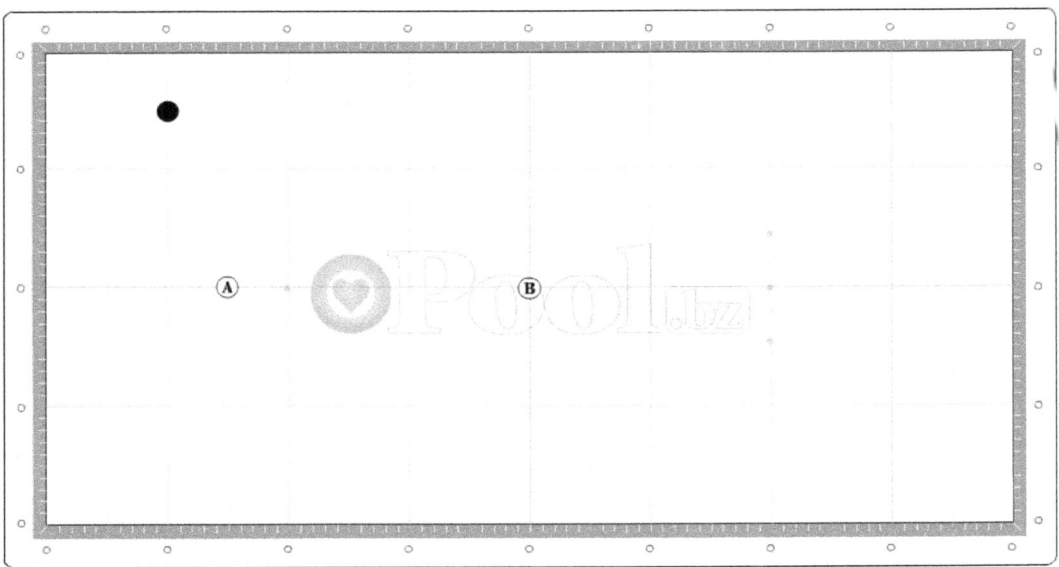

APUNTE:

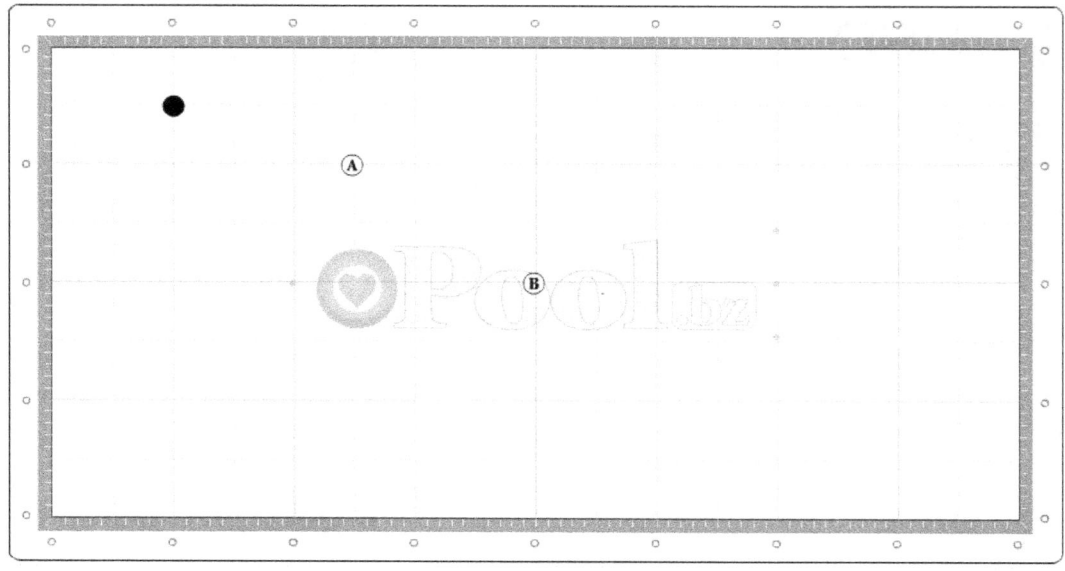

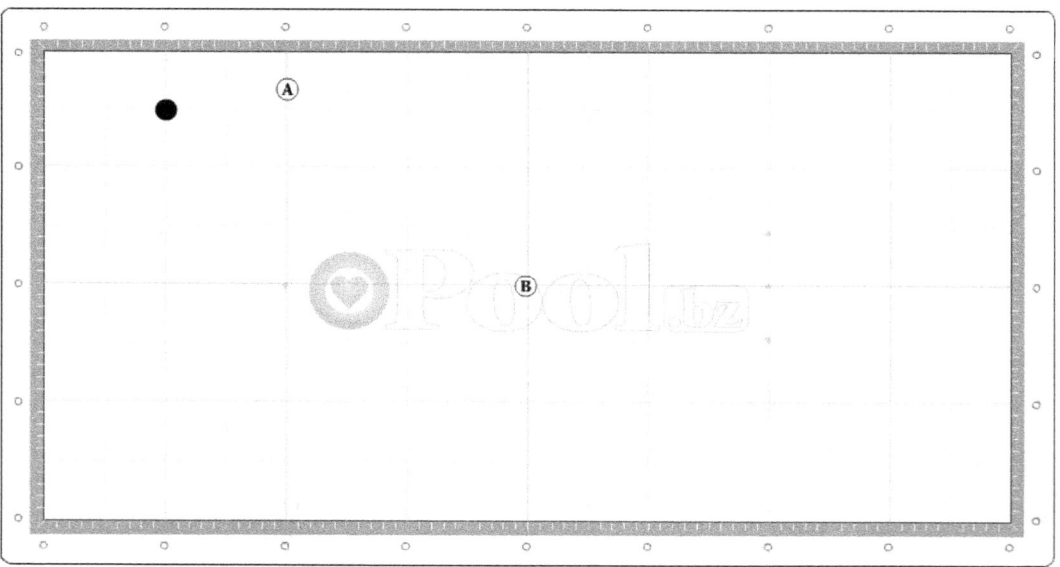

APUNTE:

Grupo 4, conjunto 2

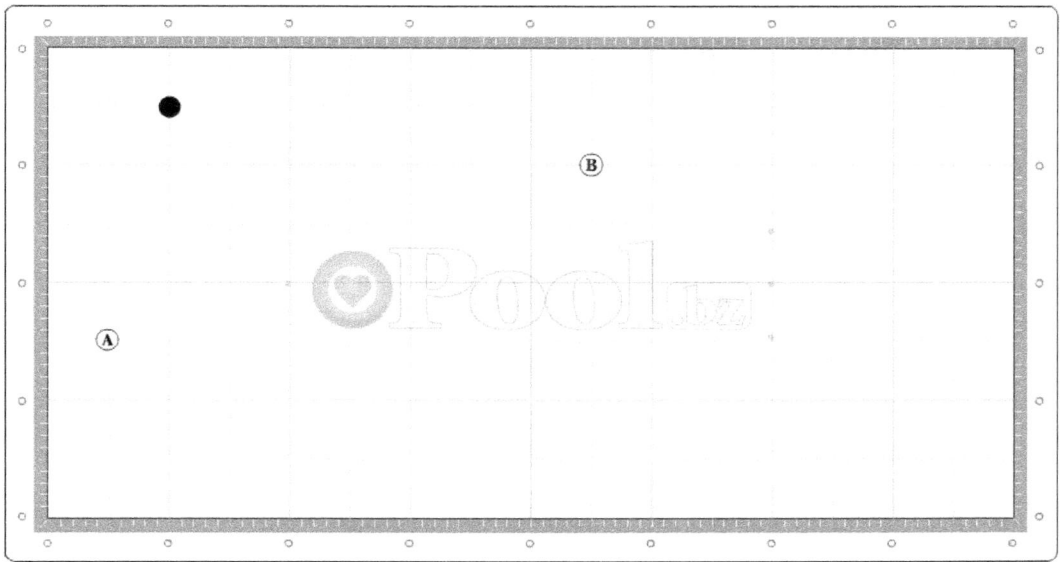

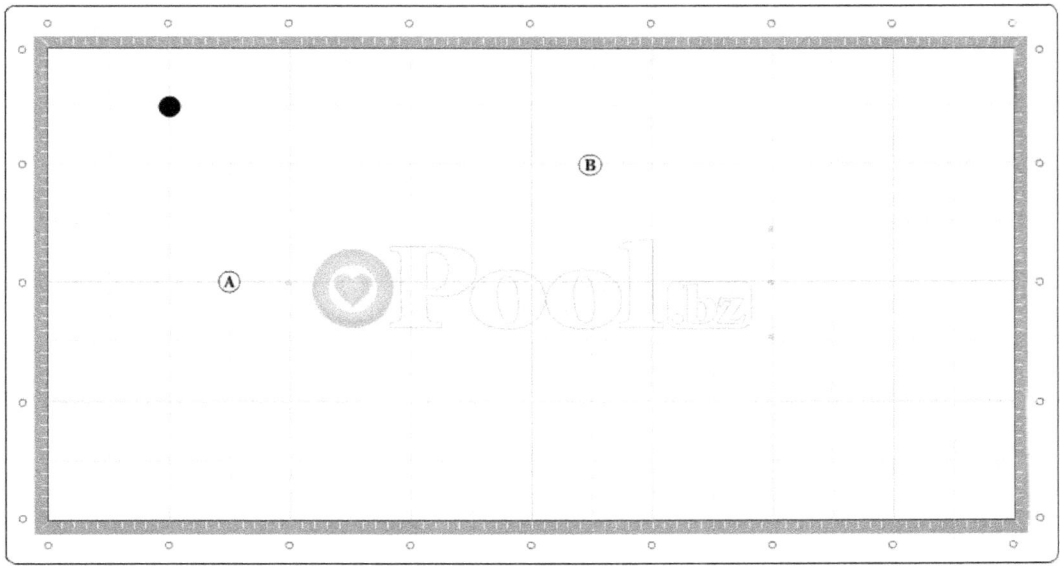

APUNTE:

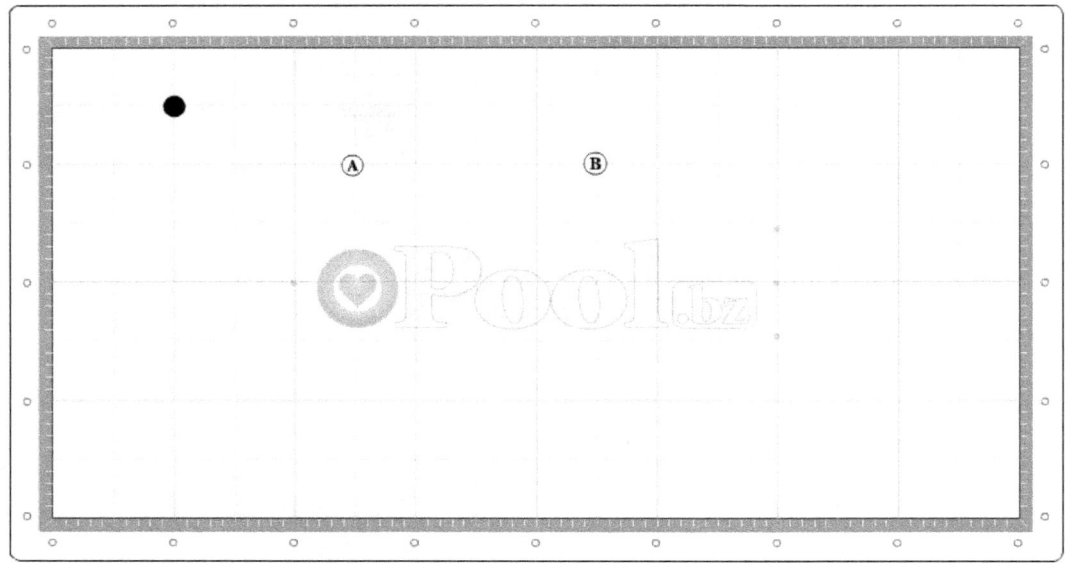

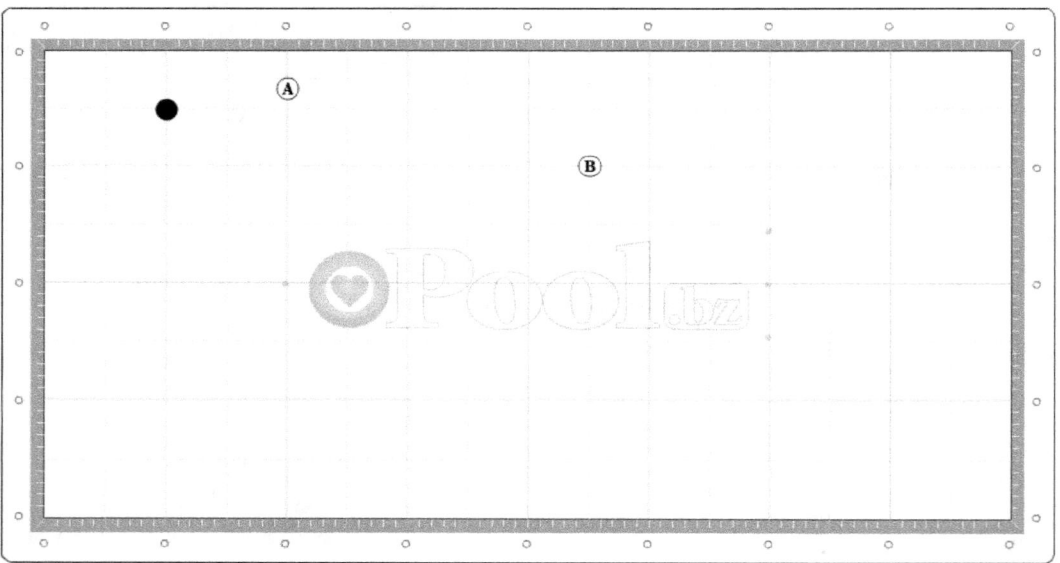

APUNTE:

Grupo 4, conjunto 3

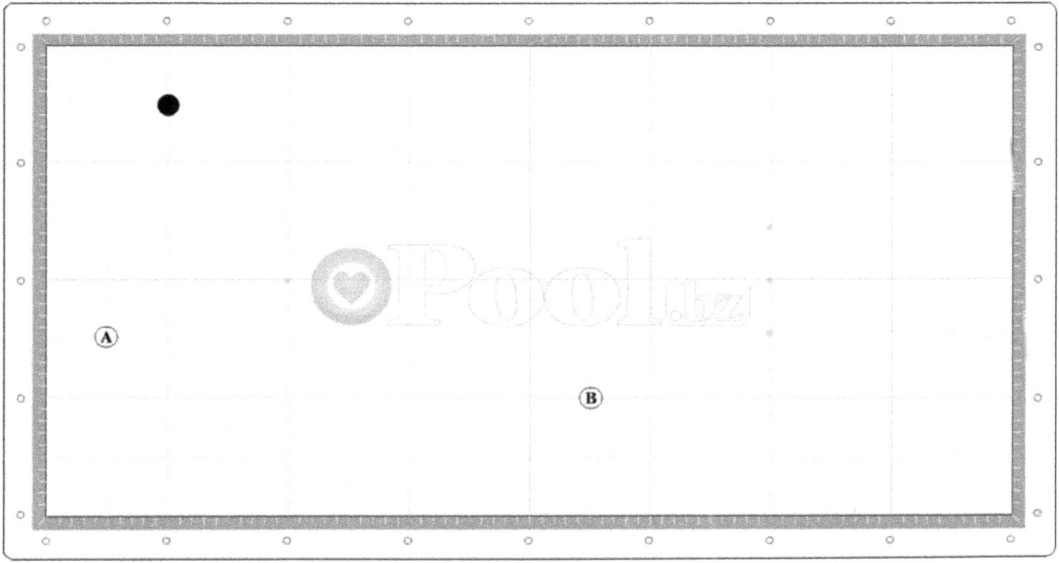

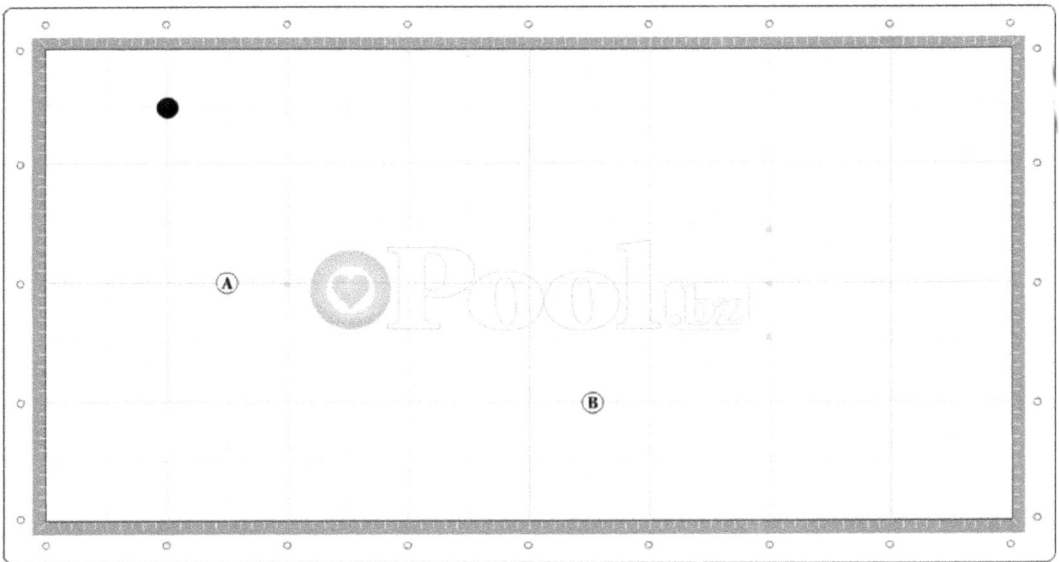

APUNTE:

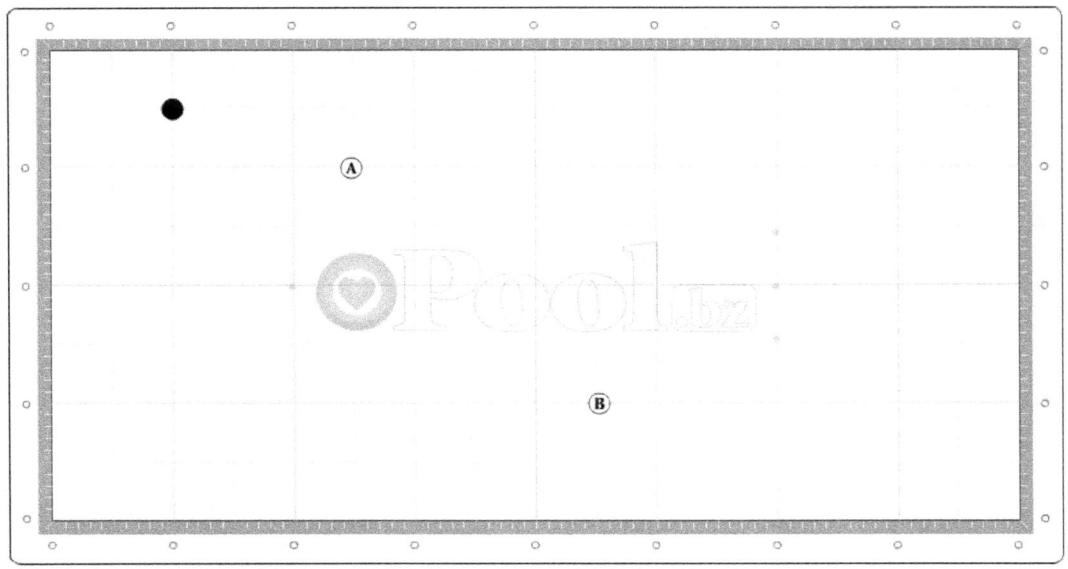

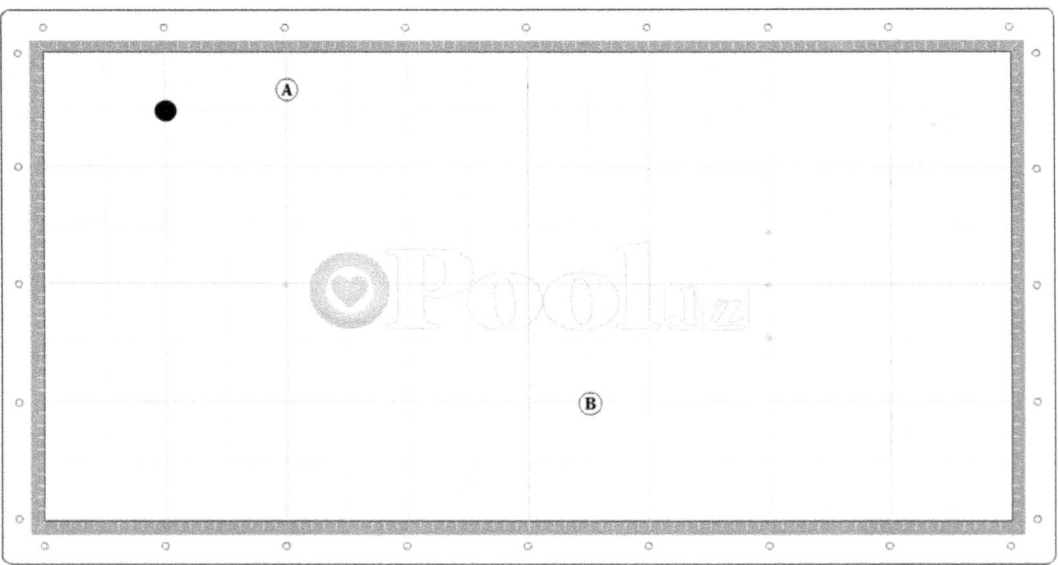

APUNTE:

Grupo 4, conjunto 4

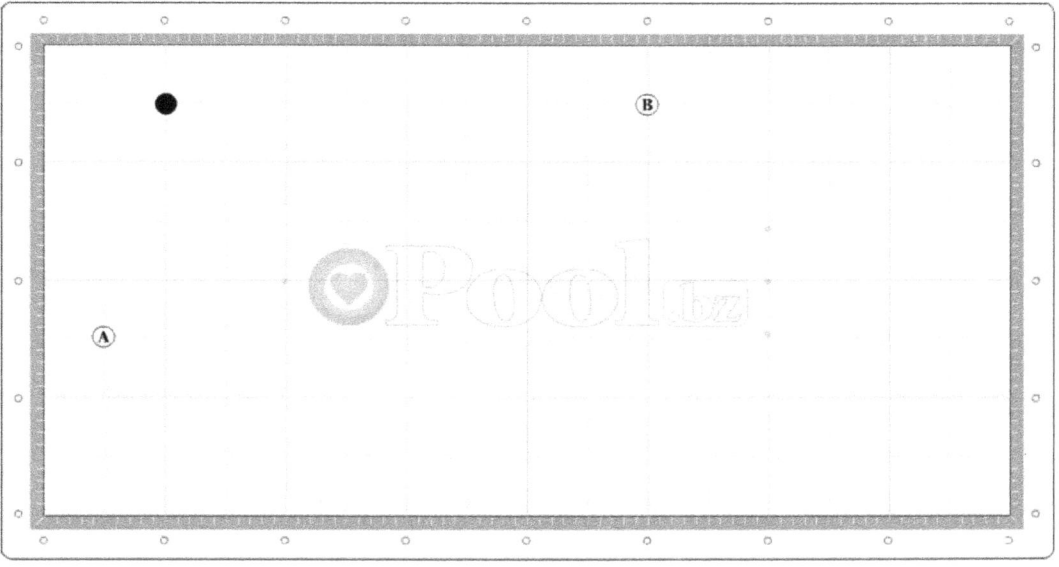

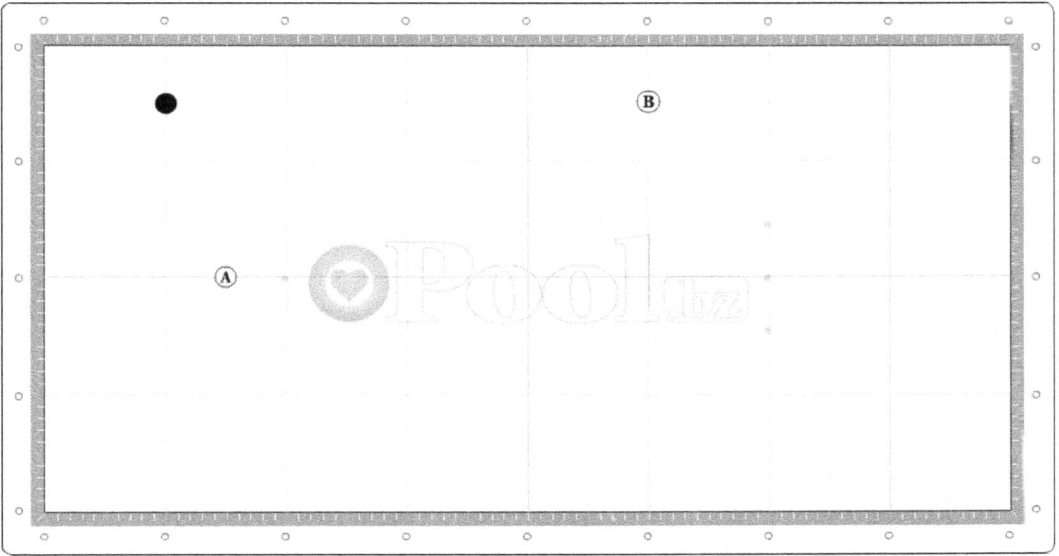

APUNTE:

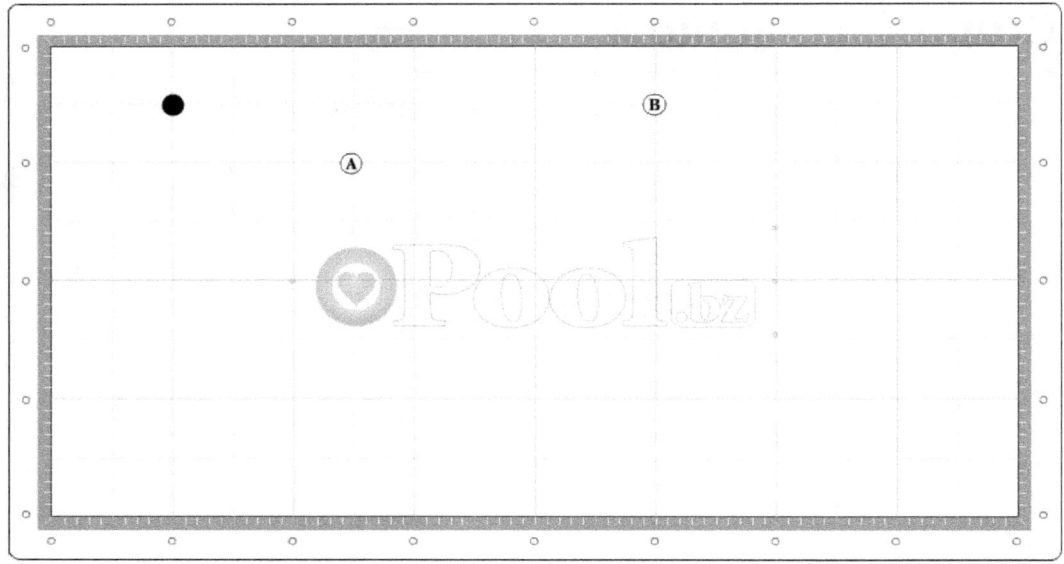

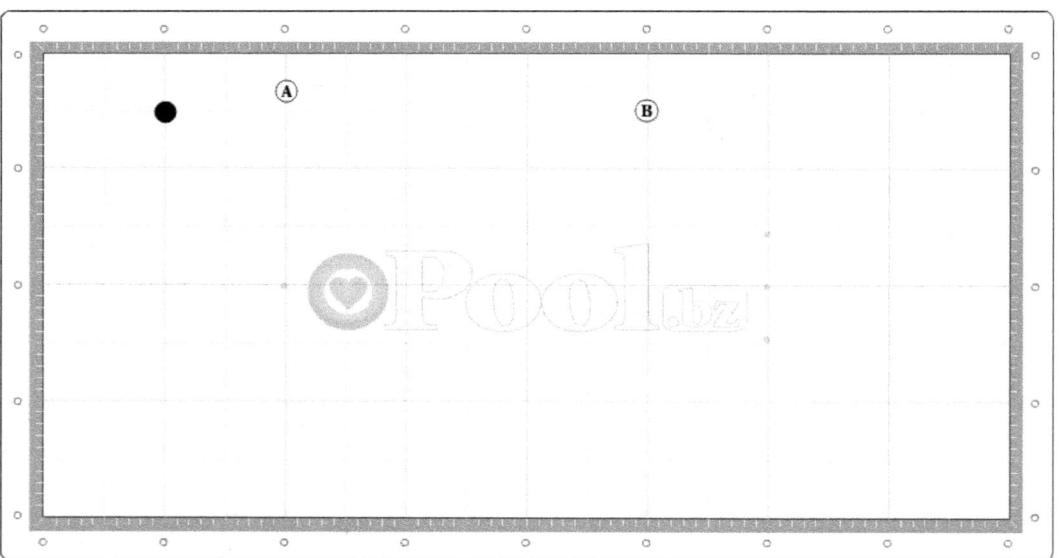

APUNTE:

Grupo 4, conjunto 5

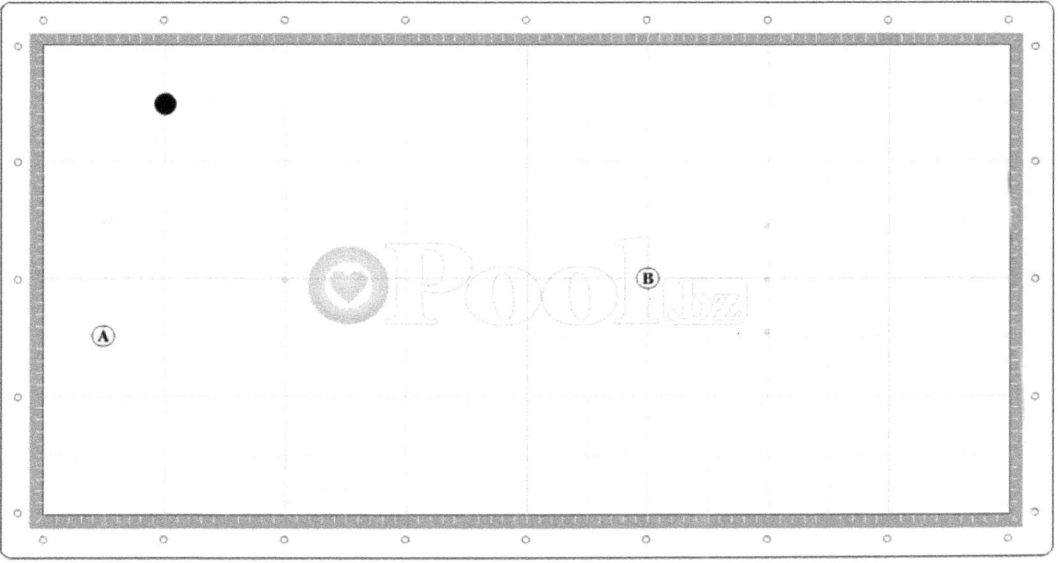

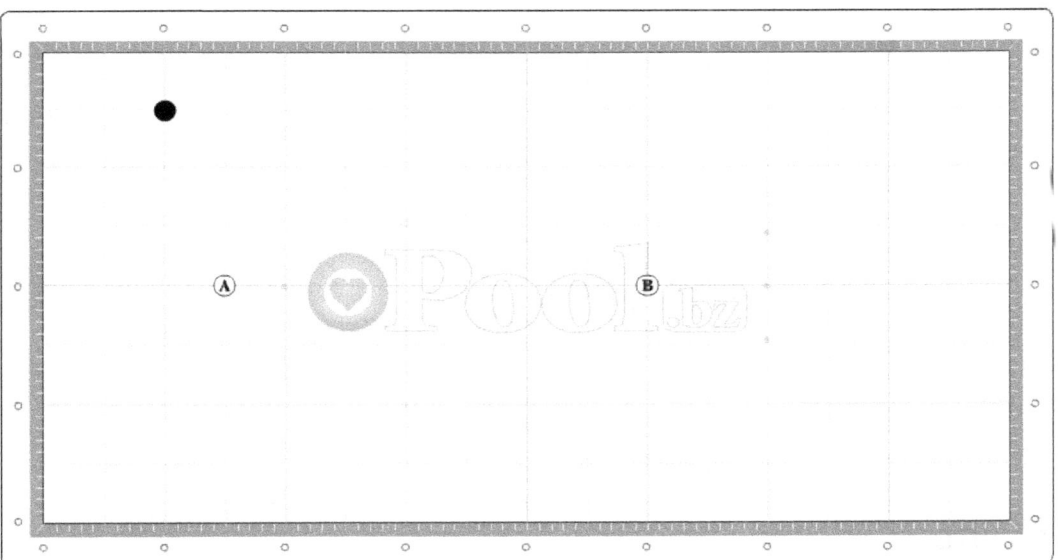

APUNTE:

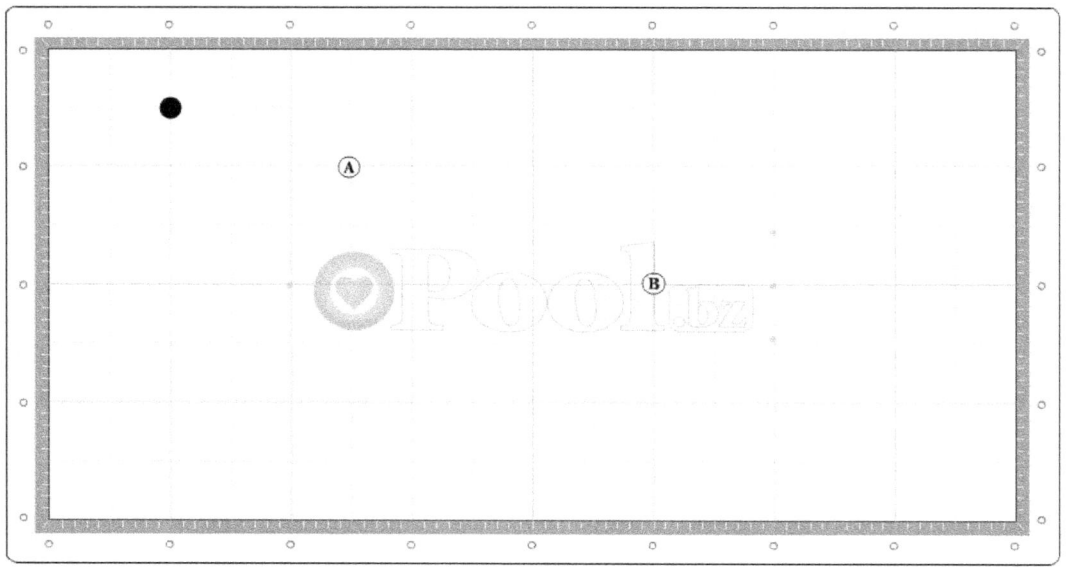

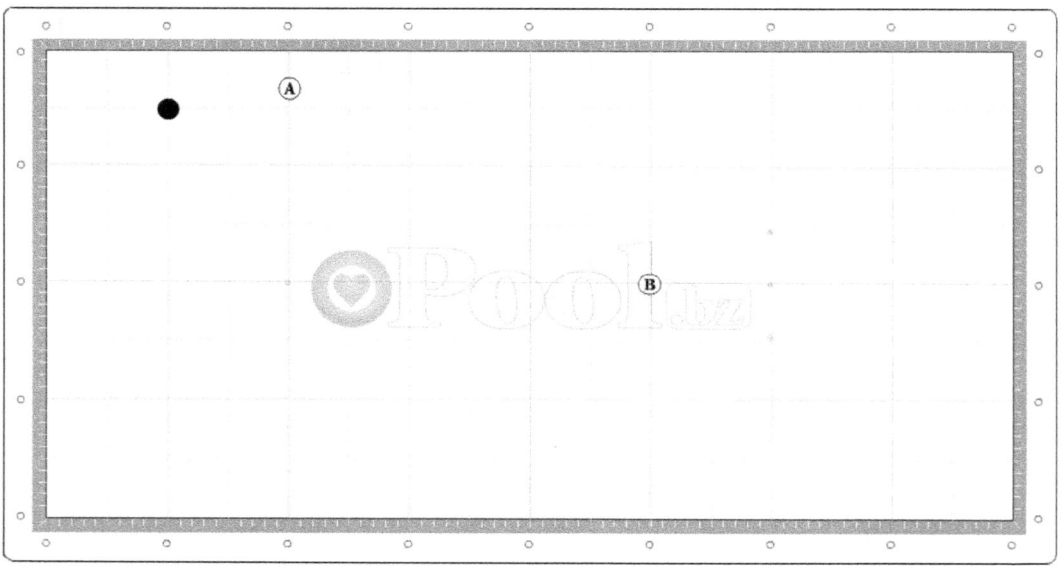

APUNTE:

Grupo 4, conjunto 6

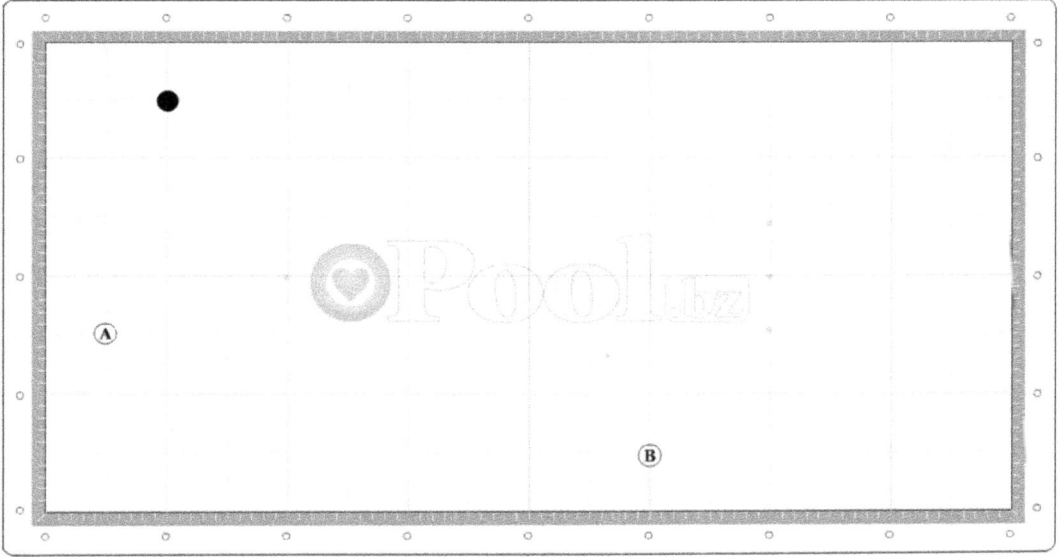

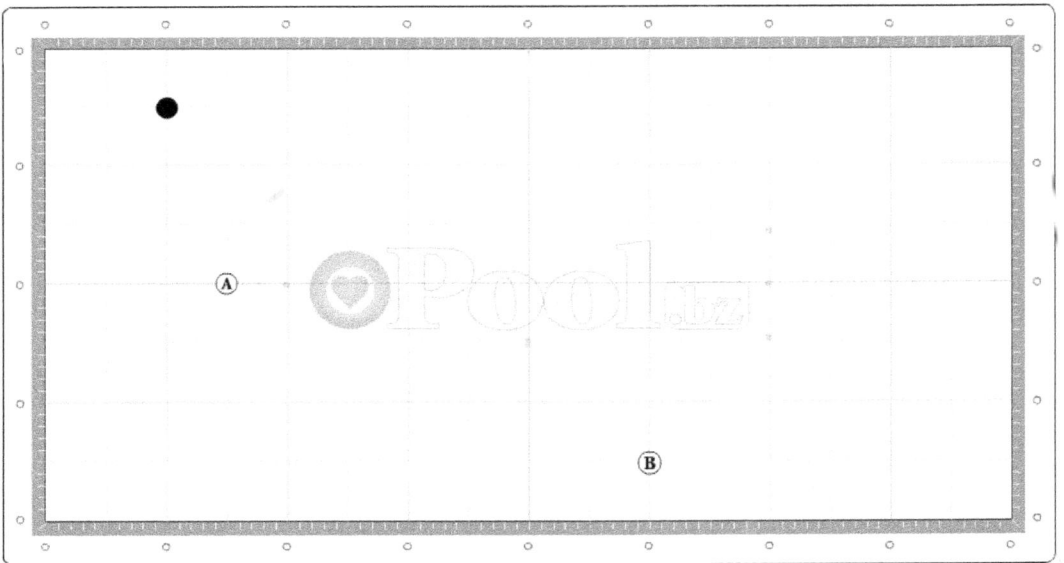

APUNTE:

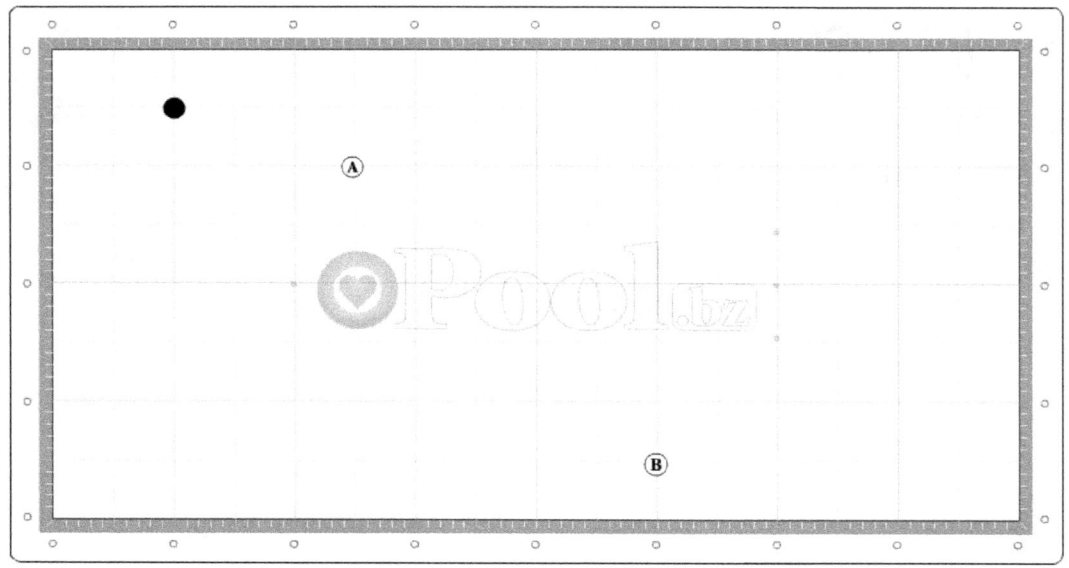

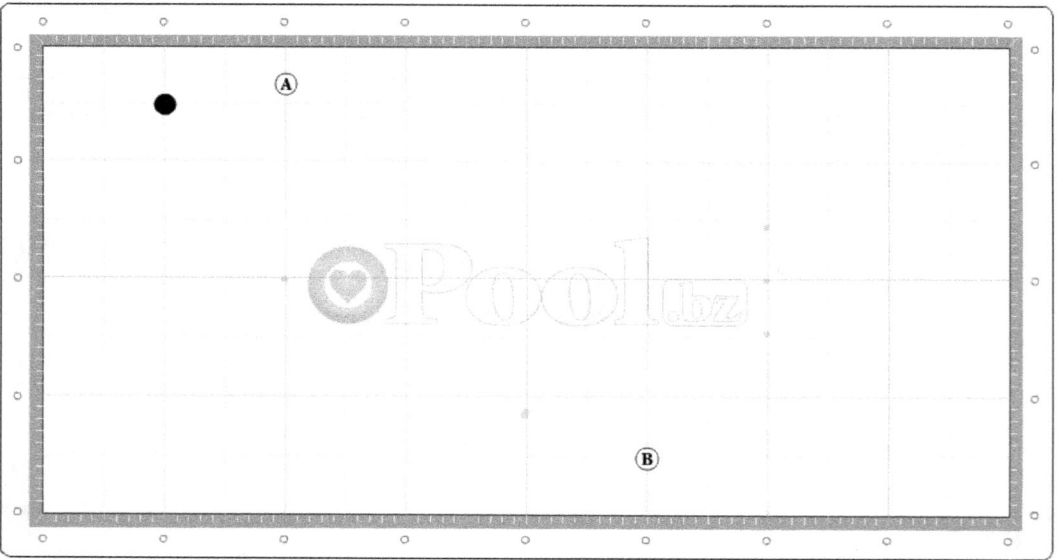

APUNTE:

Grupo 4, conjunto 7

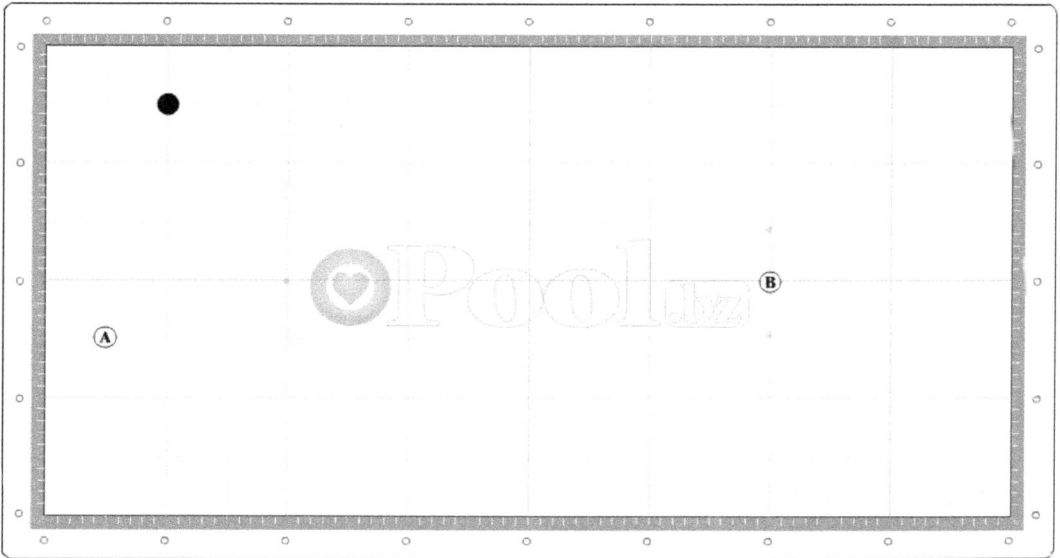

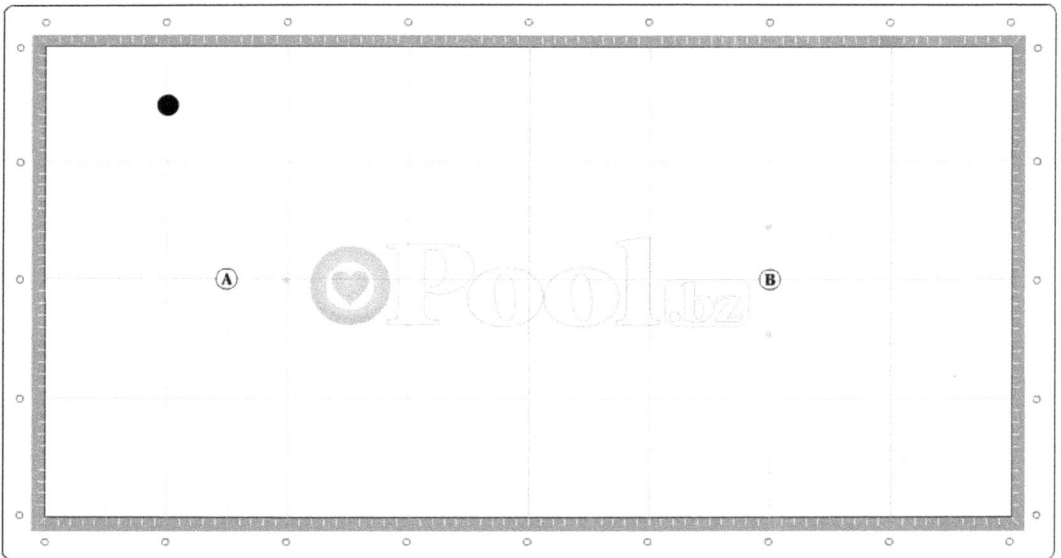

APUNTE:

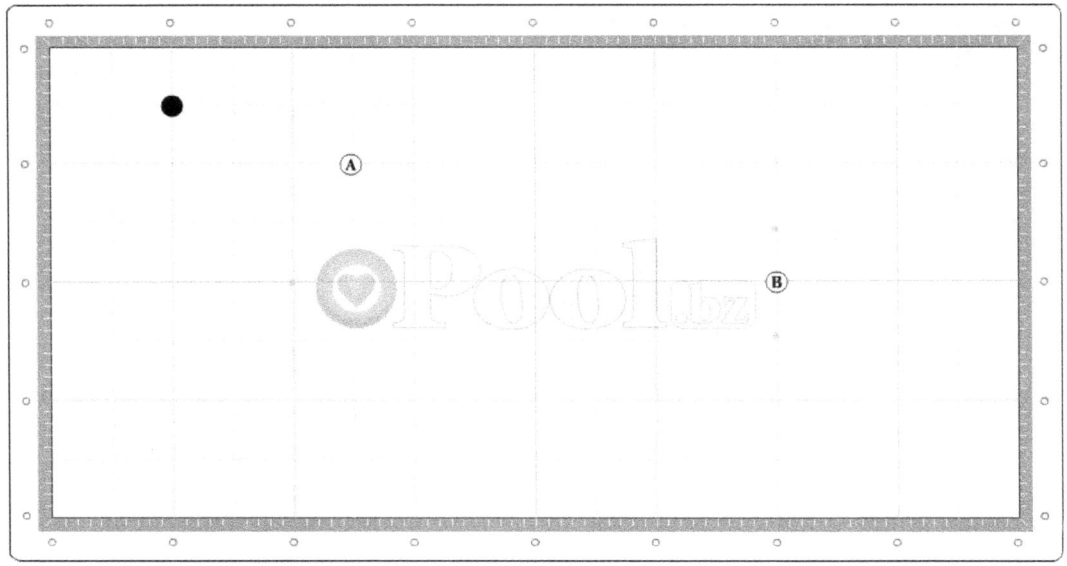

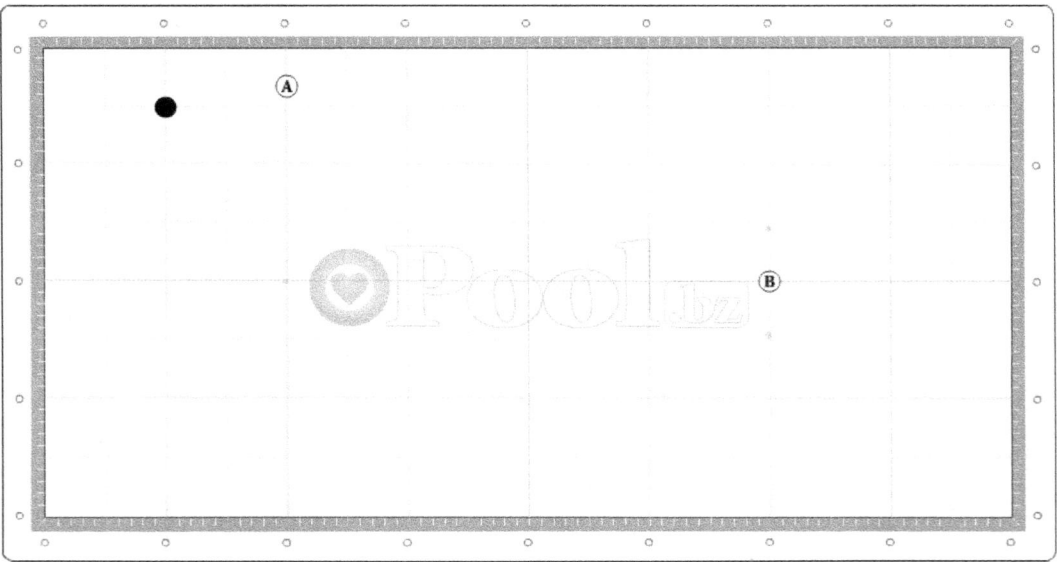

APUNTE:

Grupo 4, conjunto 8

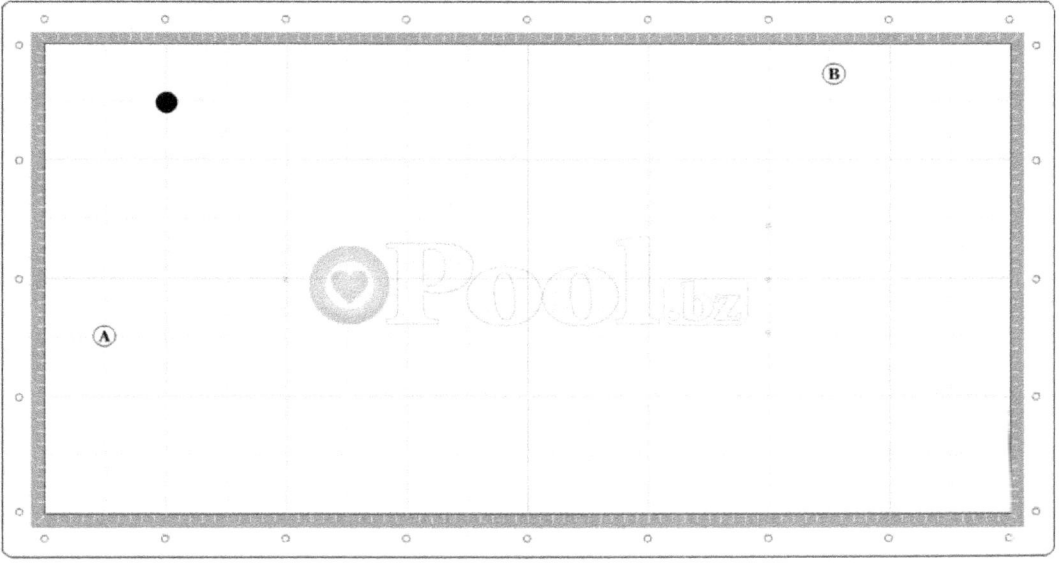

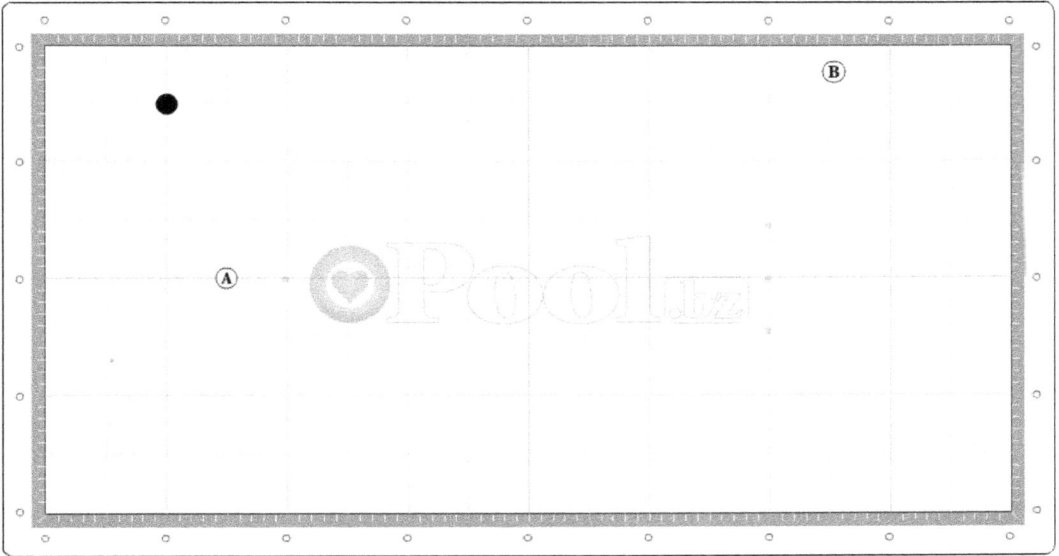

APUNTE:

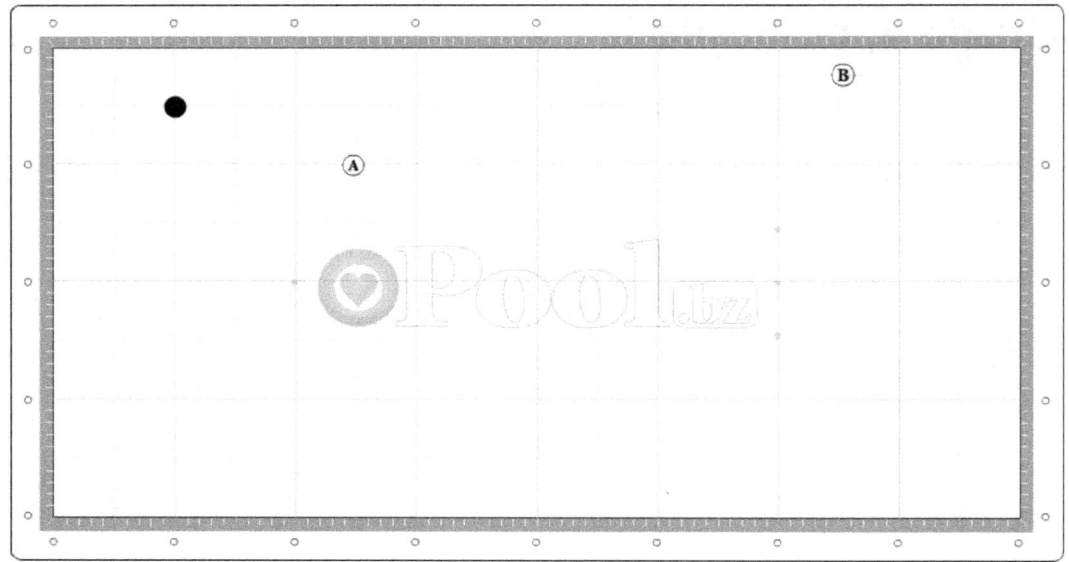

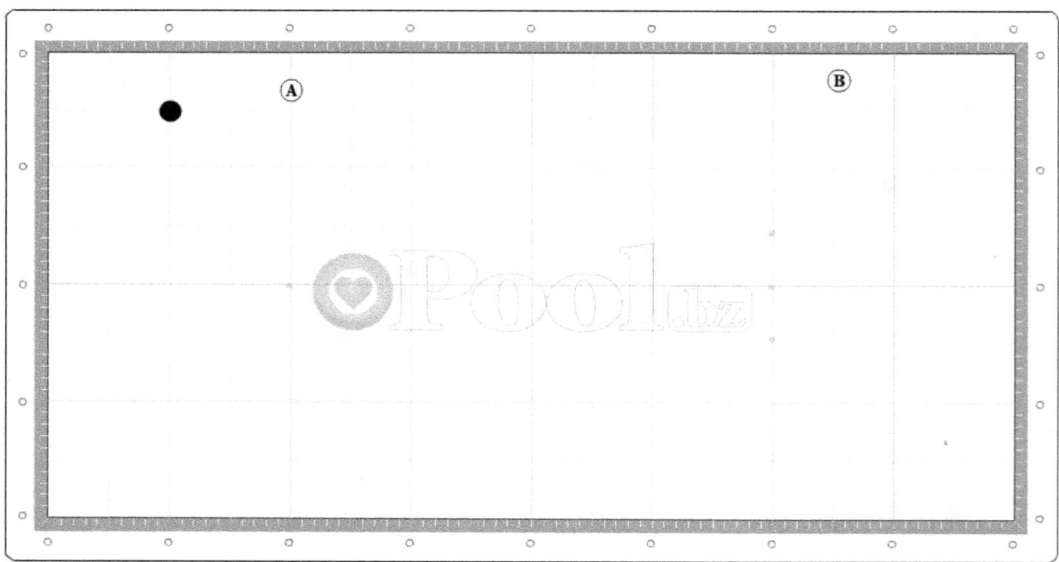

APUNTE:

Grupo 4, conjunto 9

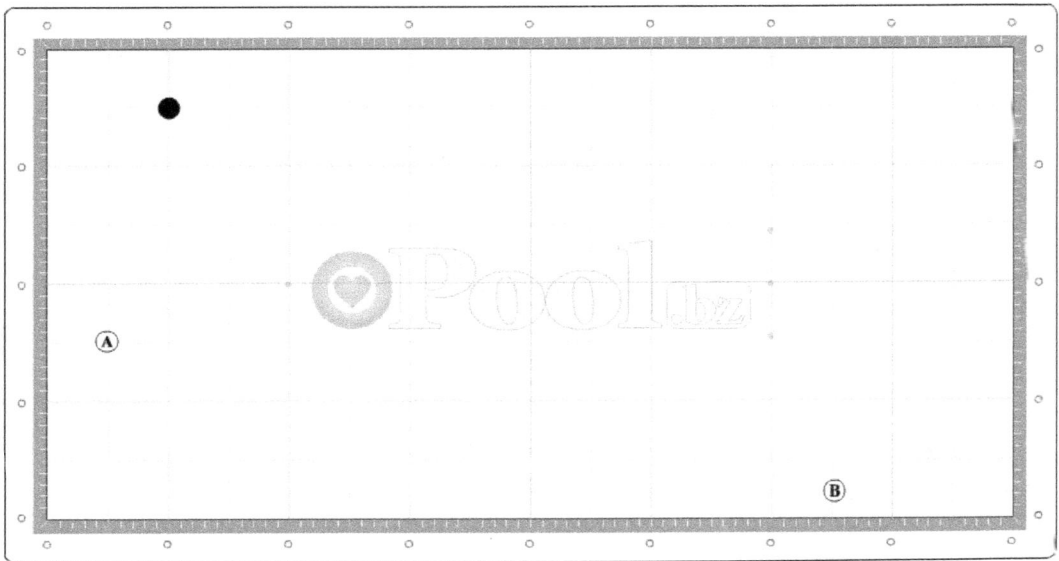

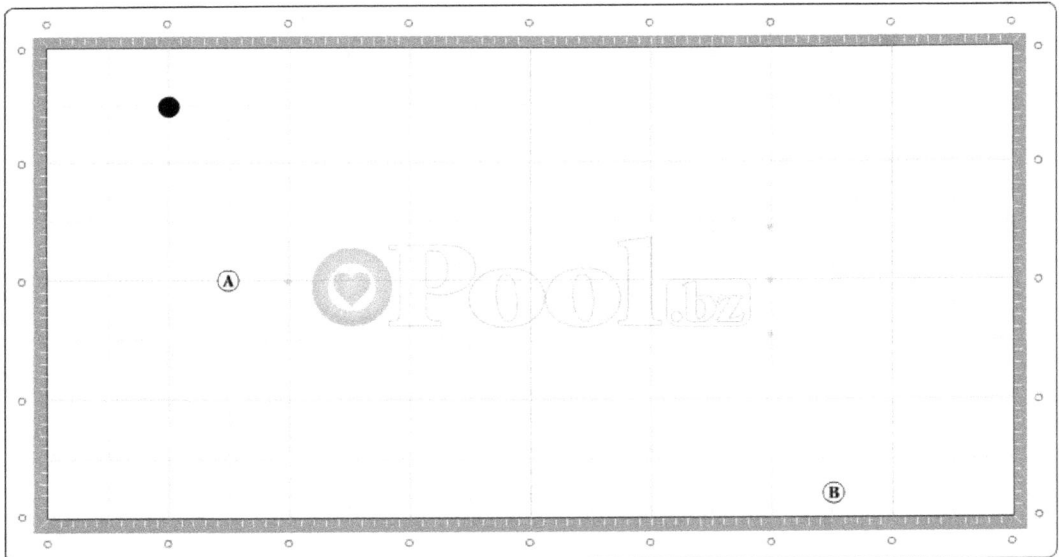

APUNTE:

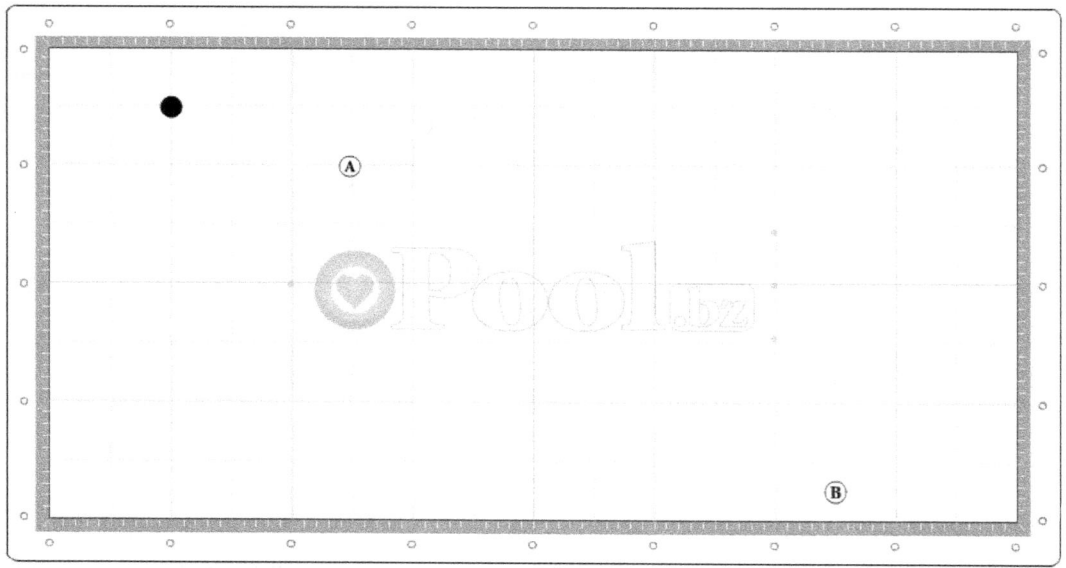

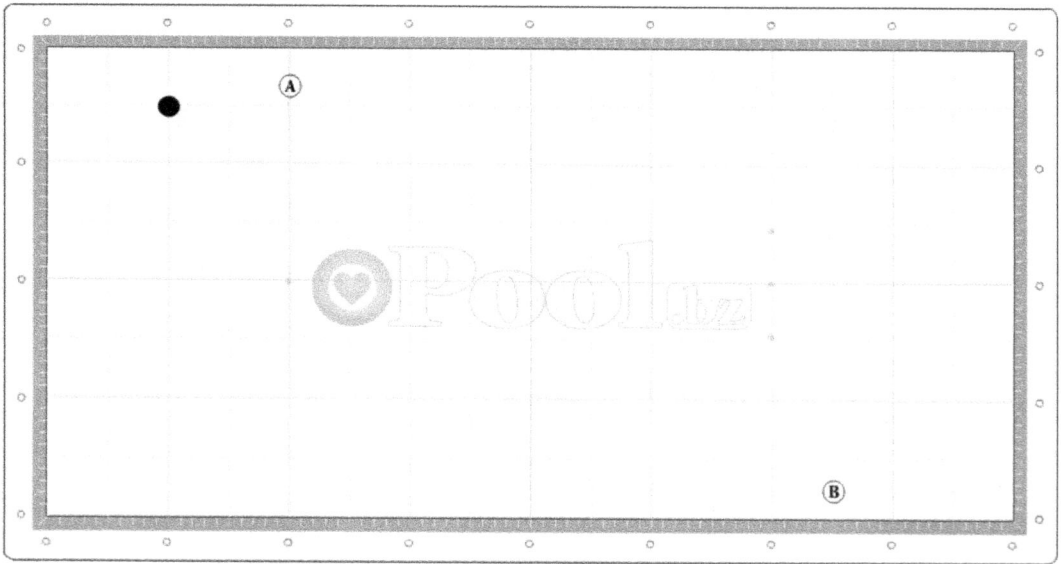

APUNTE:

Grupo 4, conjunto 10

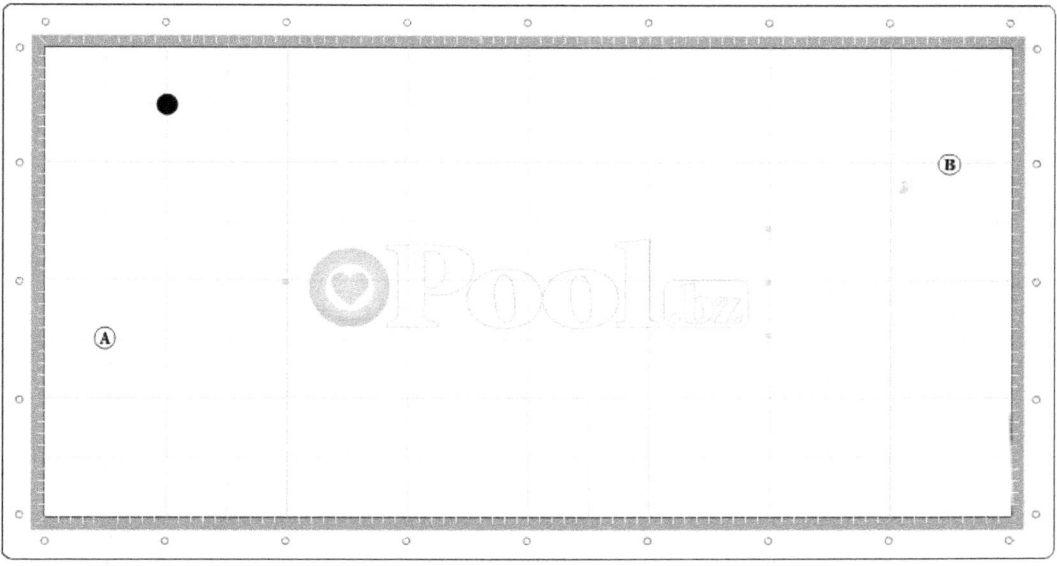

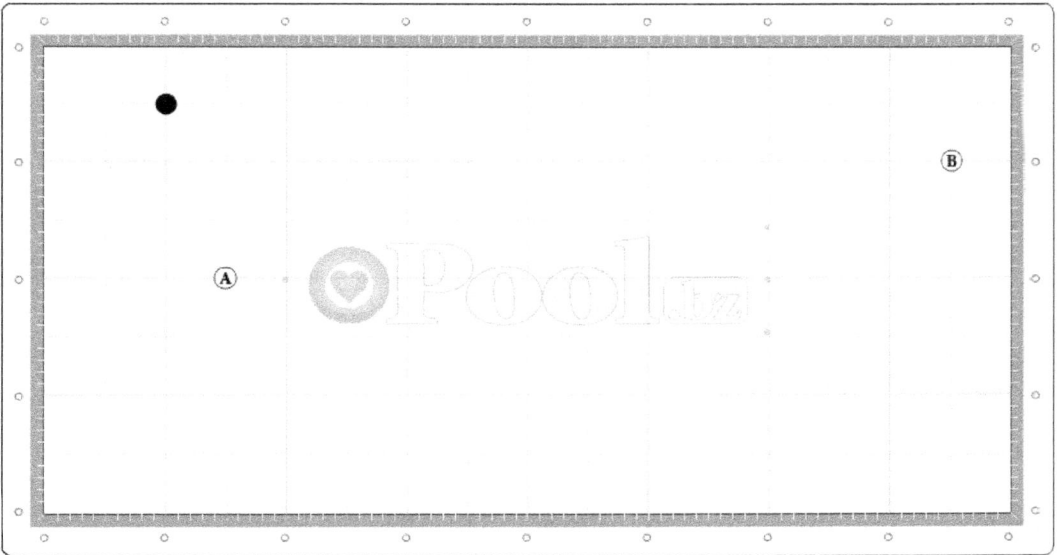

APUNTE:

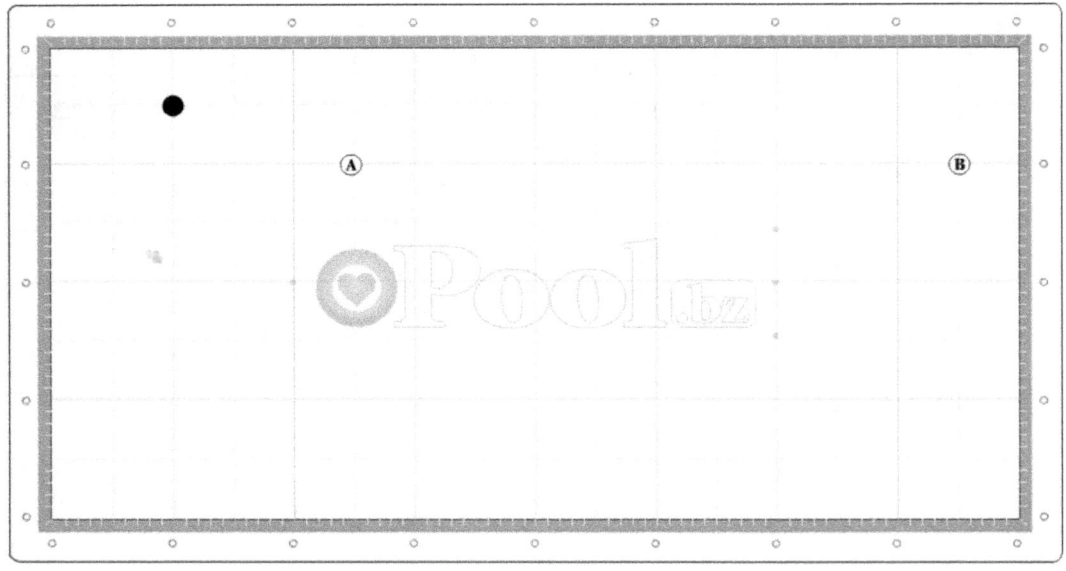

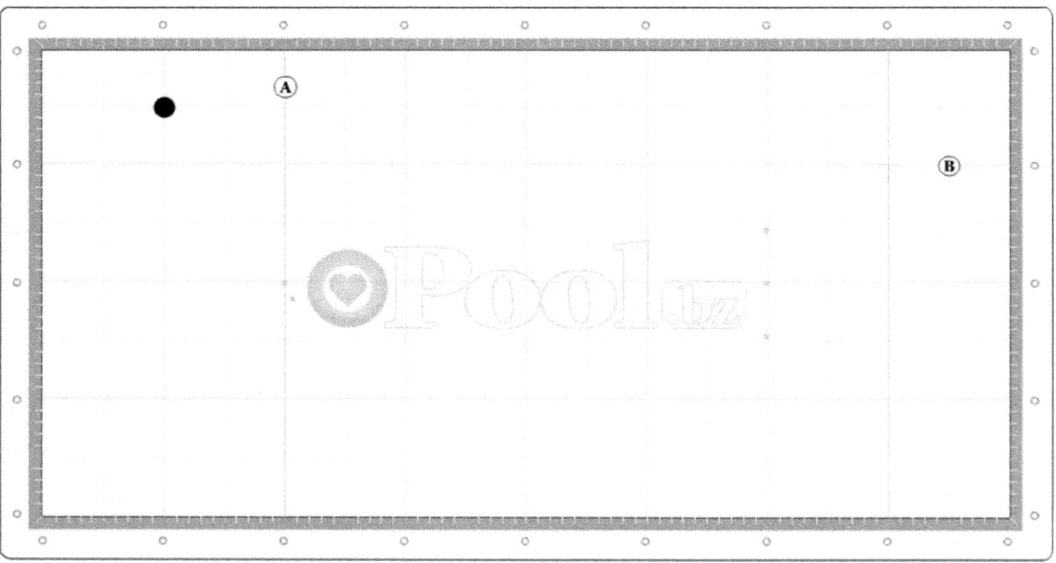

APUNTE:

Grupo 4, conjunto 11

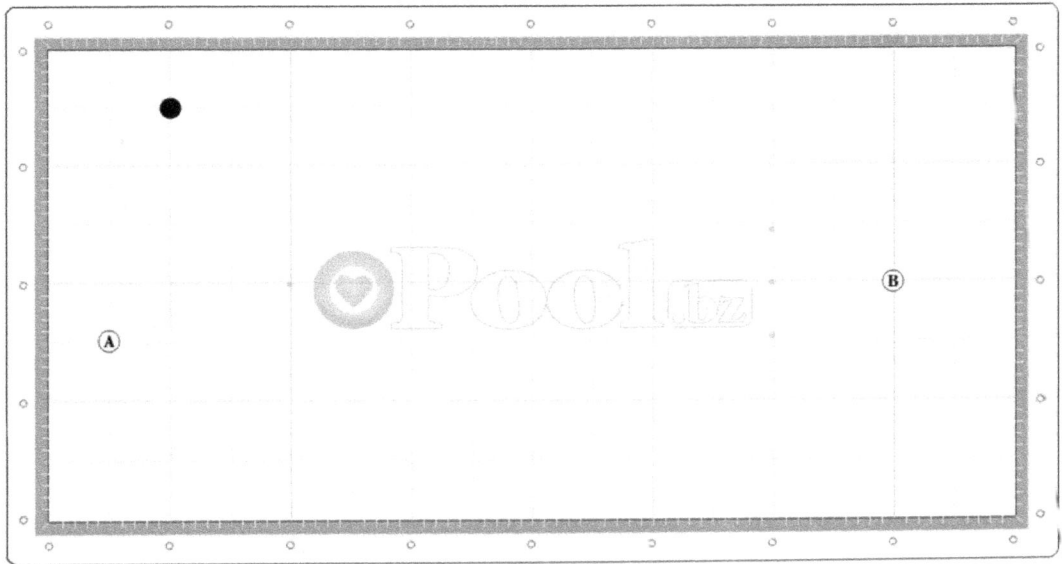

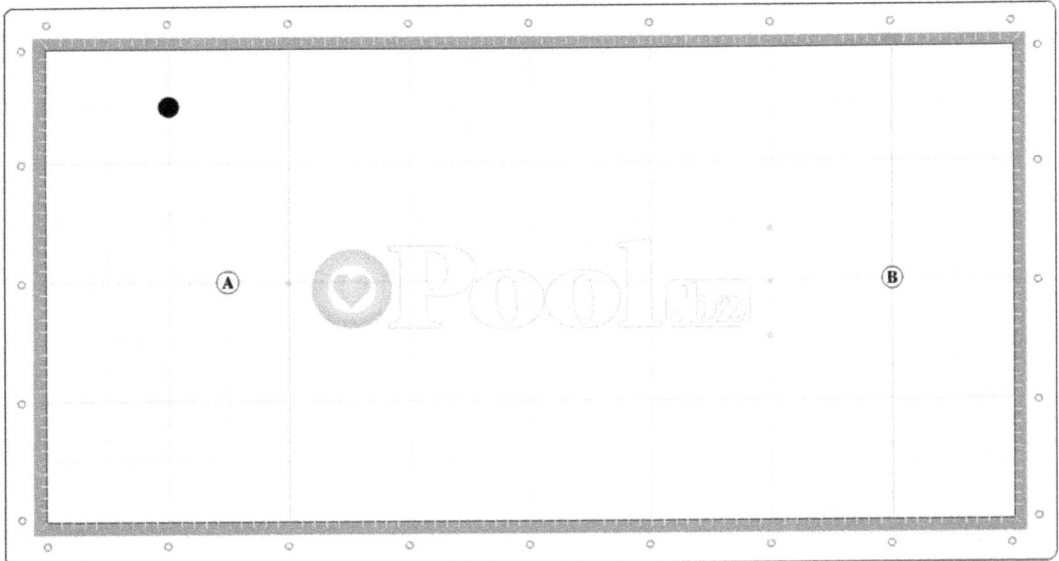

APUNTE:

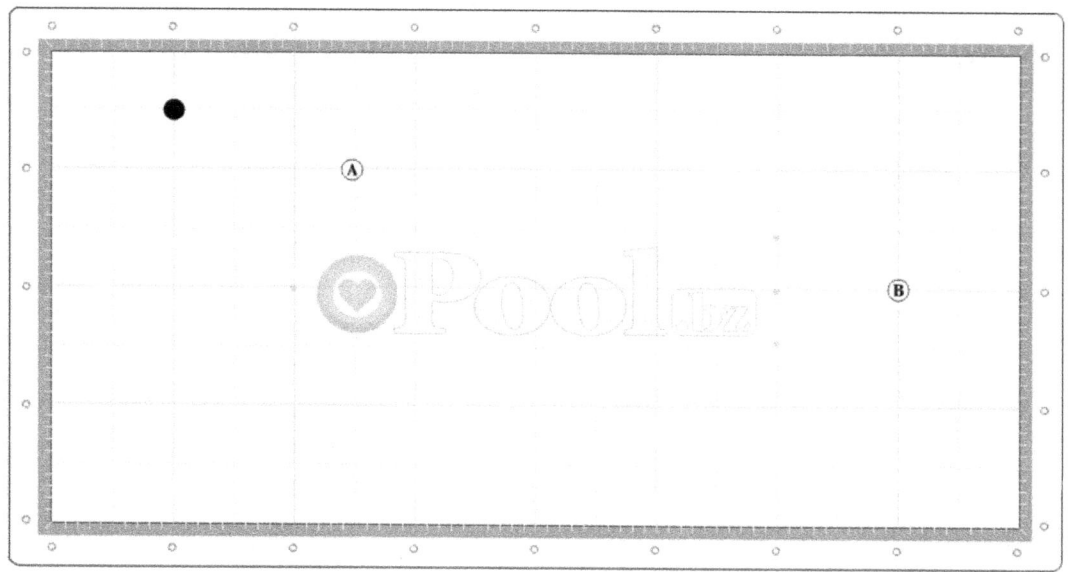

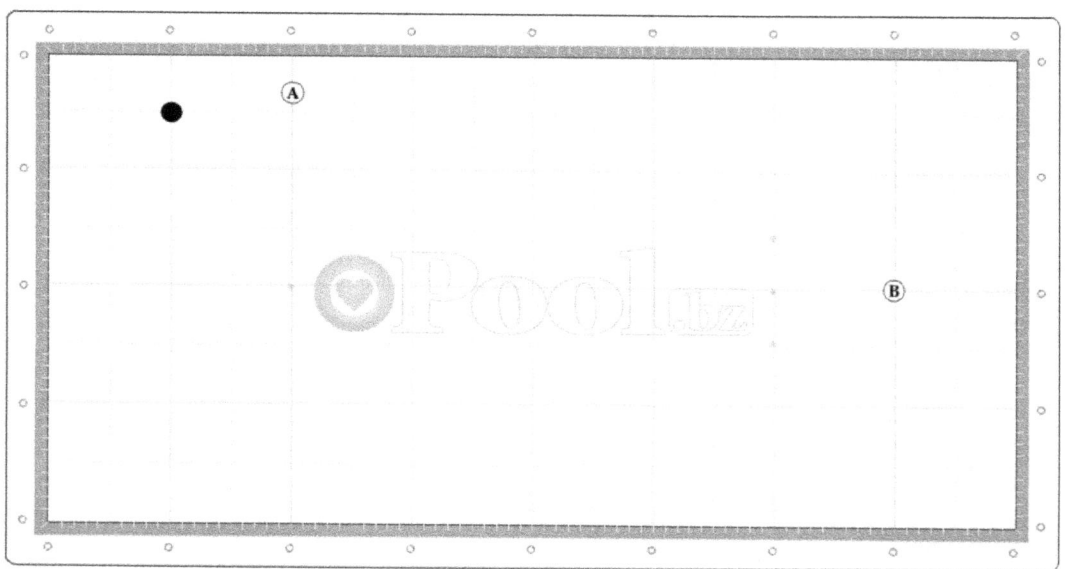

APUNTE:

v

Grupo 4, conjunto 12

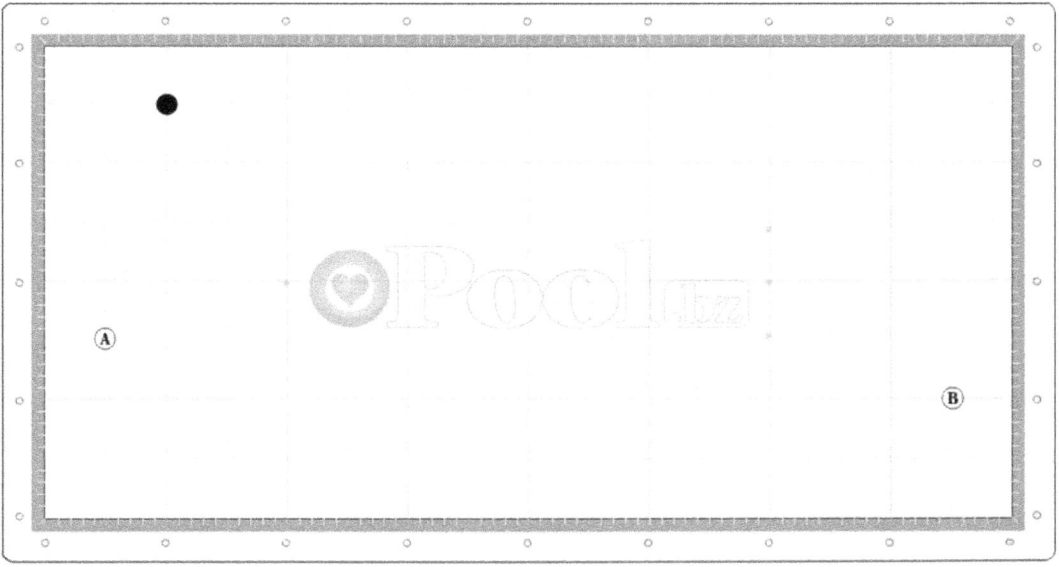

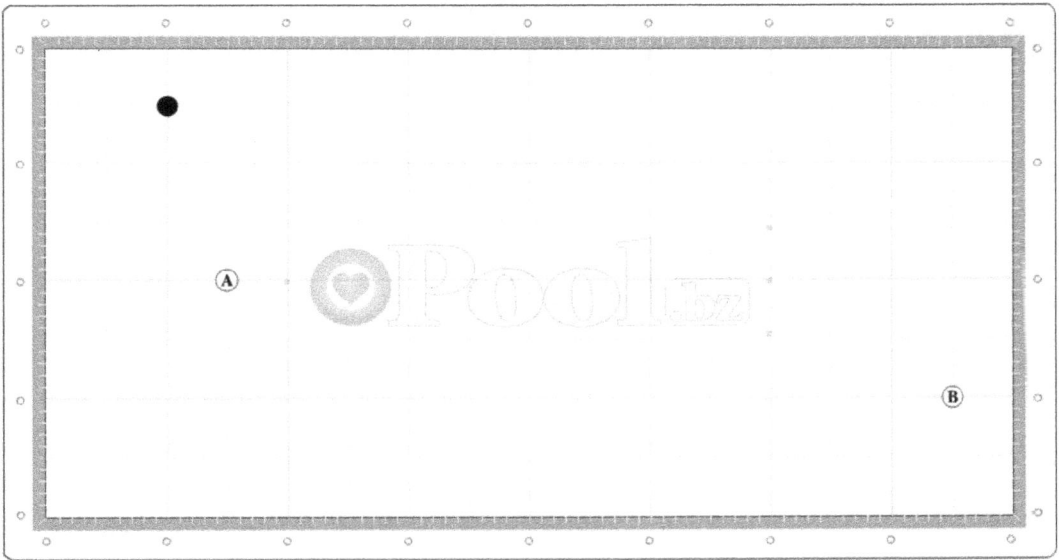

APUNTE:

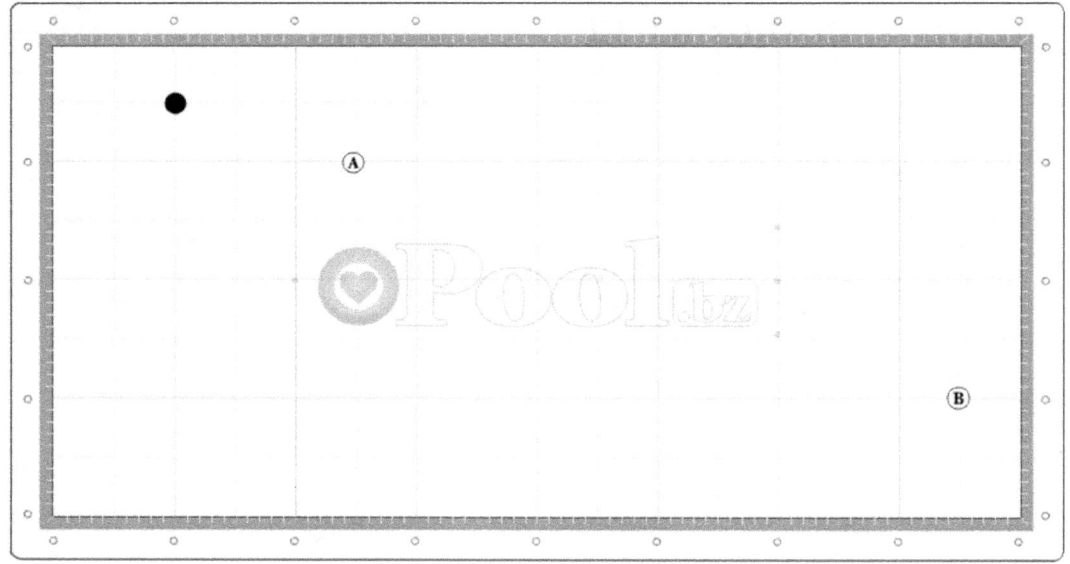

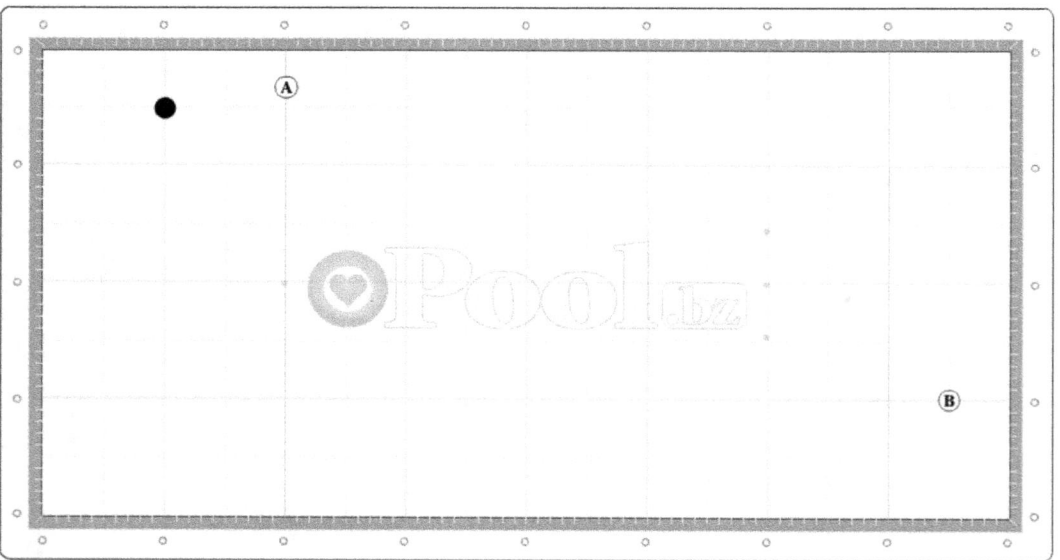

APUNTE:

GRUPO 5

Grupo 5, conjunto 1

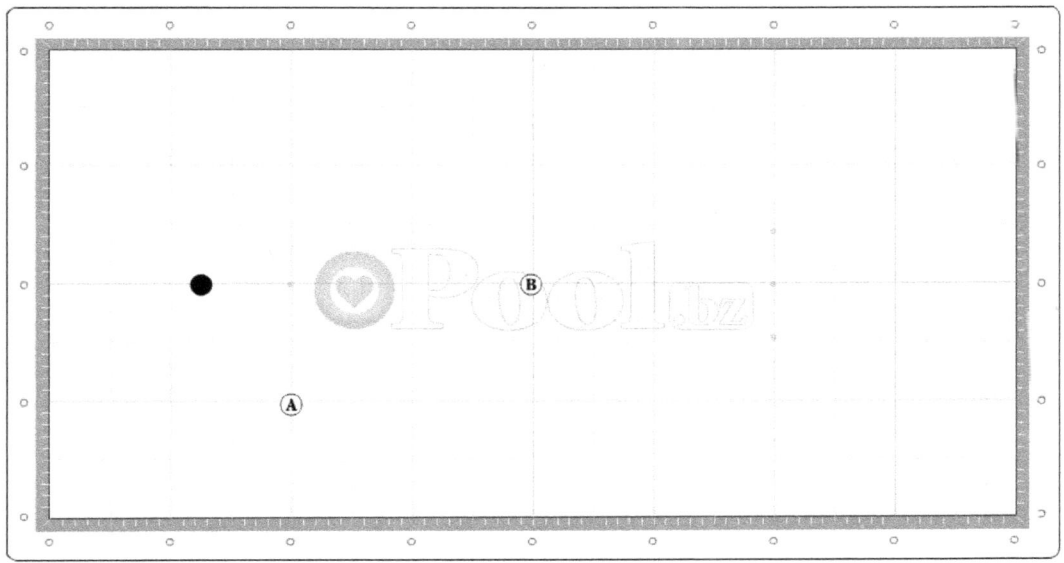

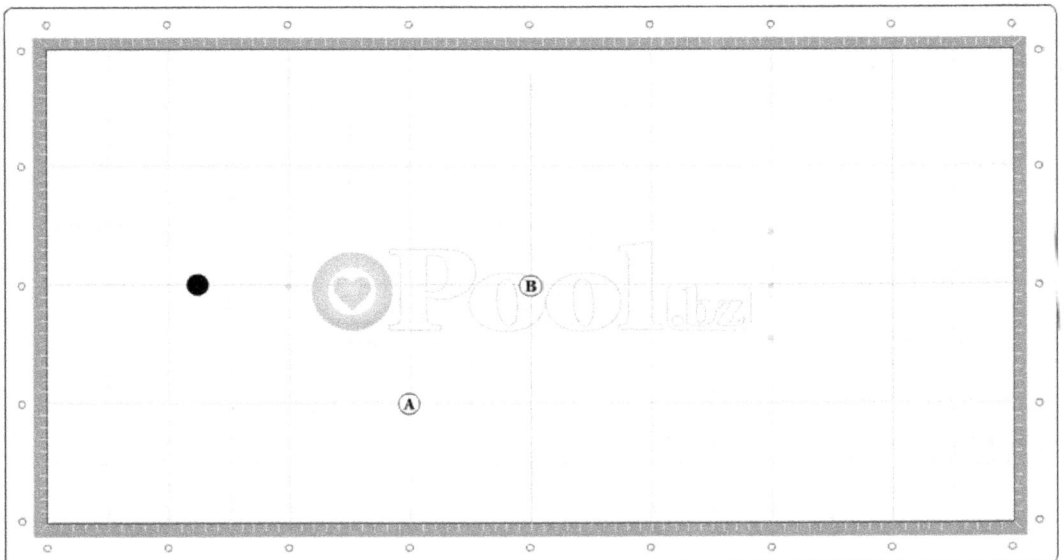

APUNTE:

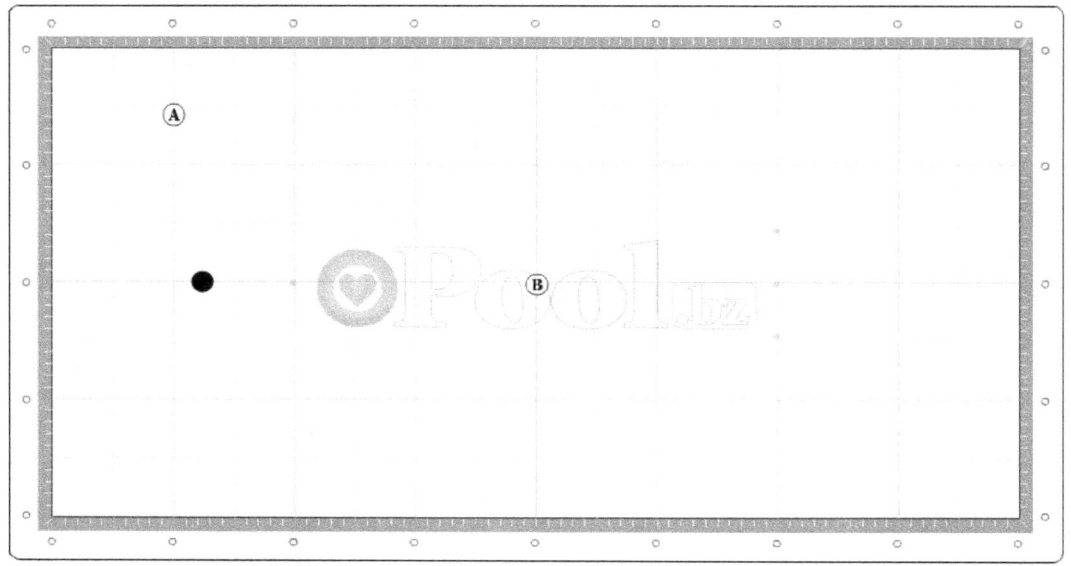

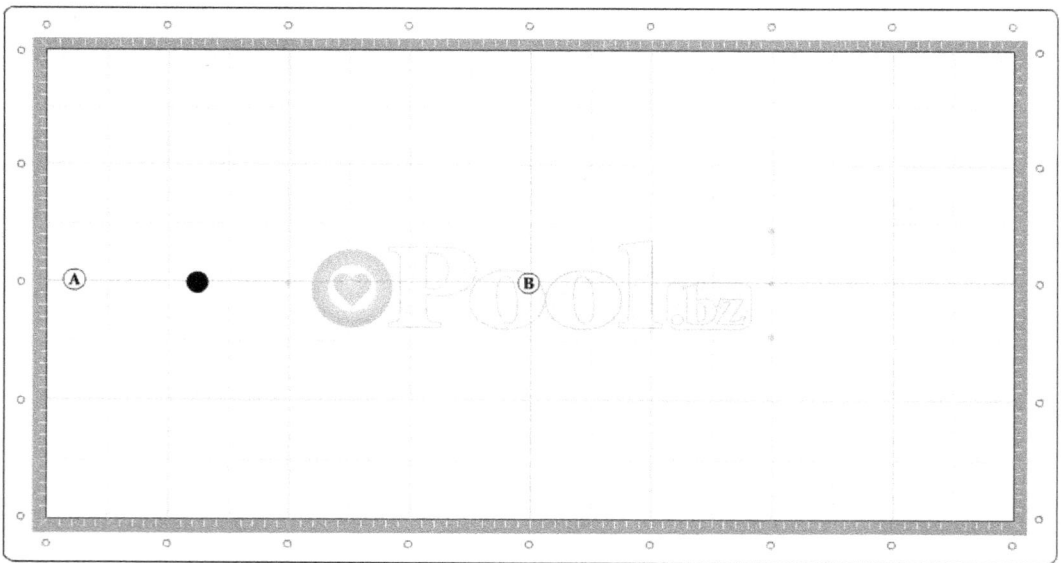

APUNTE:

Grupo 5, conjunto 2

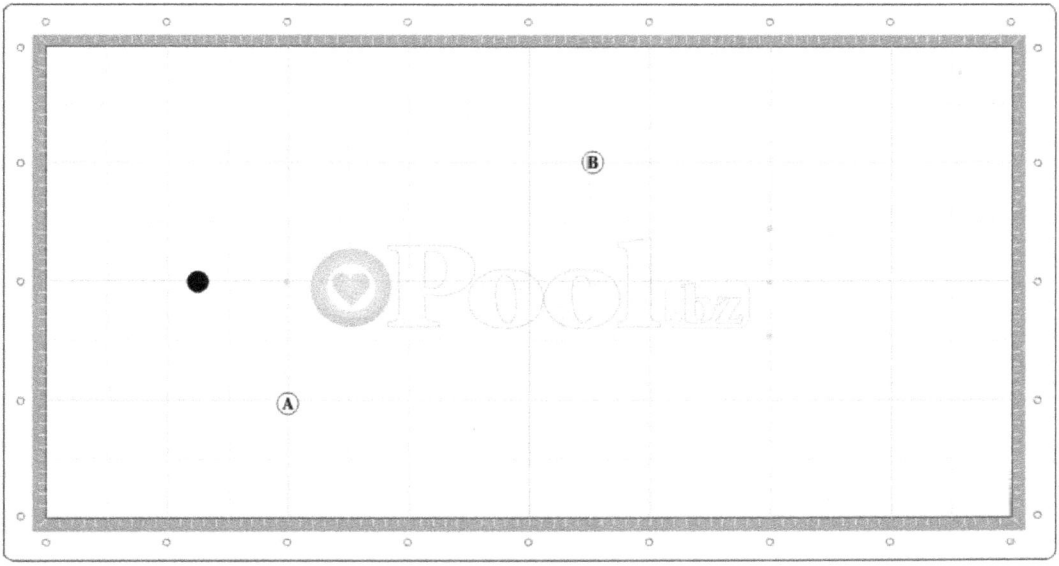

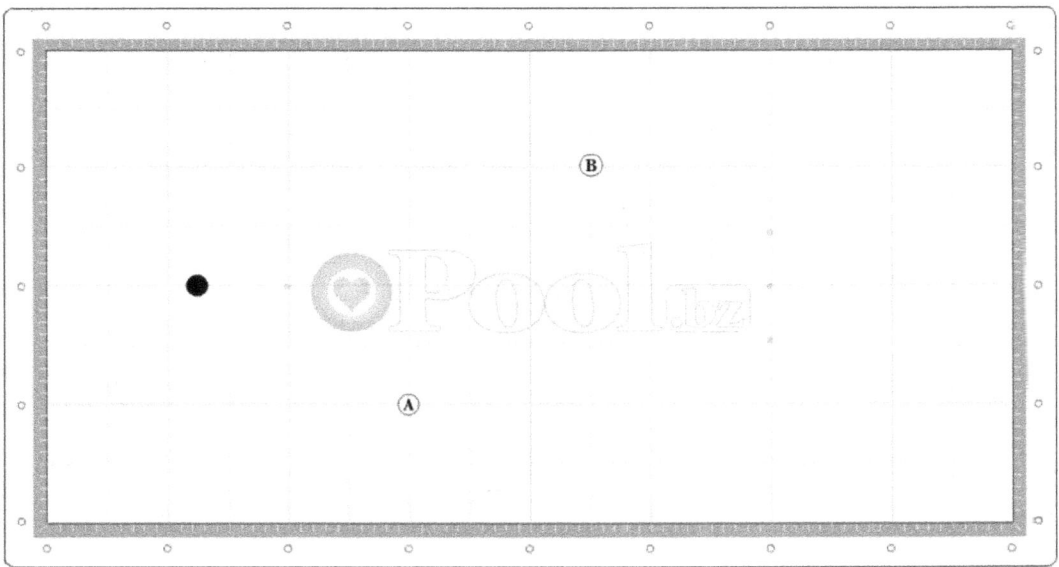

APUNTE:

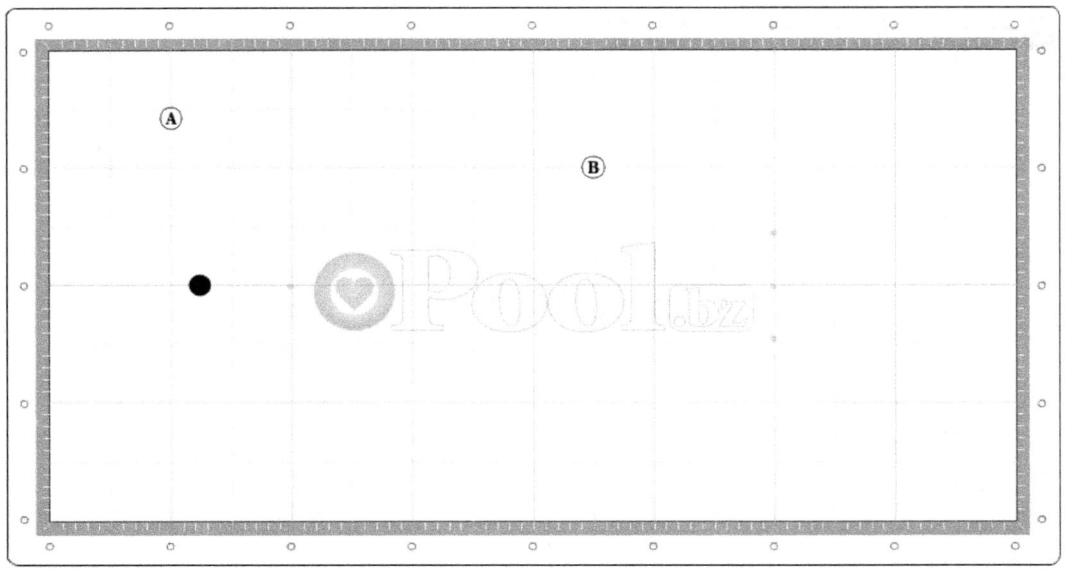

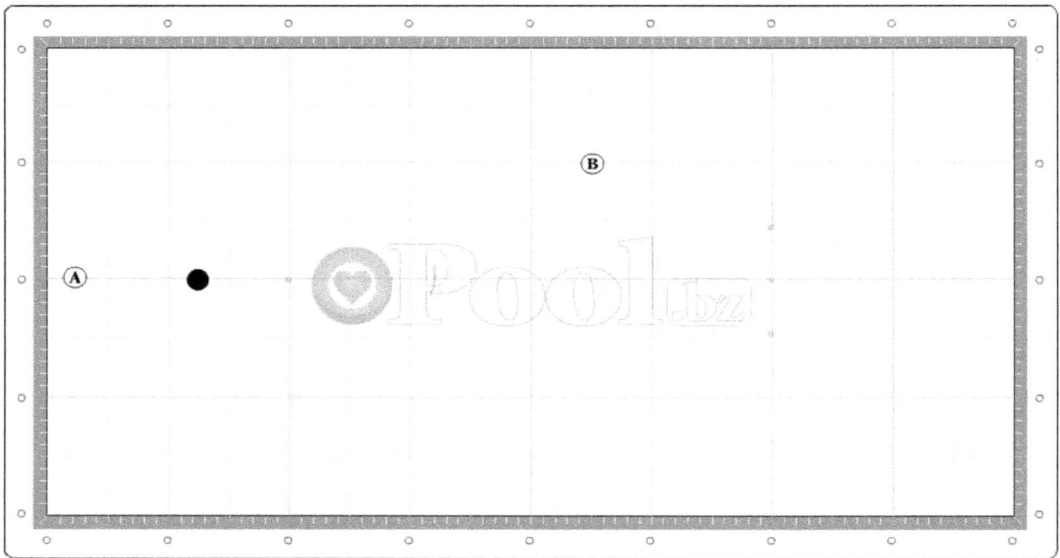

APUNTE:

Grupo 5, conjunto 3

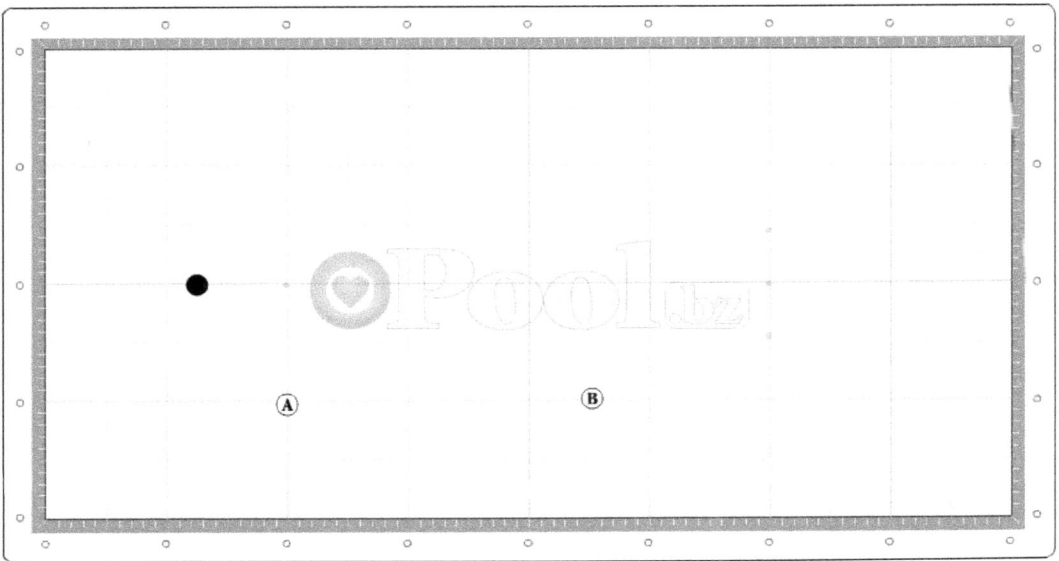

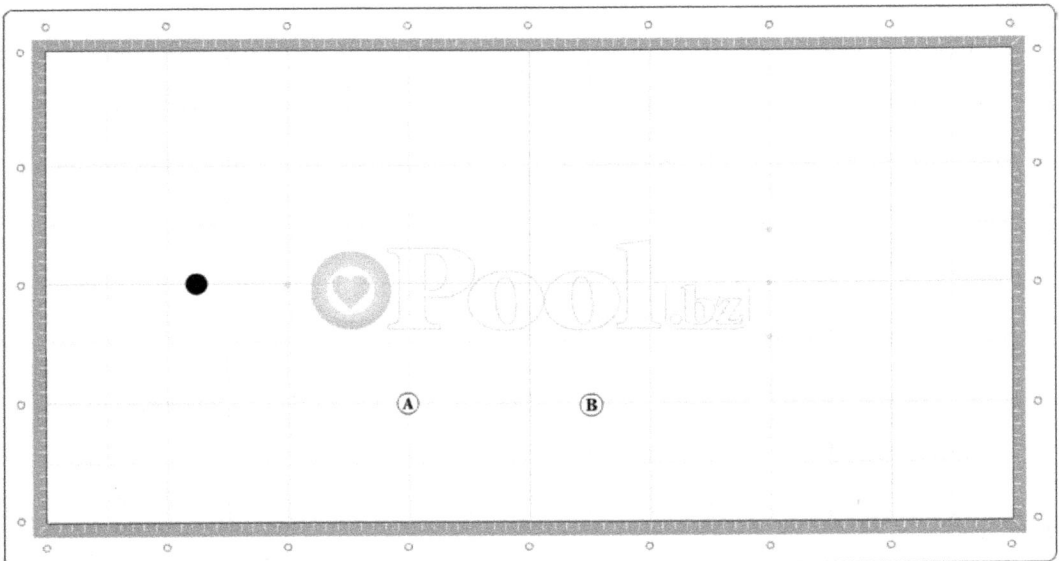

APUNTE:

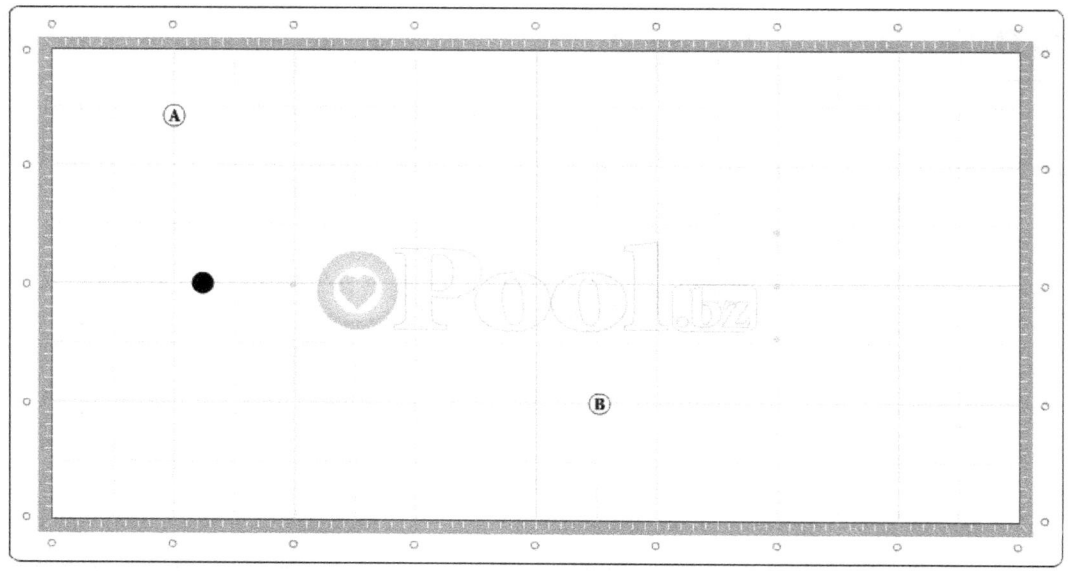

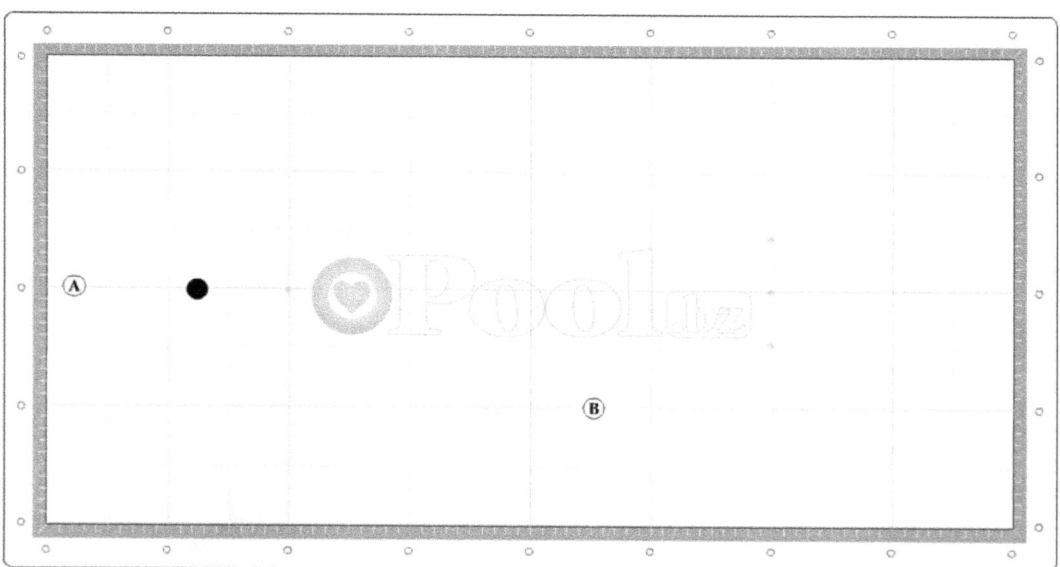

APUNTE:

Grupo 5, conjunto 4

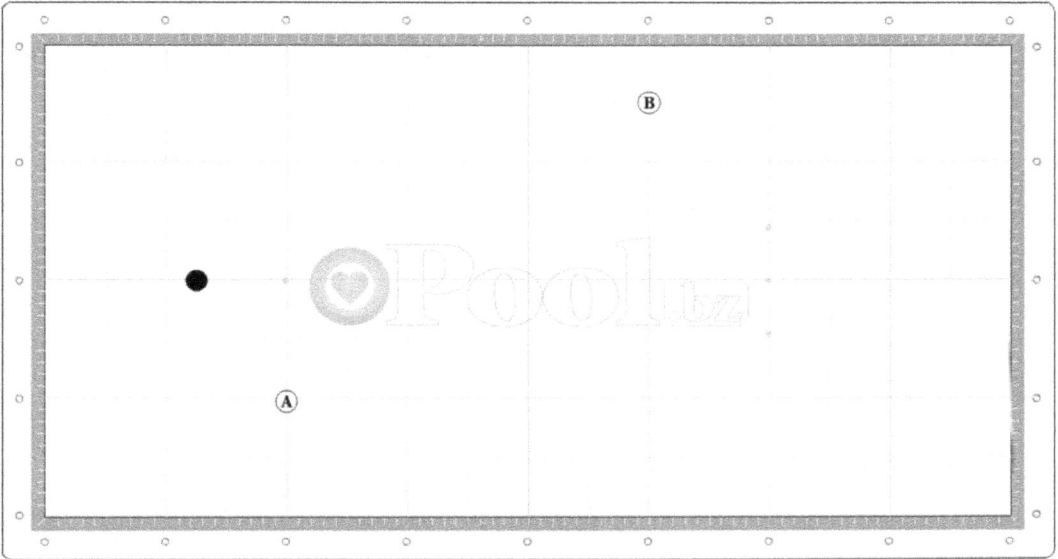

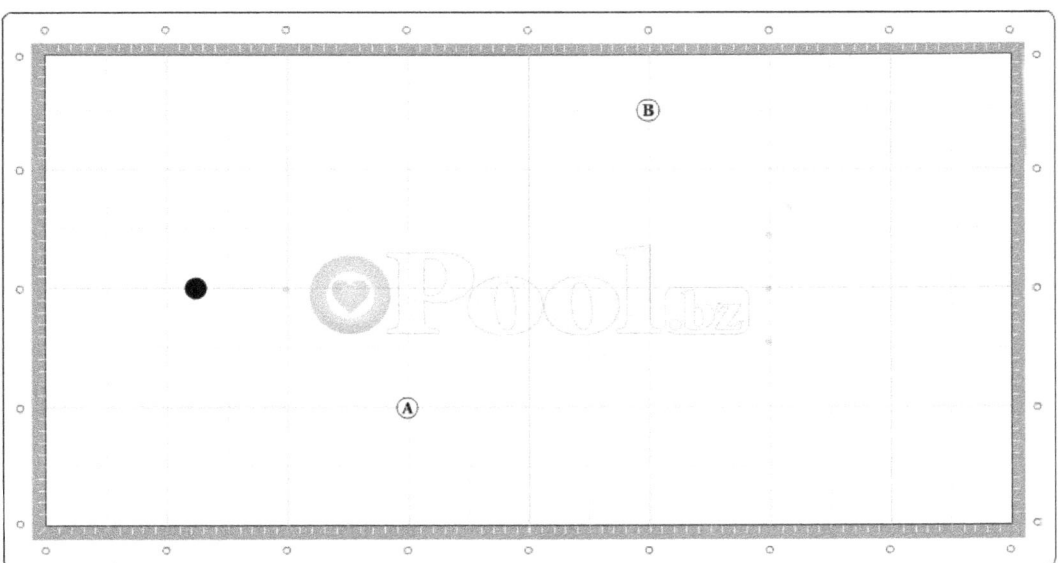

APUNTE:

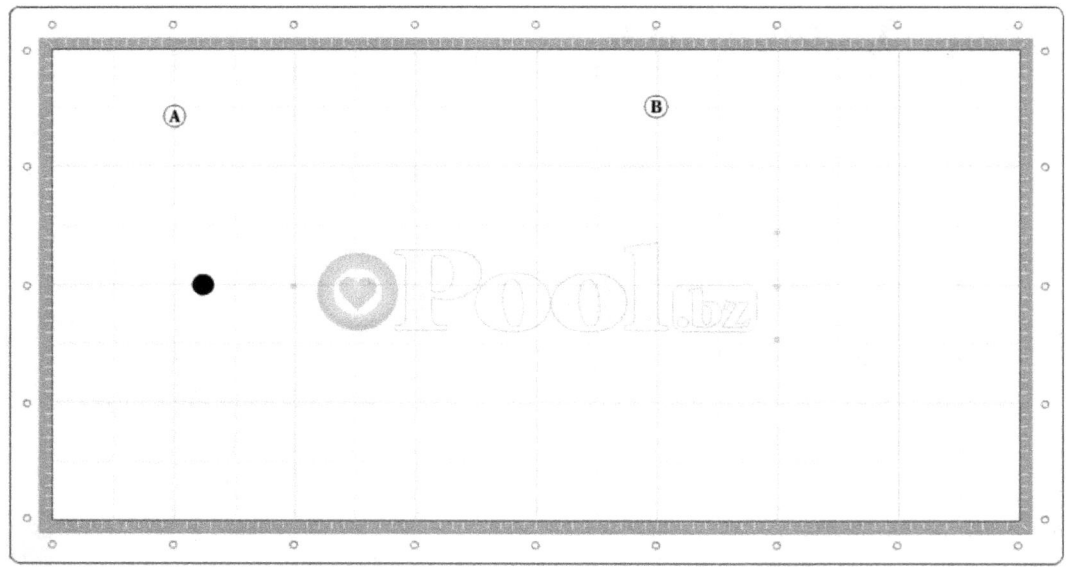

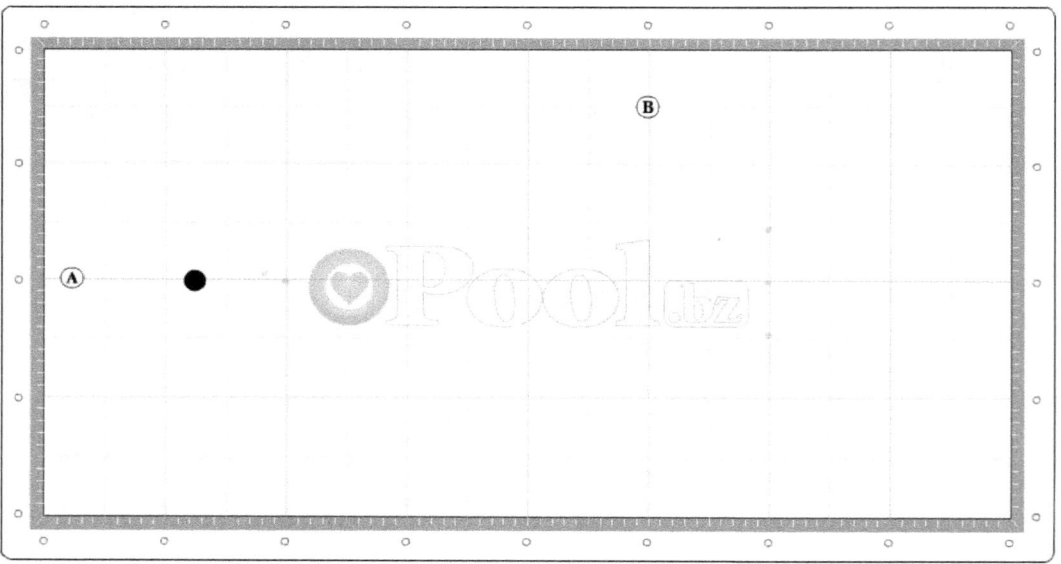

APUNTE:

Grupo 5, conjunto 5

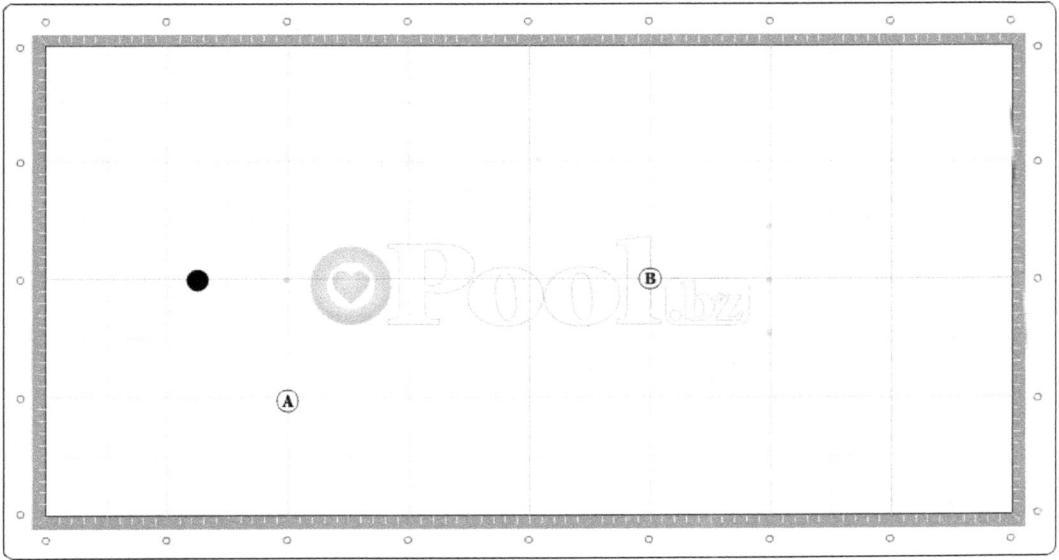

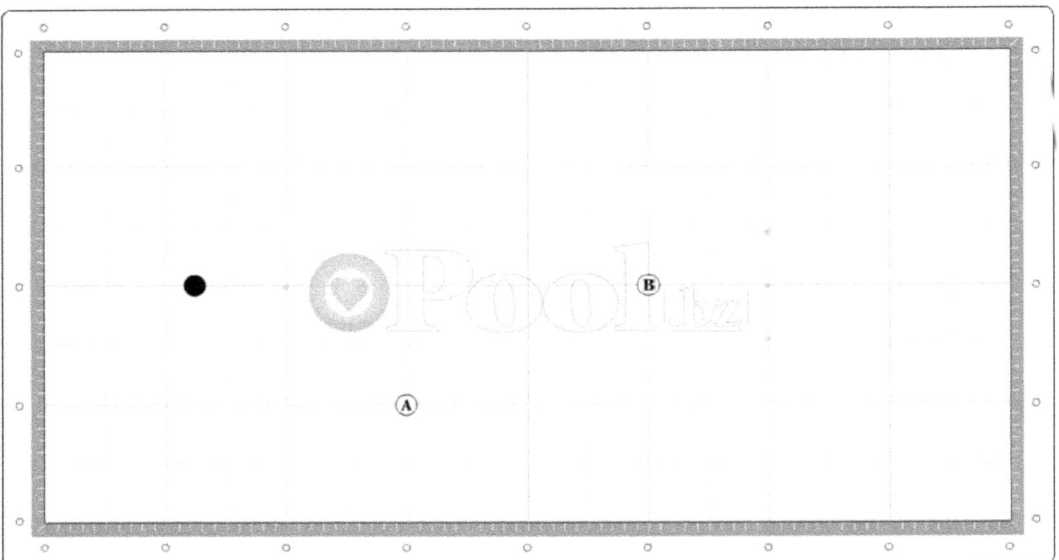

APUNTE:

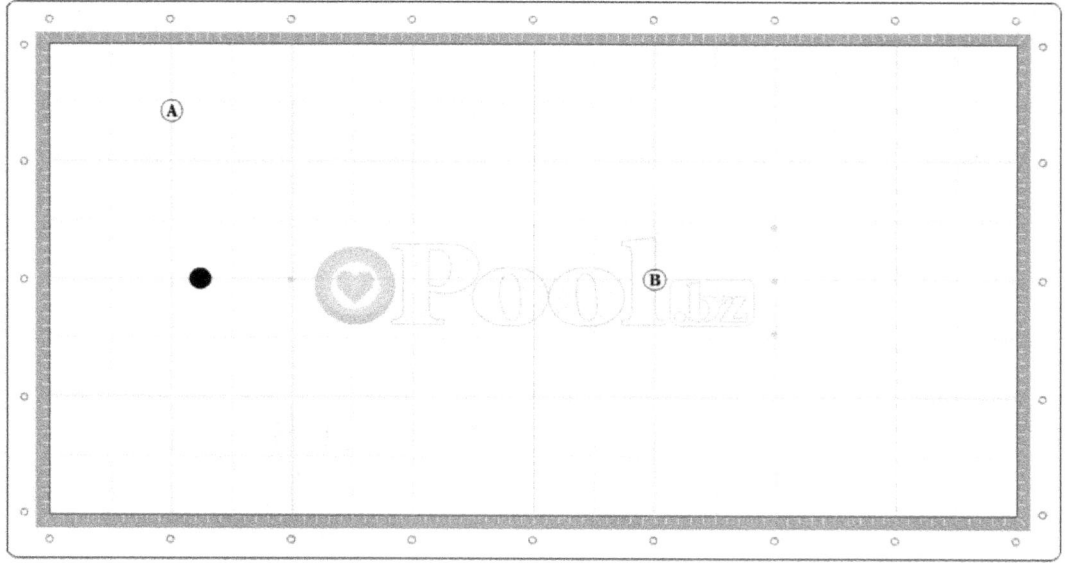

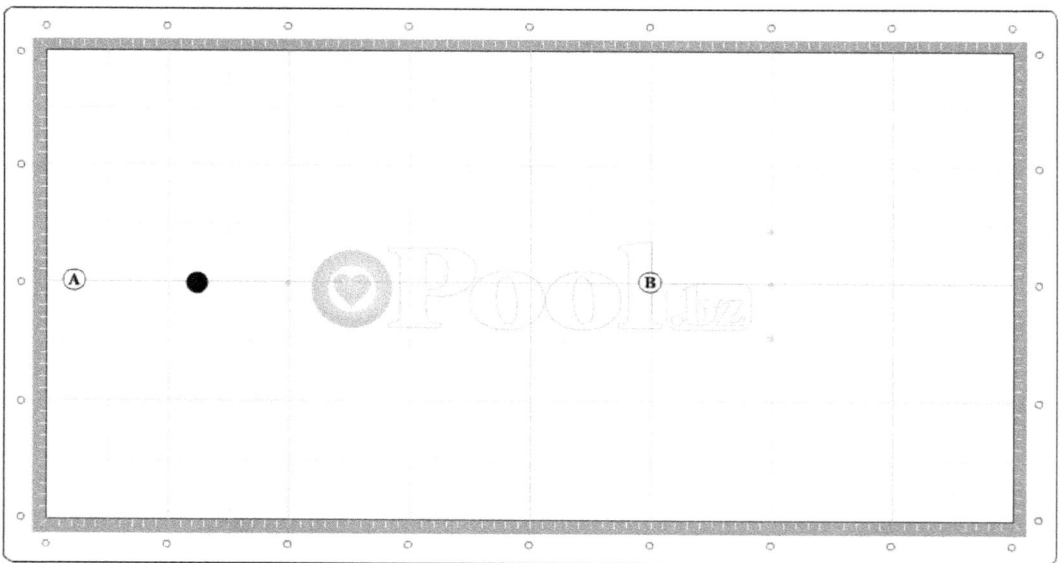

APUNTE:

Grupo 5, conjunto 6

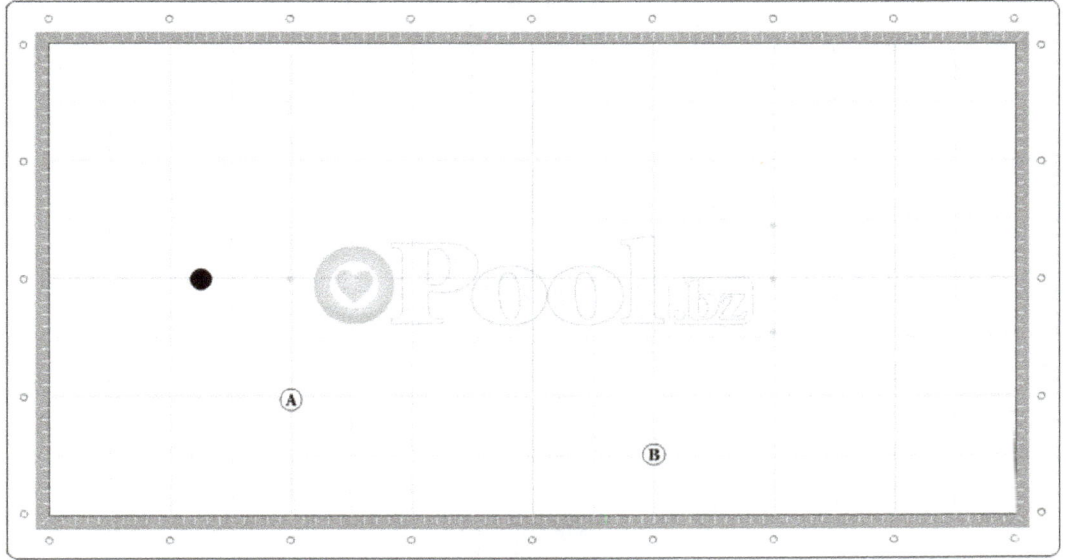

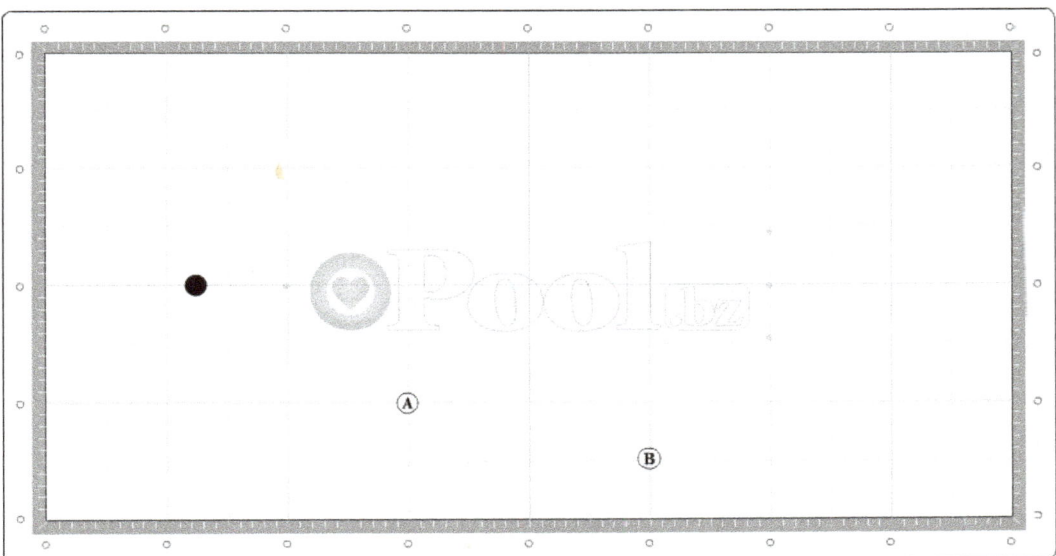

APUNTE:

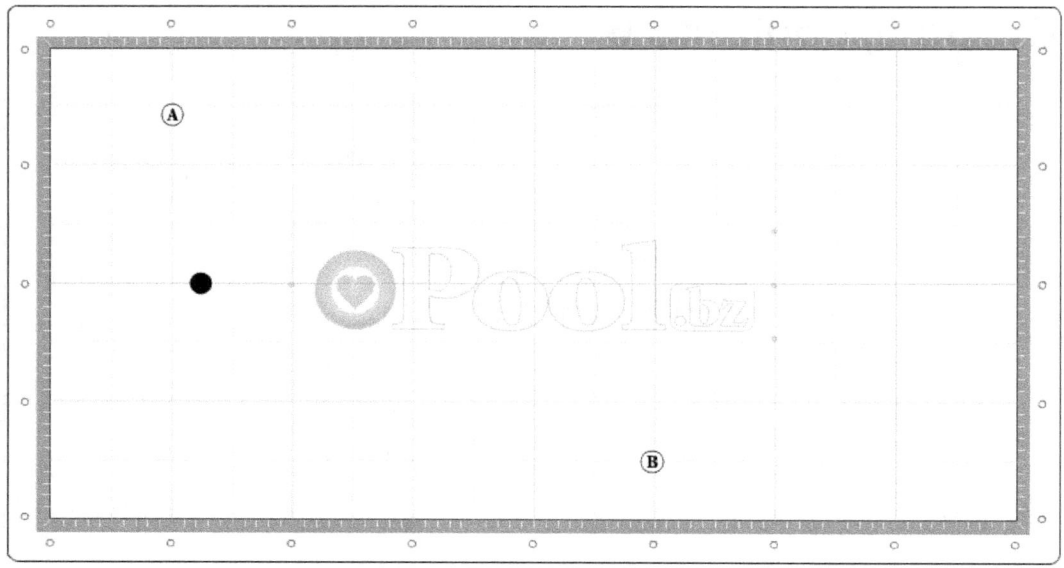

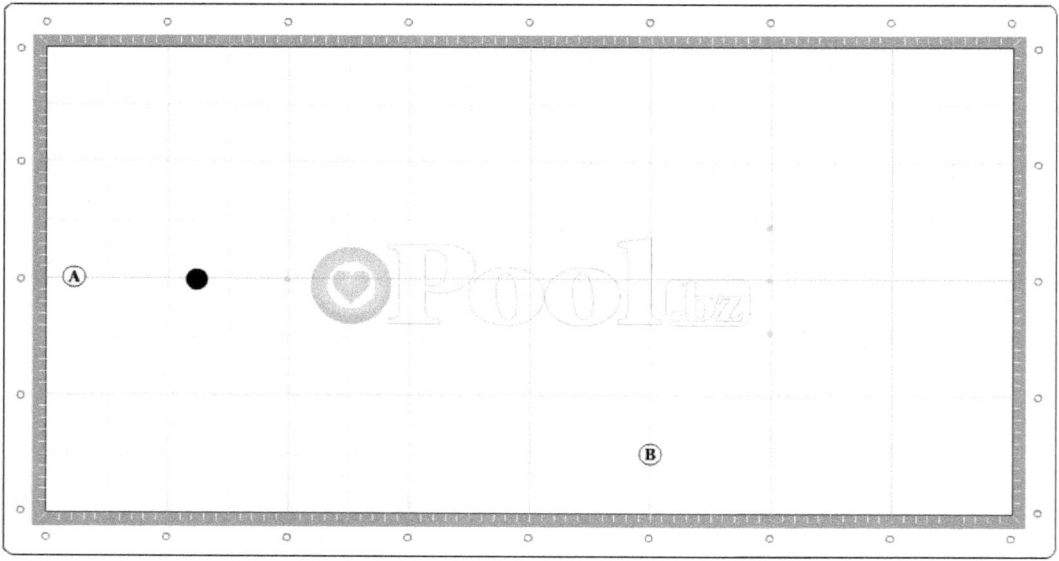

APUNTE:

Grupo 5, conjunto 7

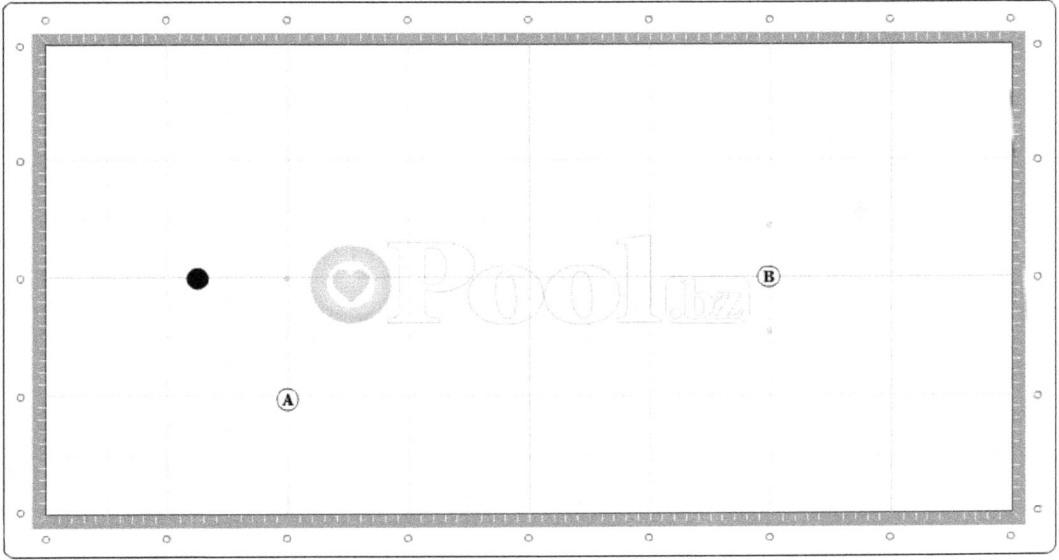

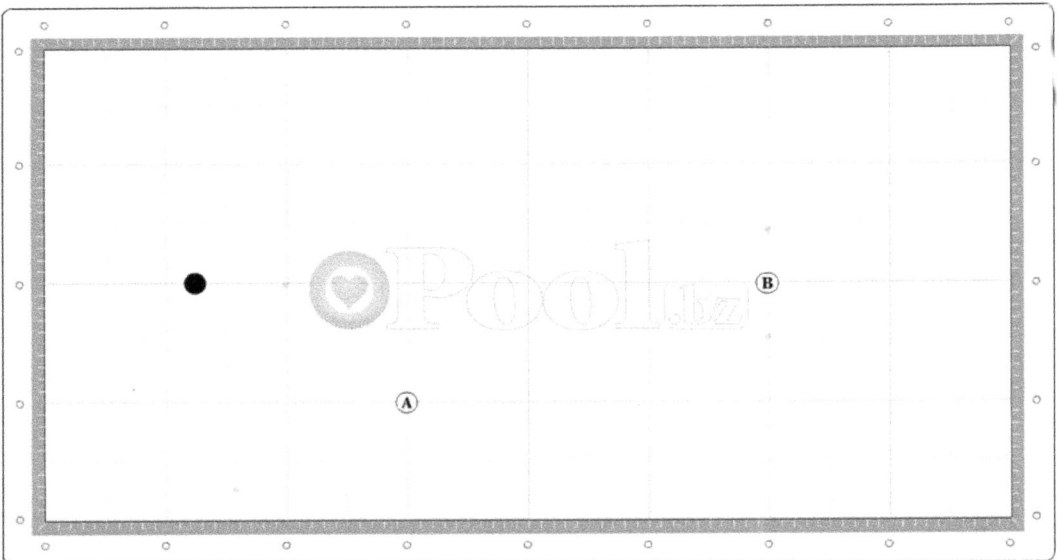

APUNTE:

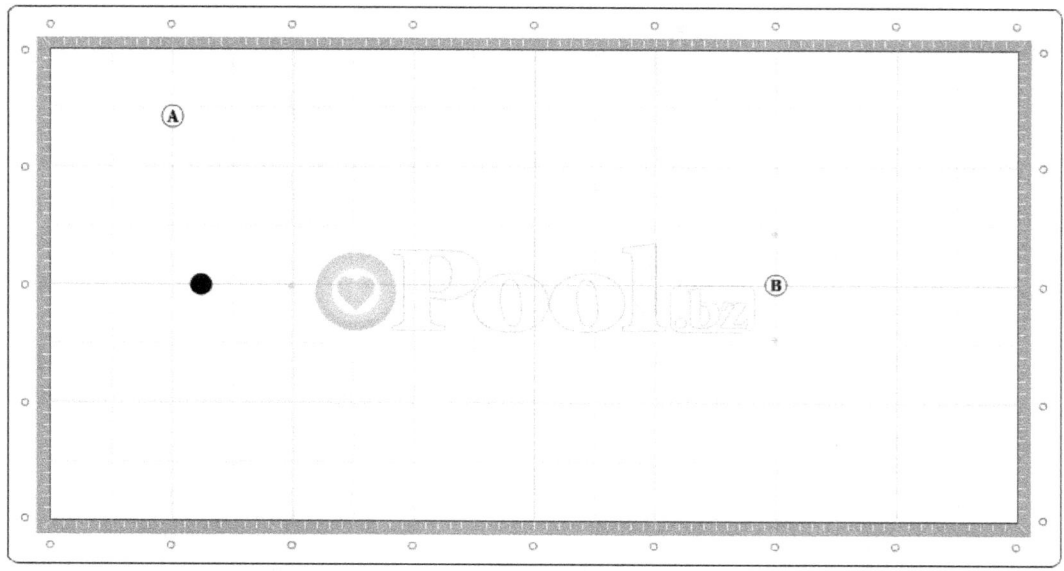

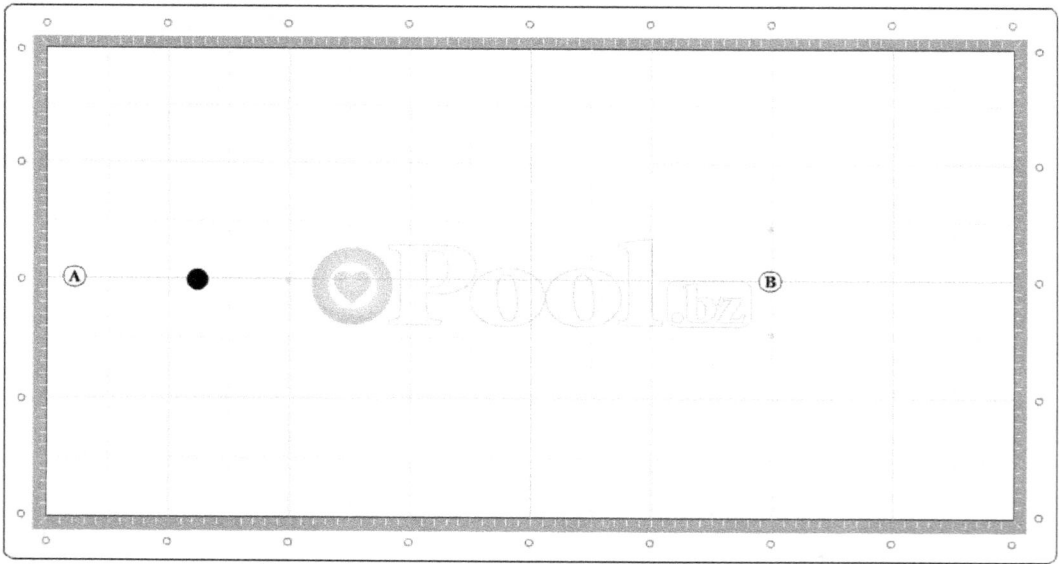

APUNTE:

Grupo 5, conjunto 8

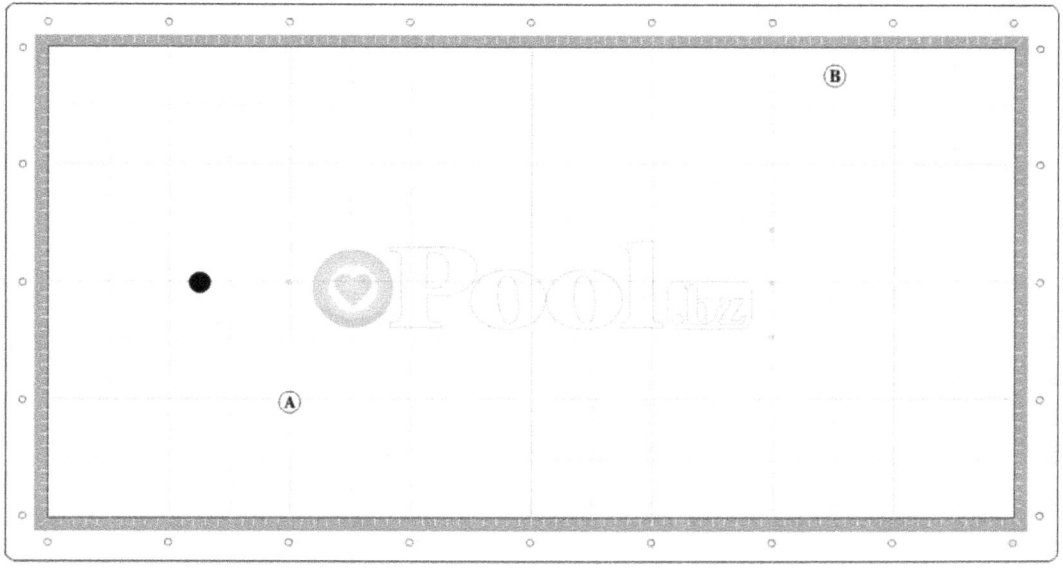

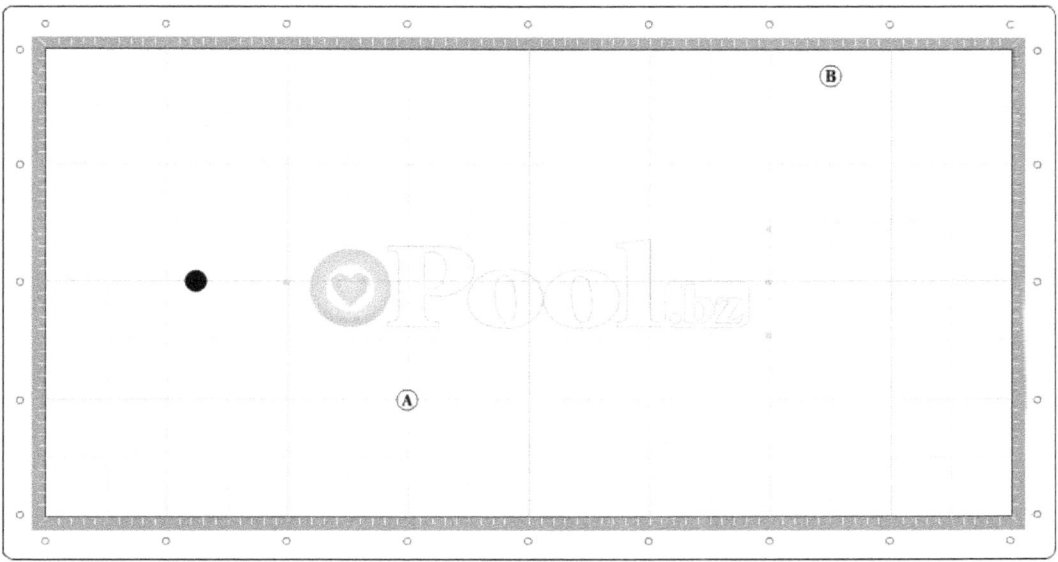

APUNTE:

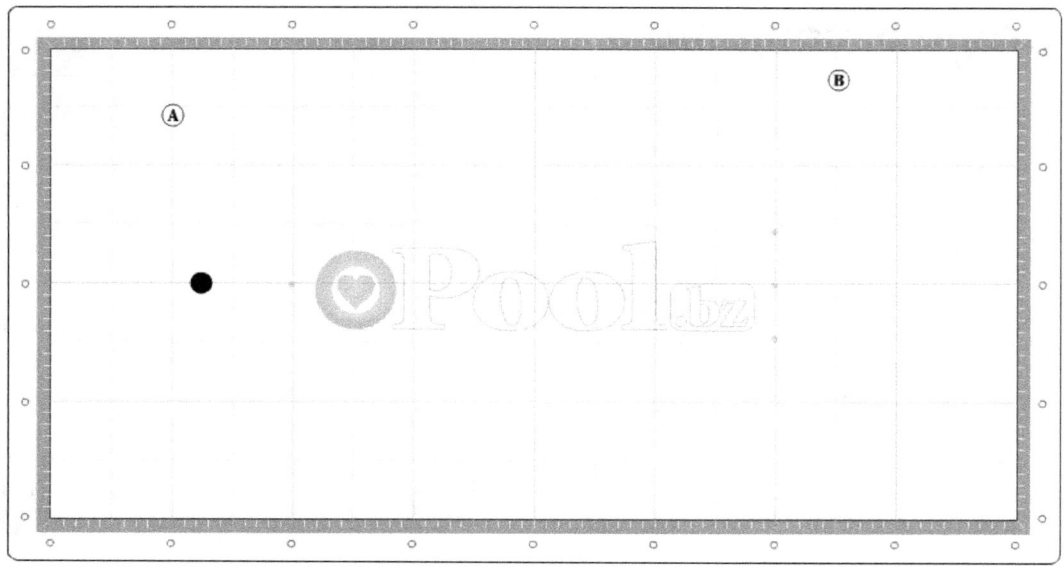

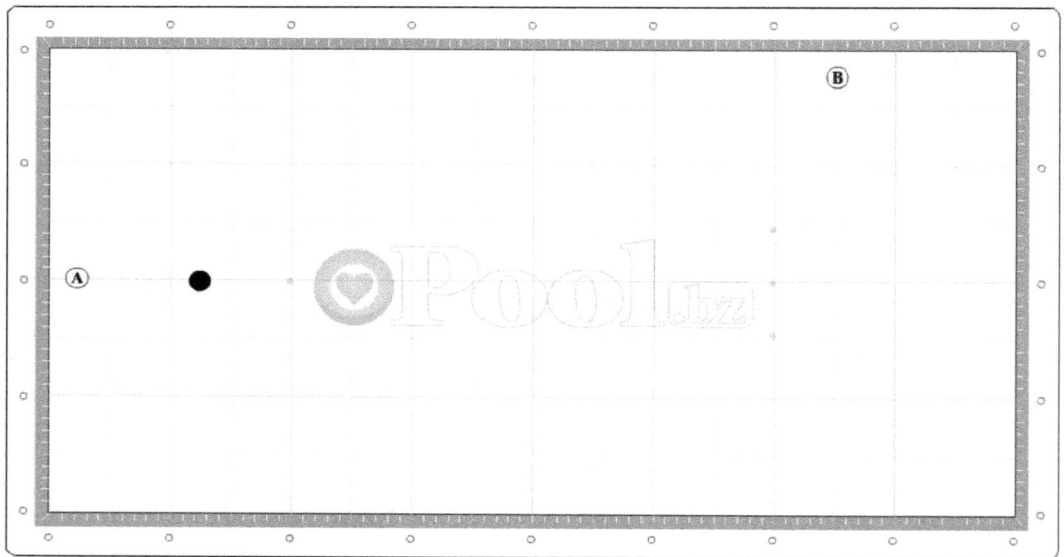

APUNTE:

Grupo 5, conjunto 9

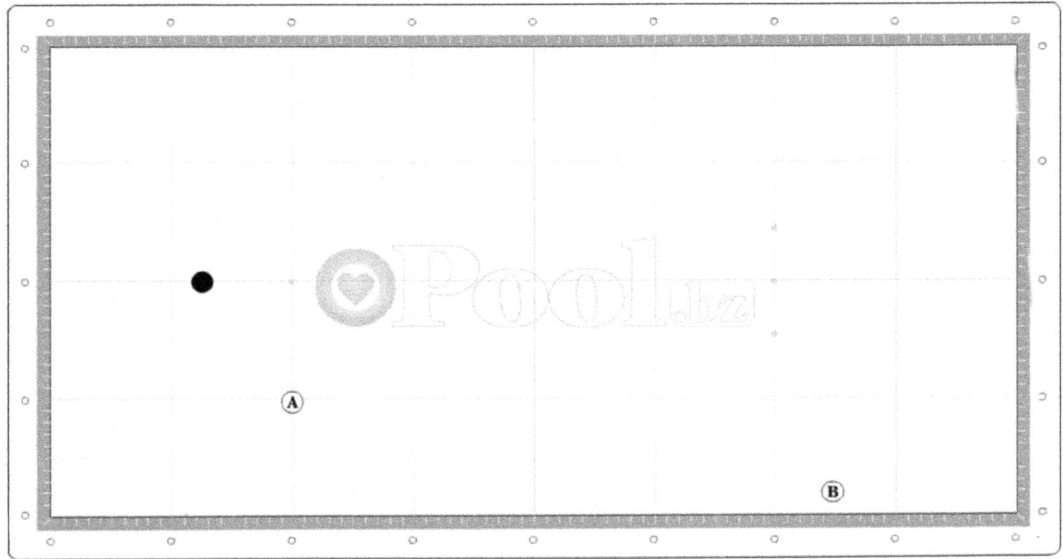

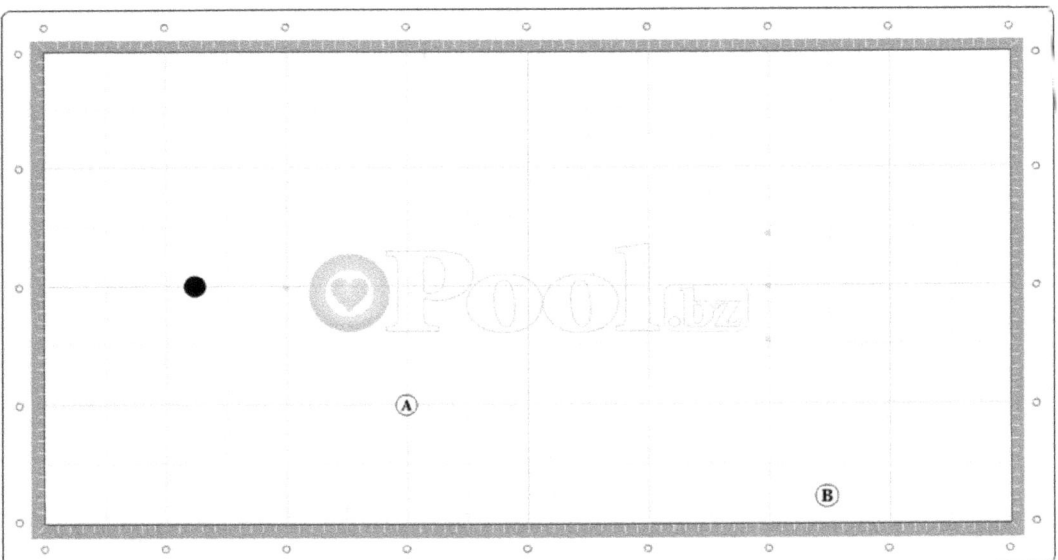

APUNTE:

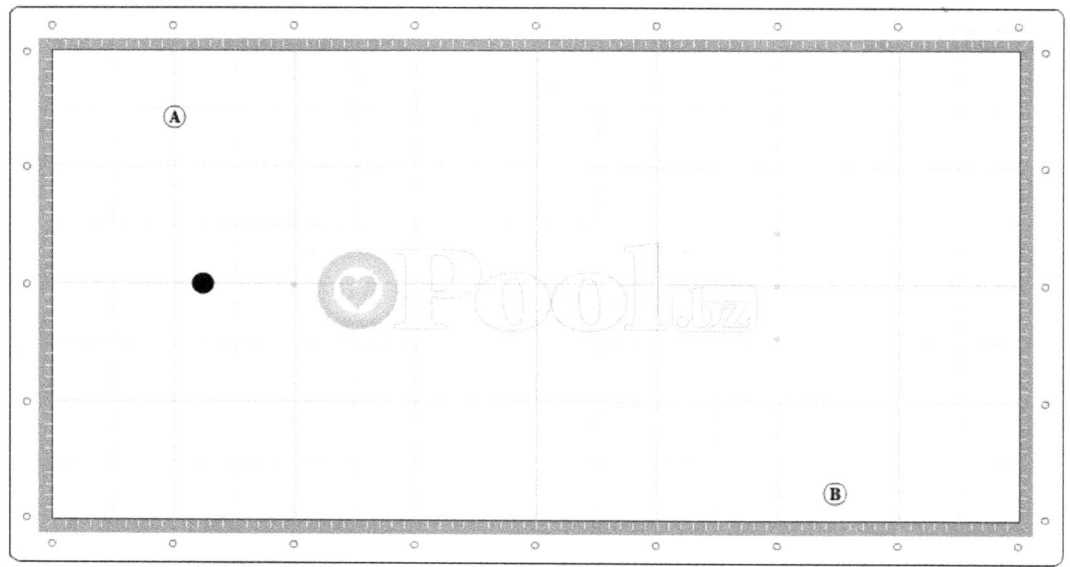

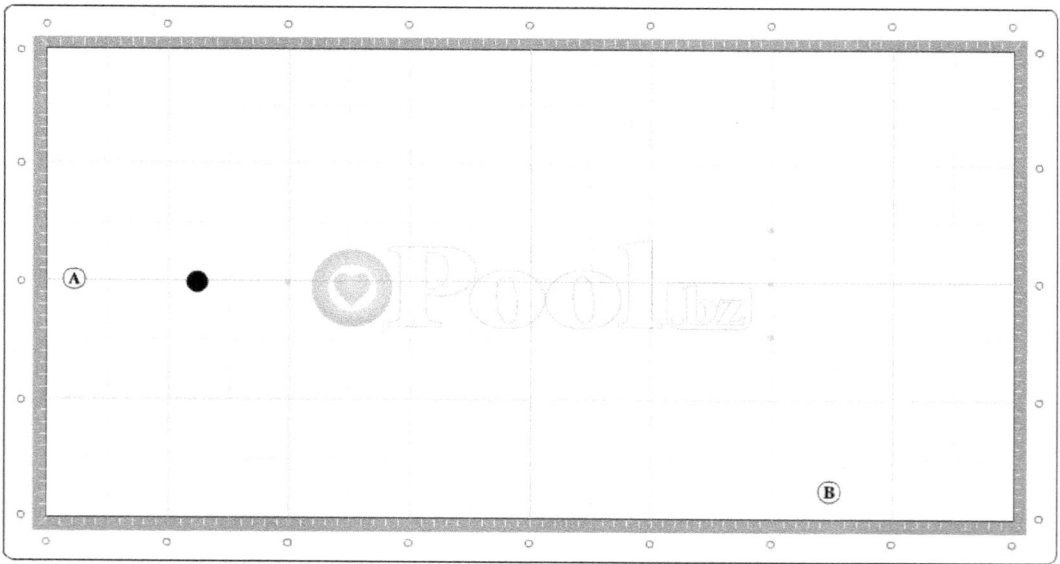

APUNTE:

Grupo 5, conjunto 10

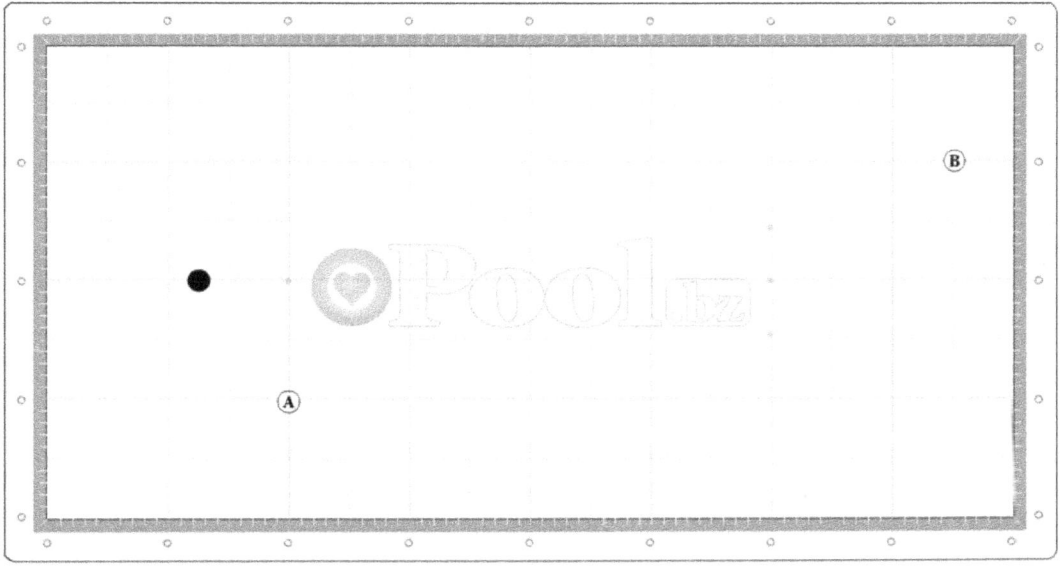

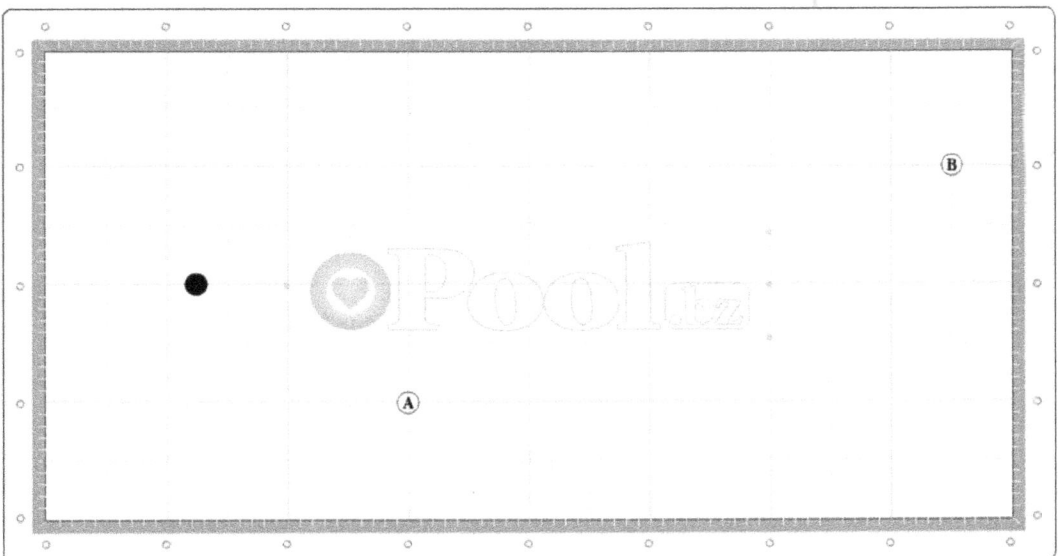

APUNTE:

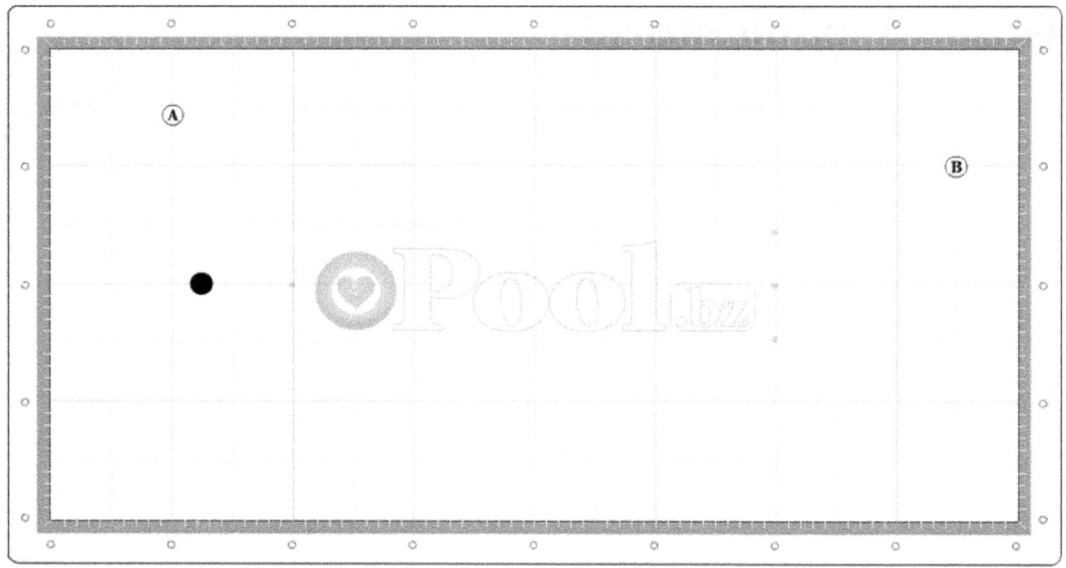

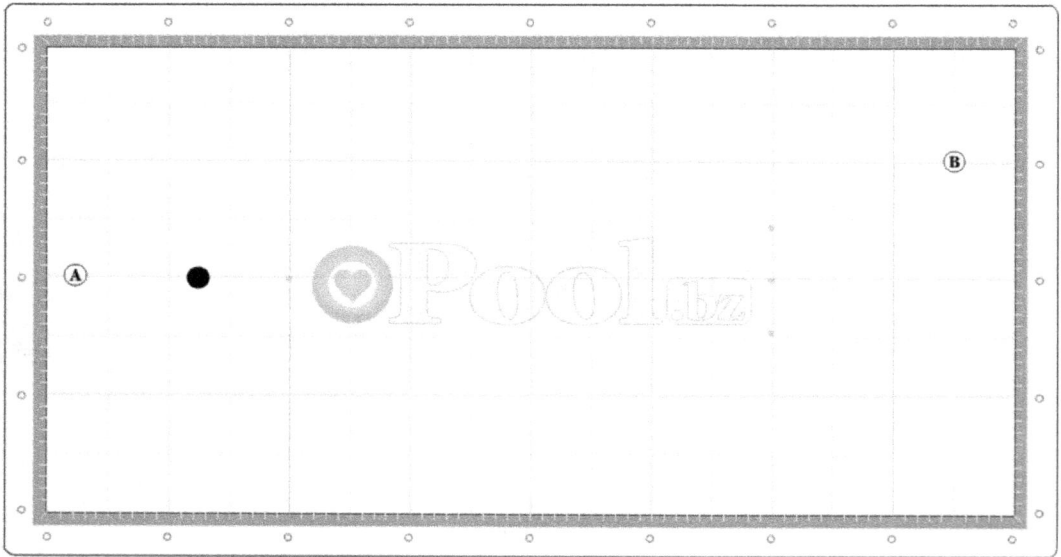

APUNTE:

Grupo 5, conjunto 11

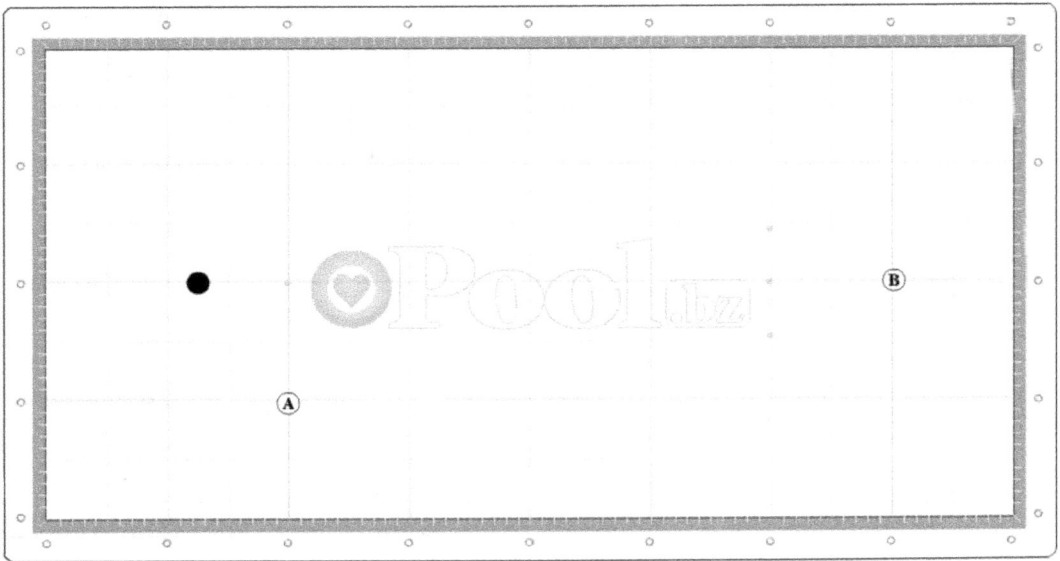

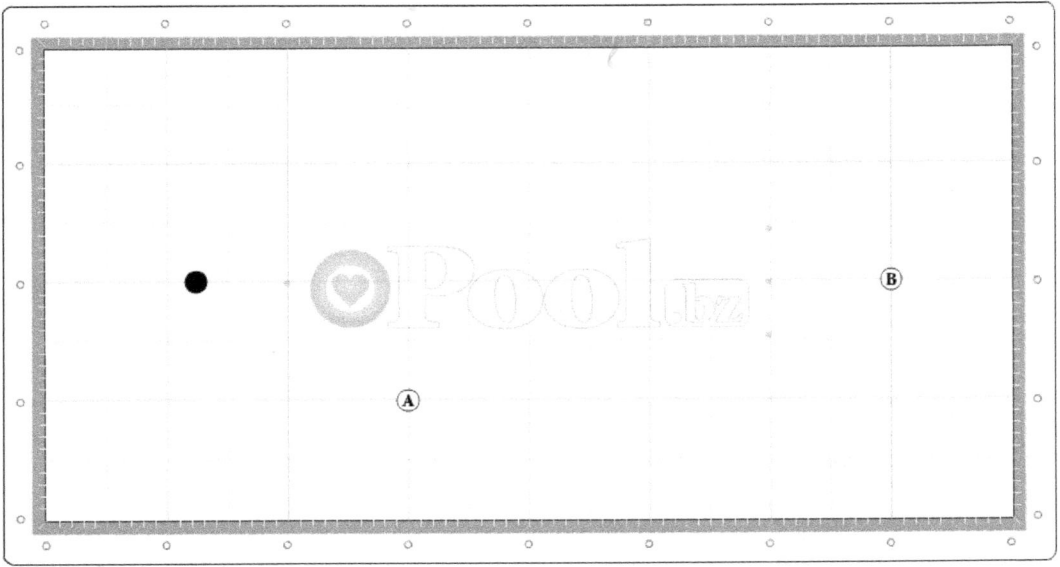

APUNTE:

(Al frente de este libro, hay 4 soluciones de muestra de este diseño).

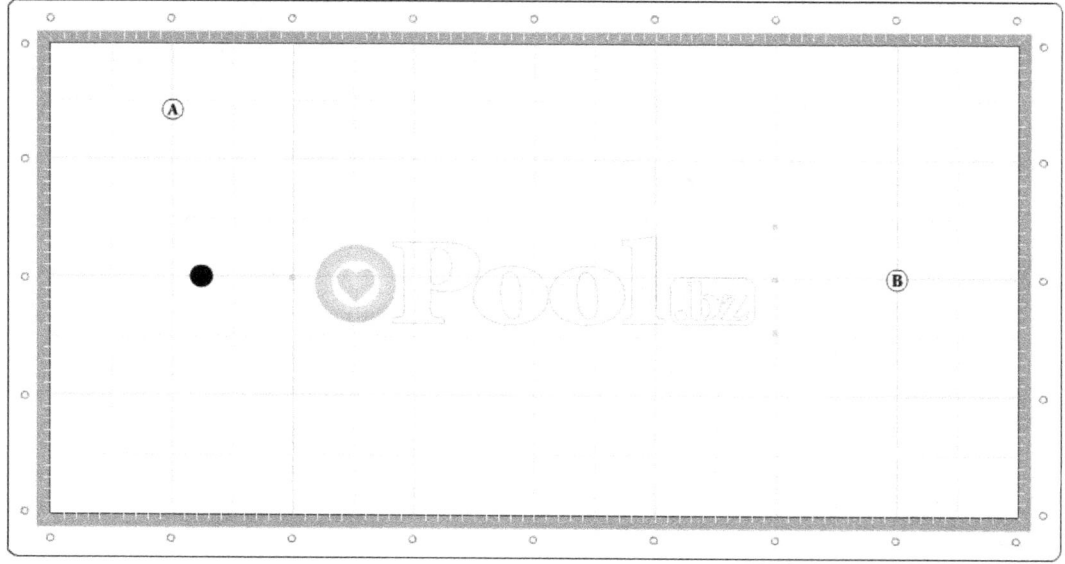

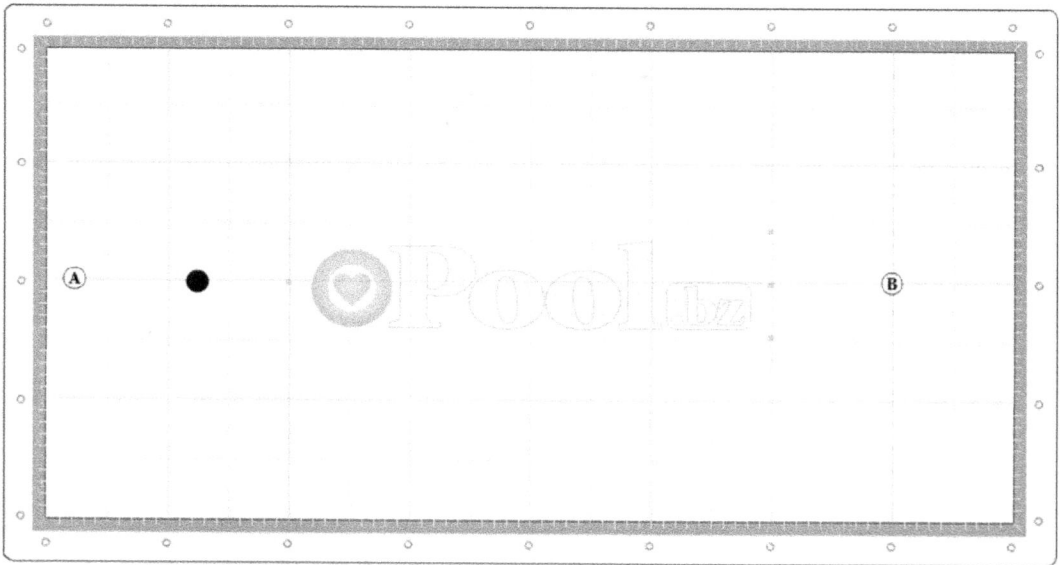

APUNTE:

Grupo 5, conjunto 12

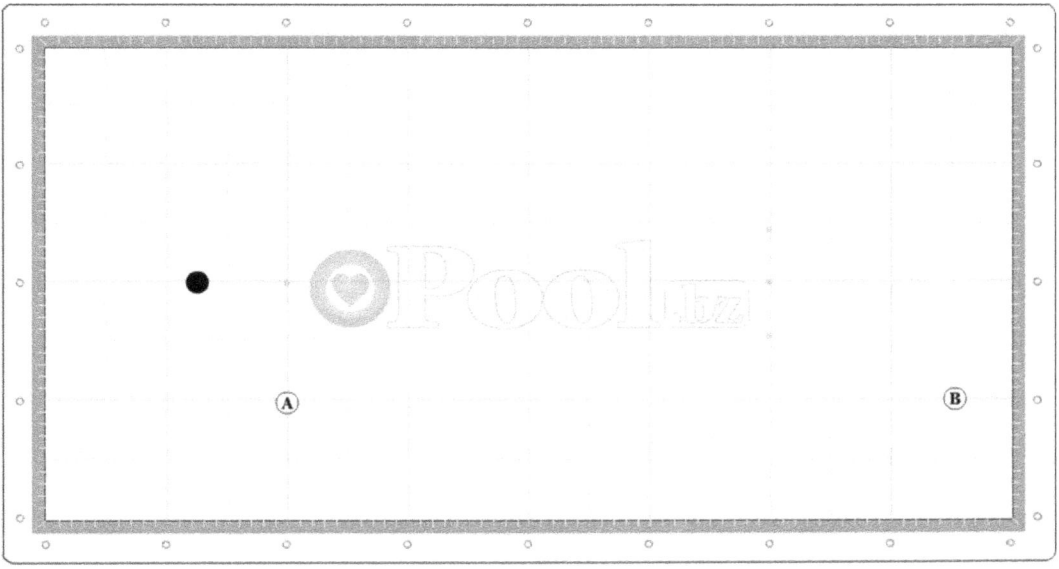

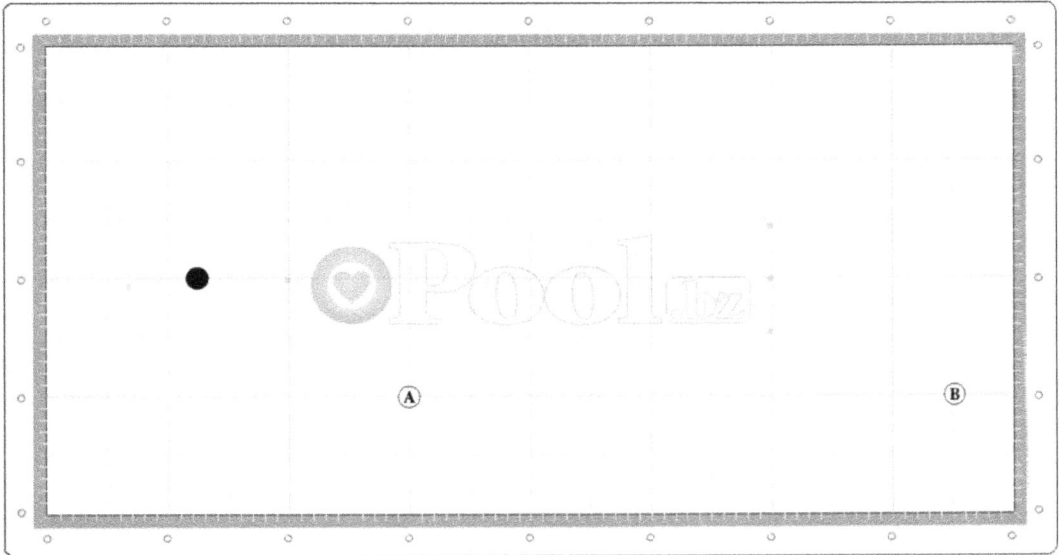

APUNTE:

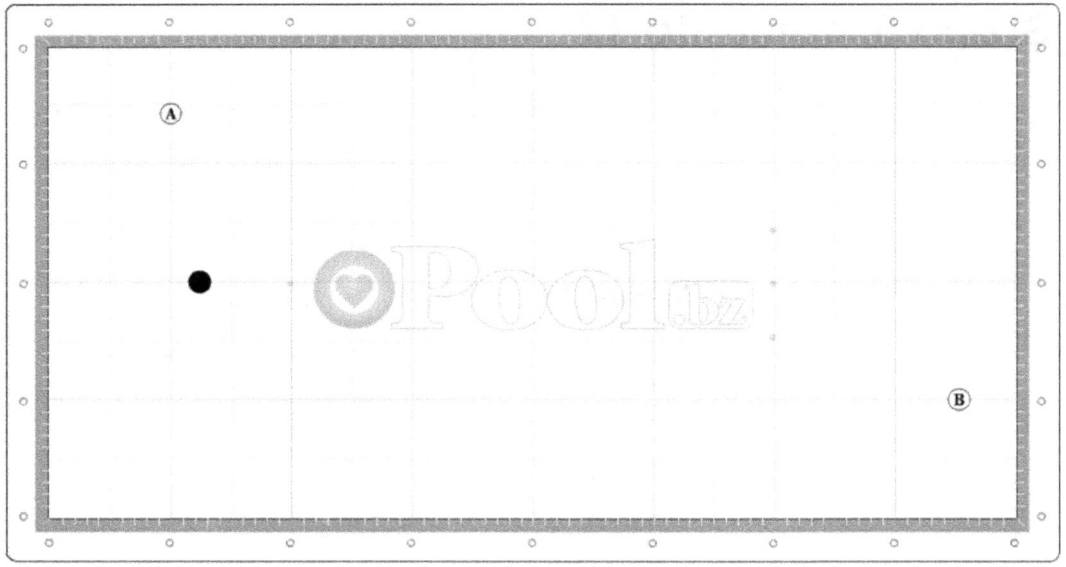

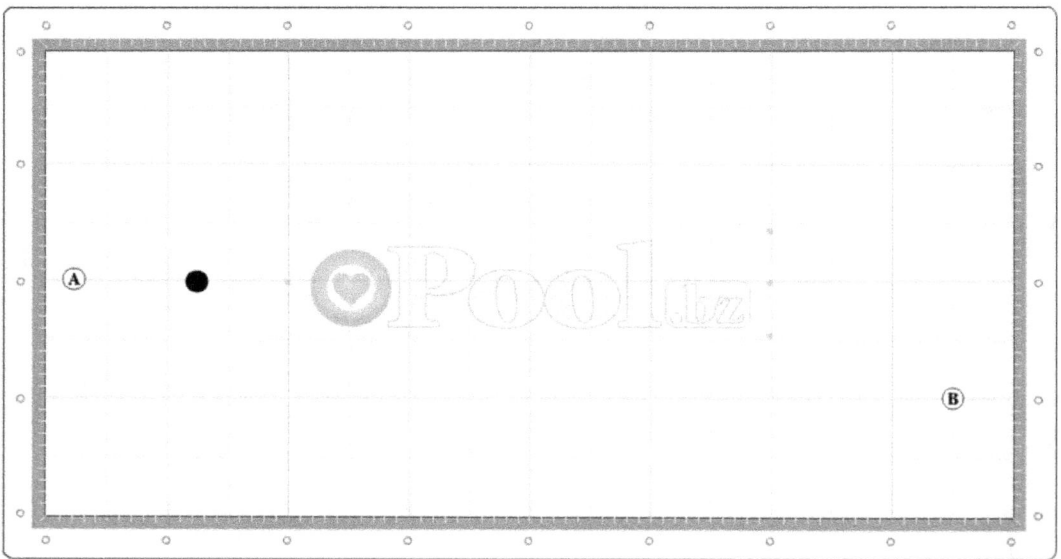

APUNTE:

GRUPO 6

Grupo 6, conjunto 1

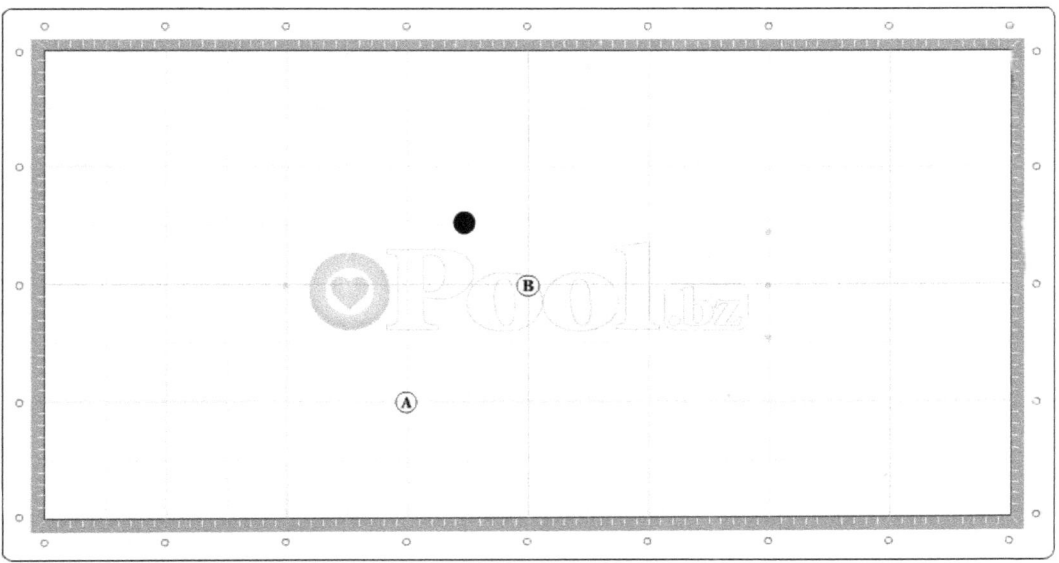

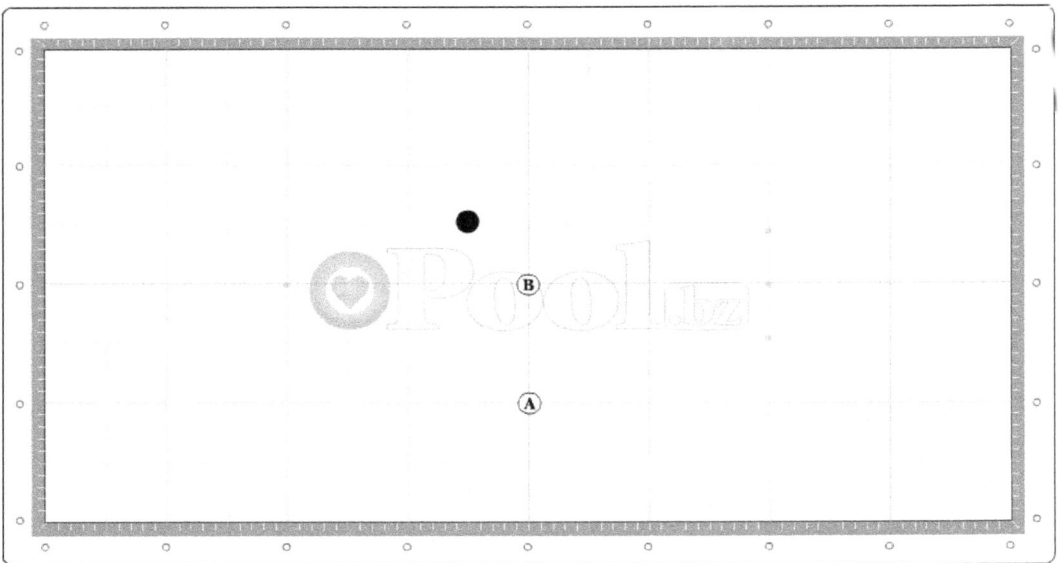

APUNTE:

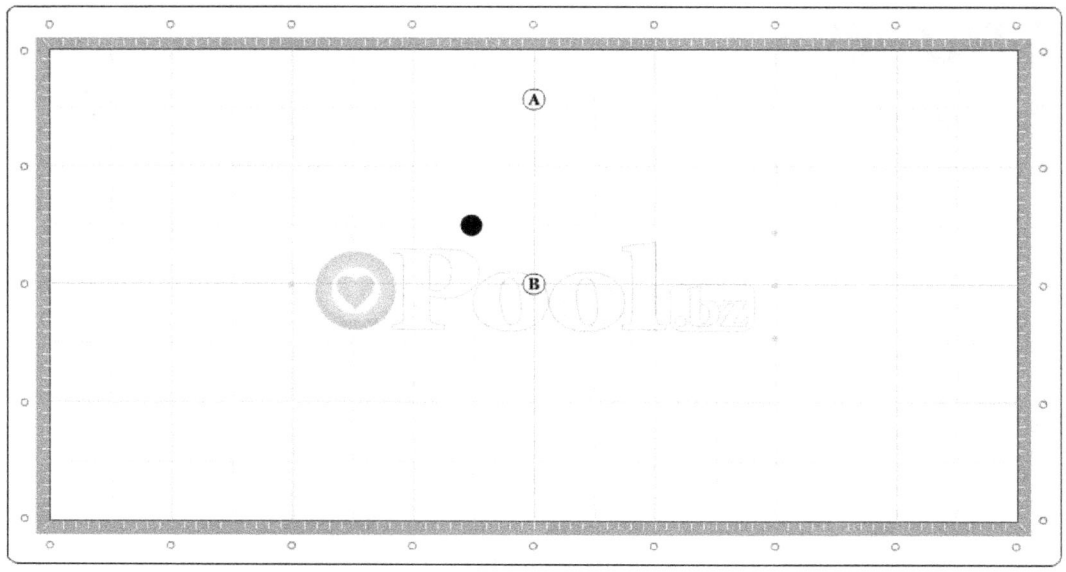

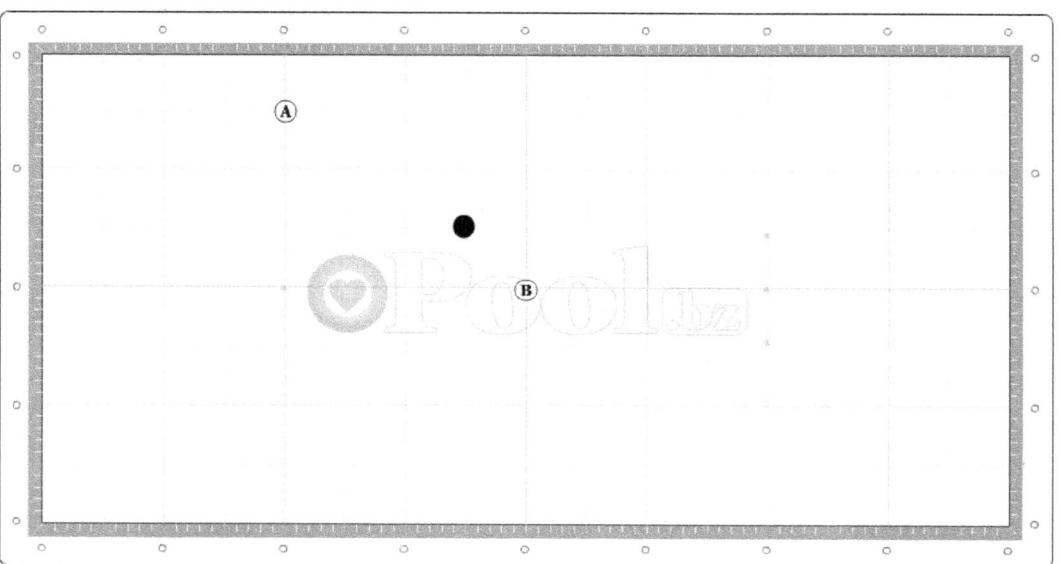

APUNTE:

Grupo 6, conjunto 2

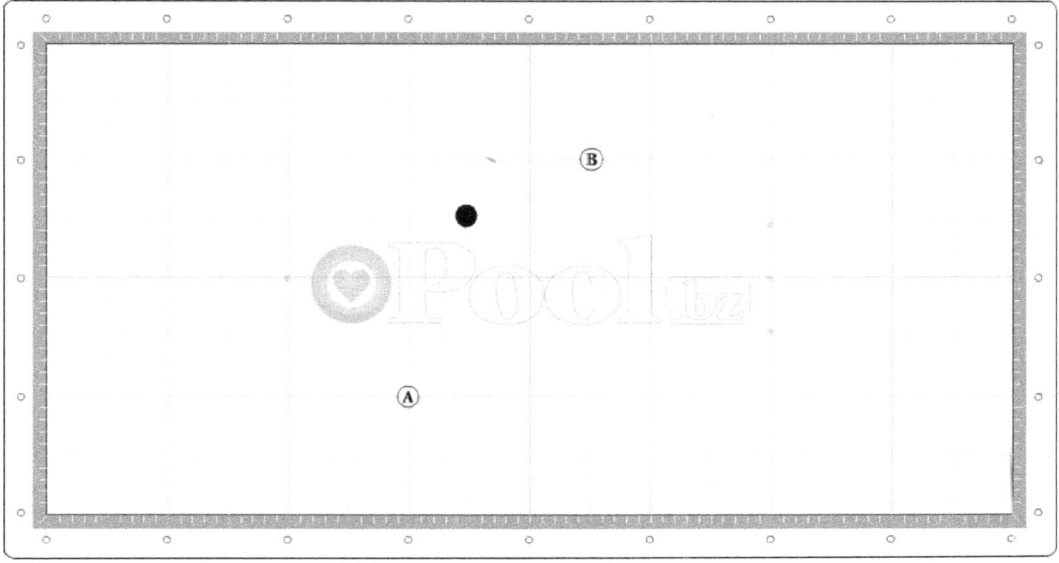

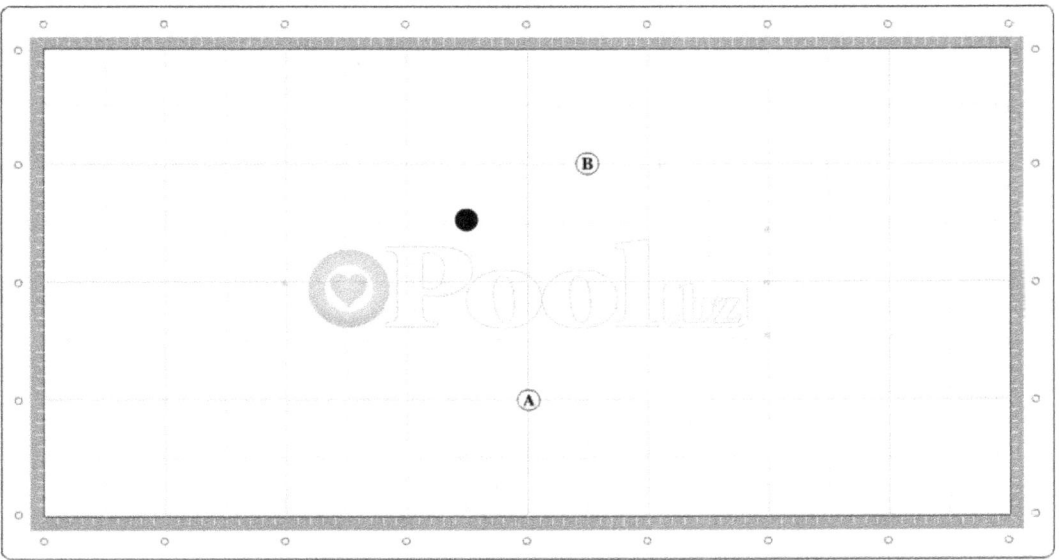

APUNTE:

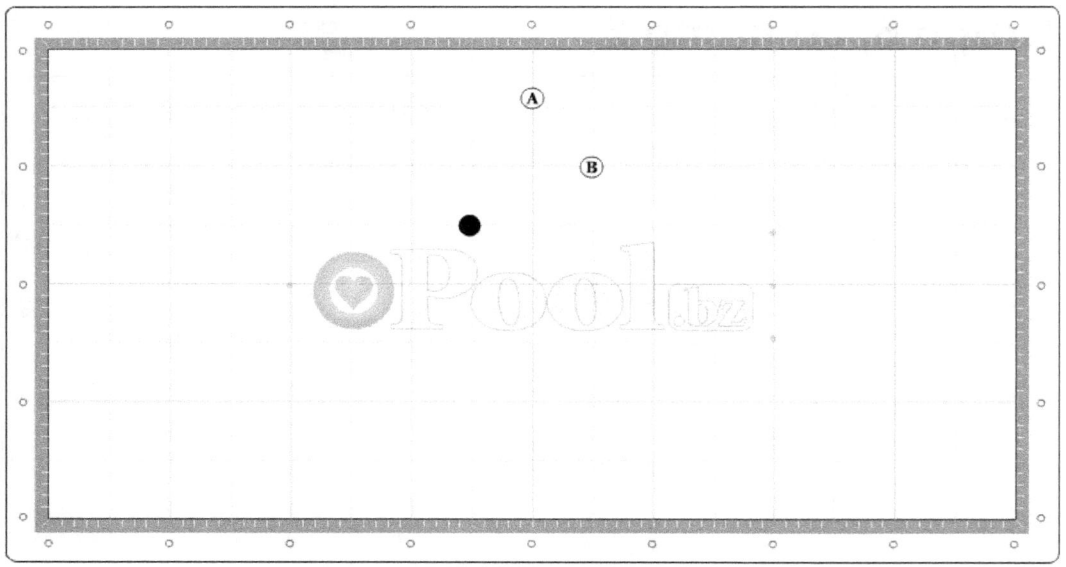

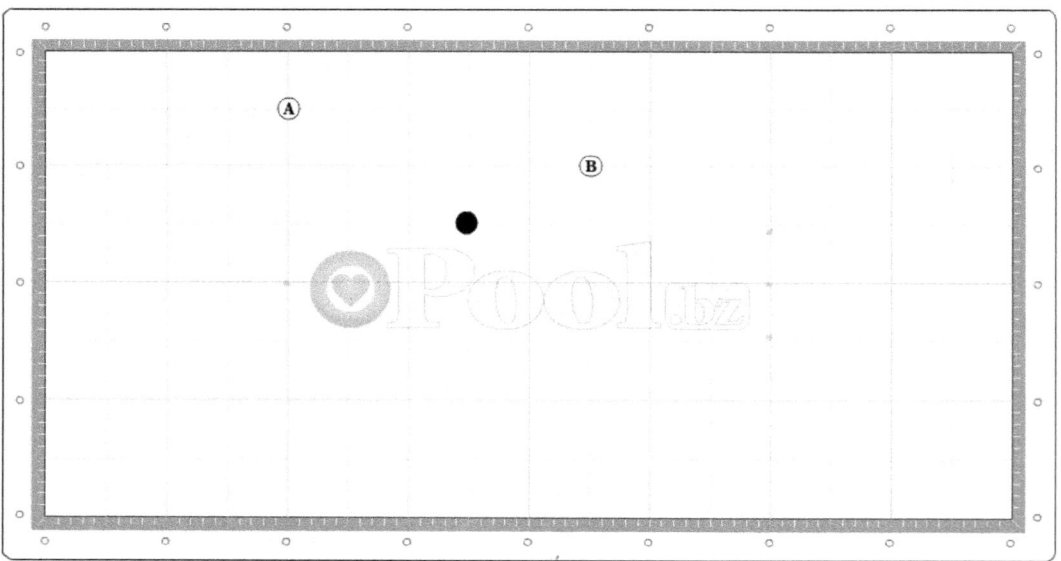

APUNTE:

Grupo 6, conjunto 3

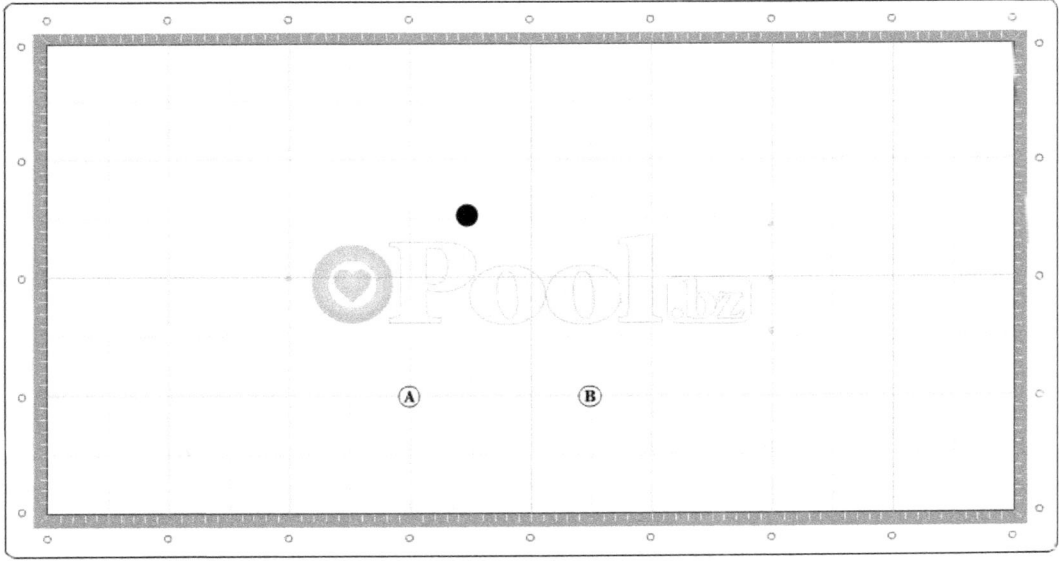

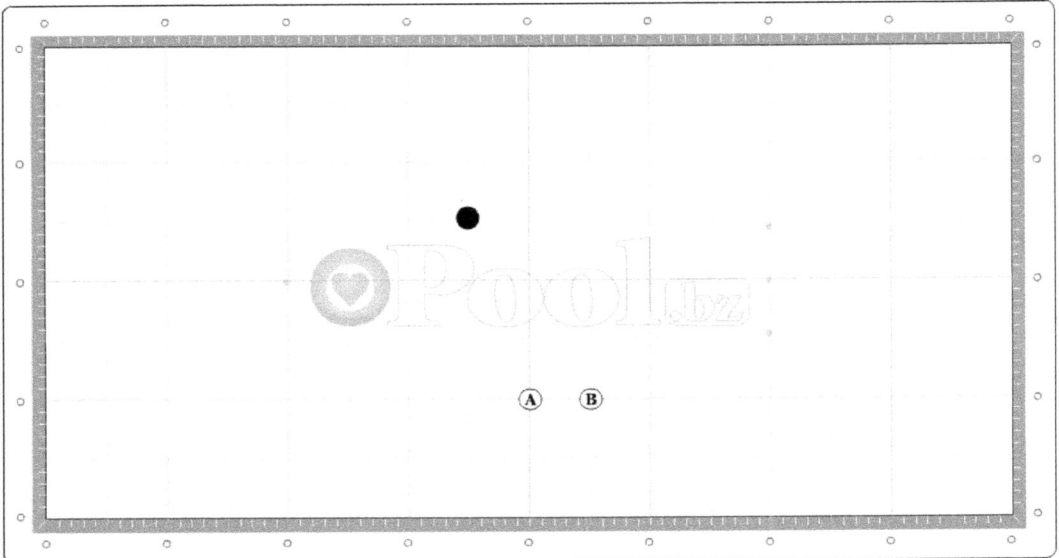

APUNTE:

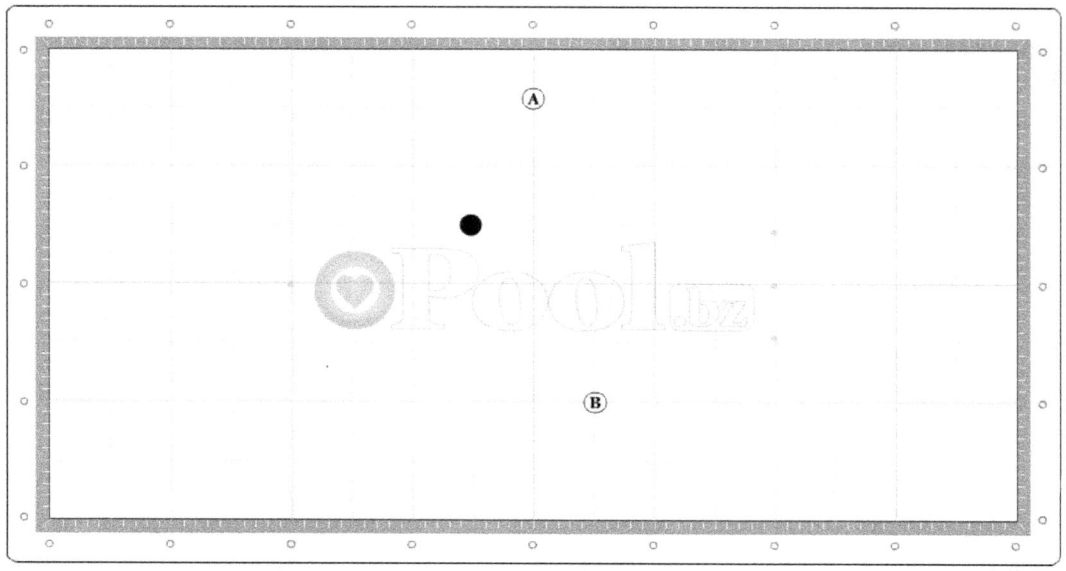

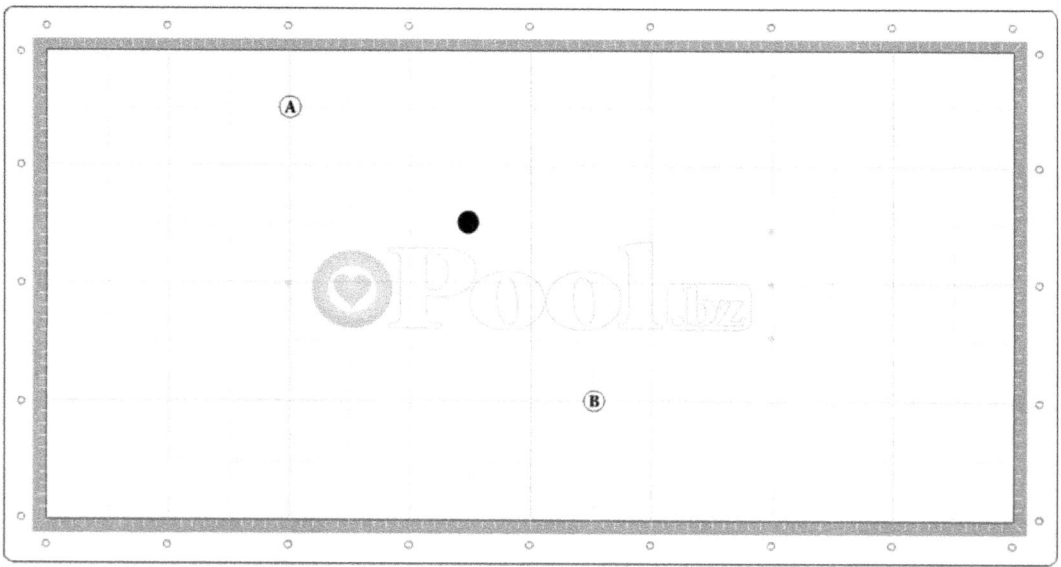

APUNTE:

Grupo 6, conjunto 4

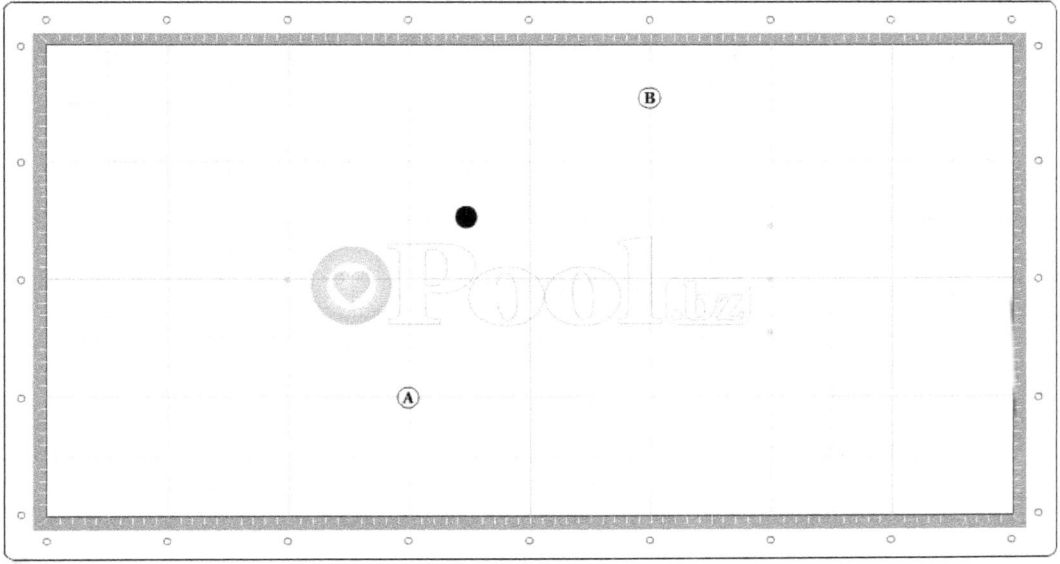

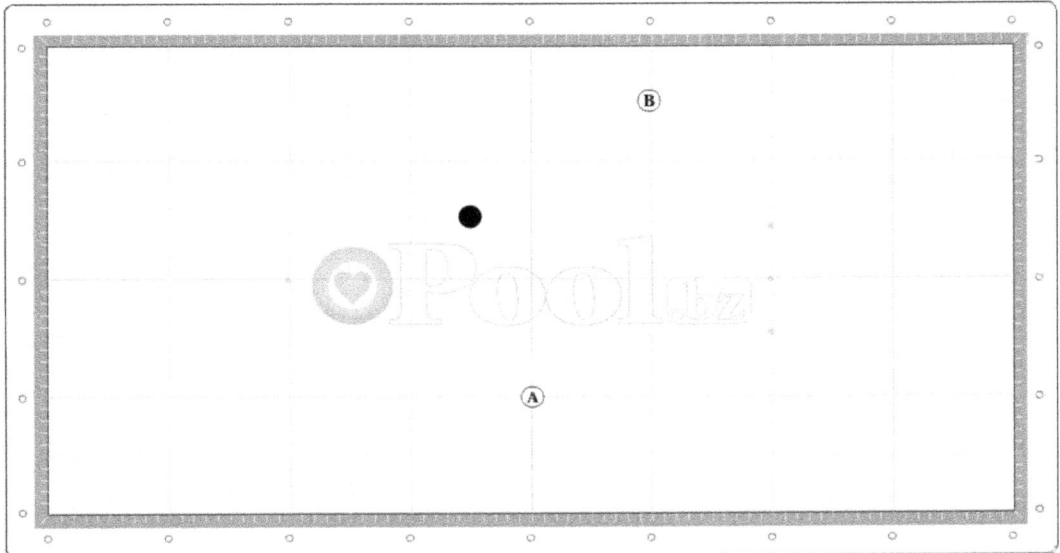

APUNTE:

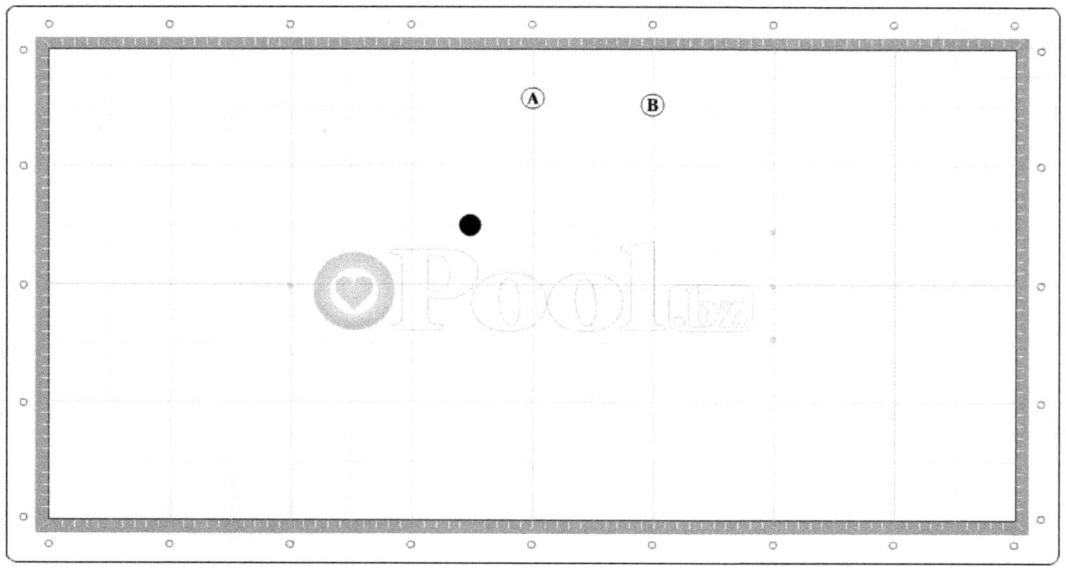

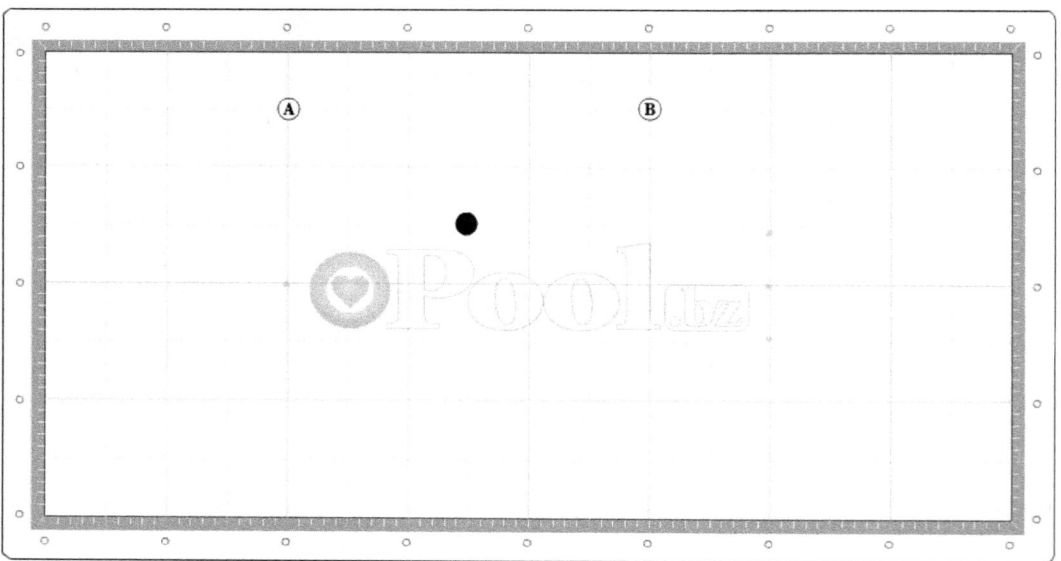

APUNTE:

Grupo 6, conjunto 5

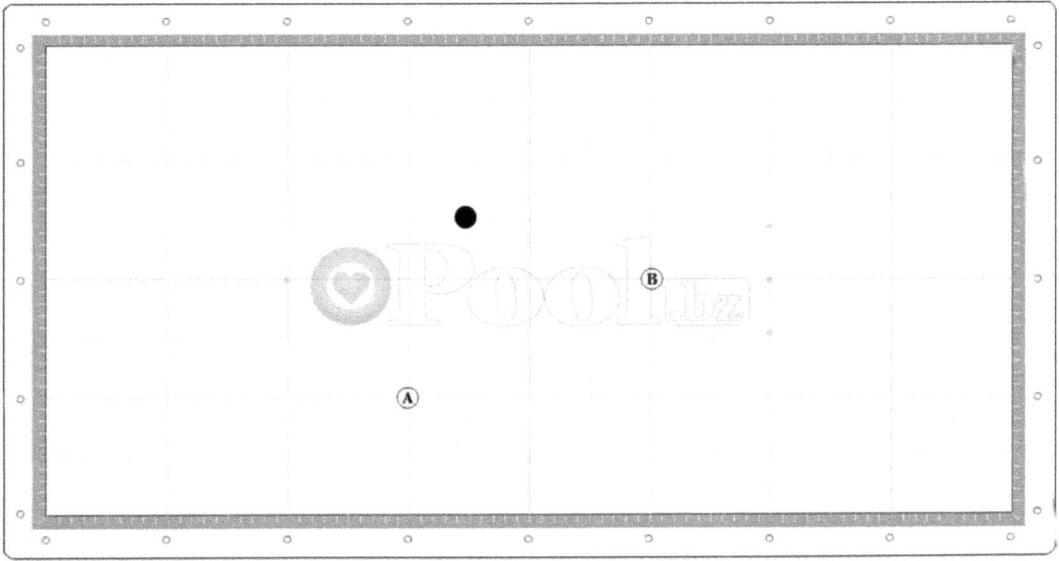

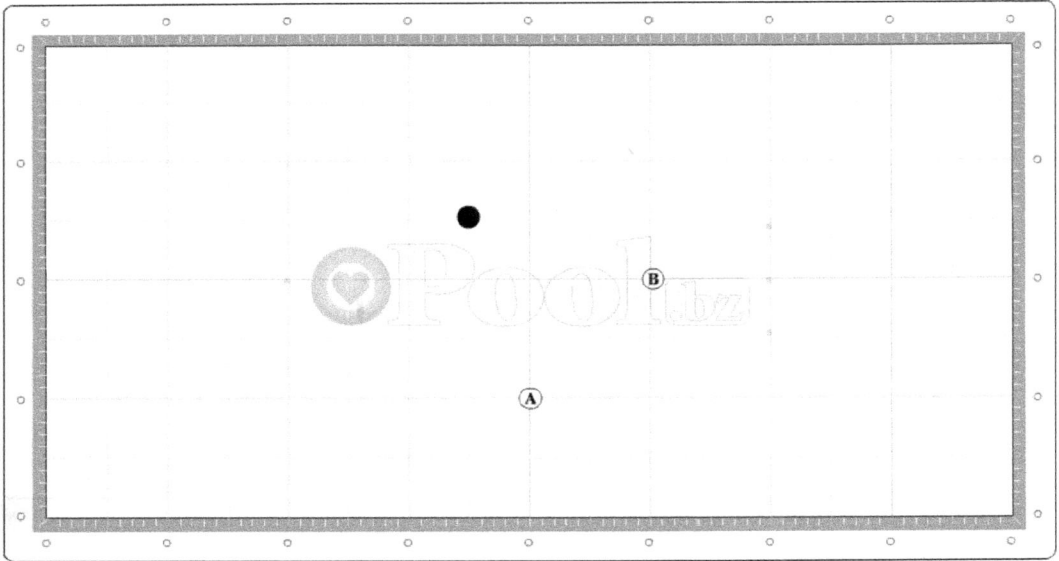

APUNTE:

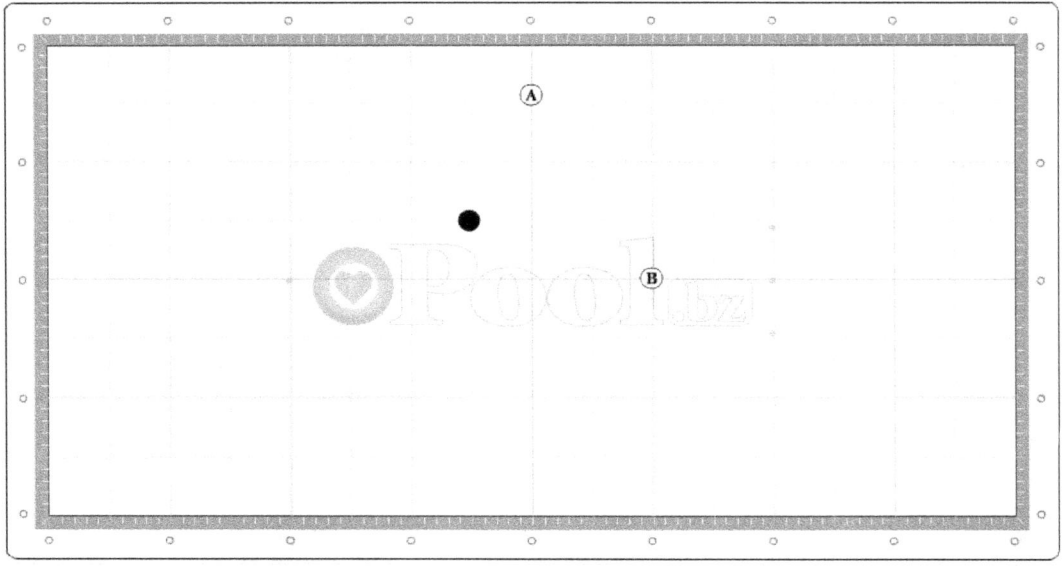

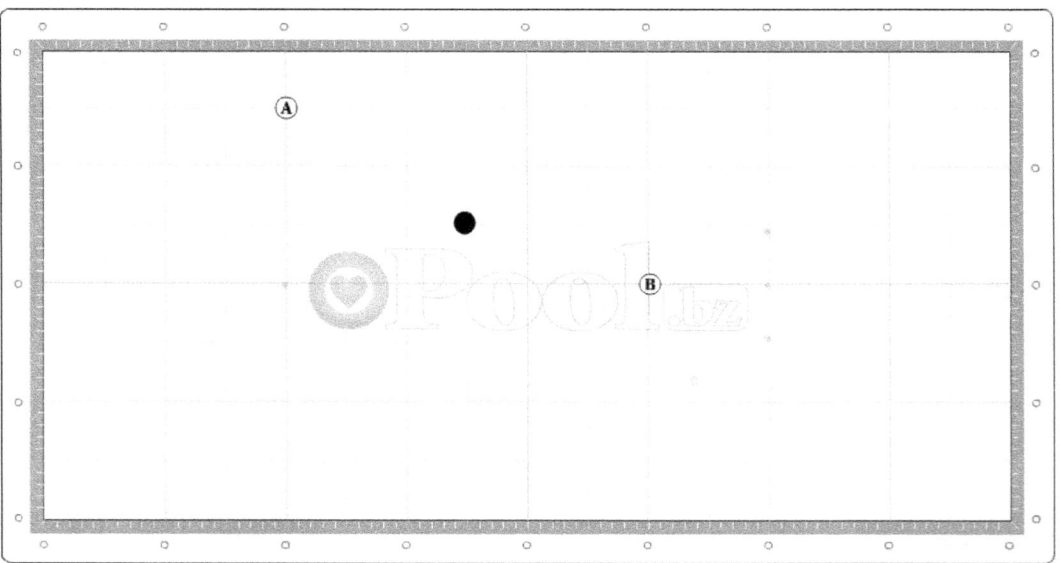

APUNTE:

Grupo 6, conjunto 6

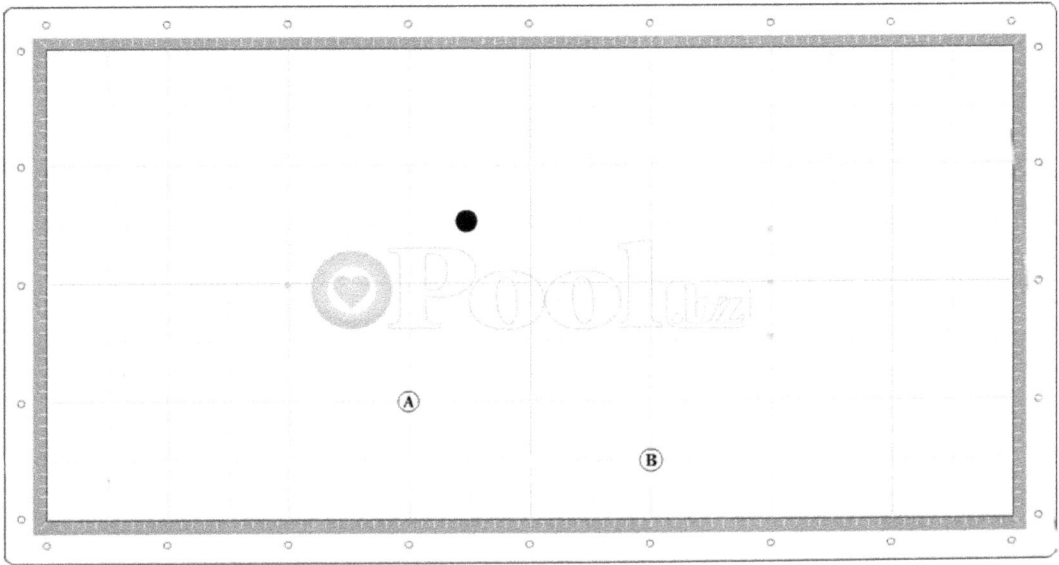

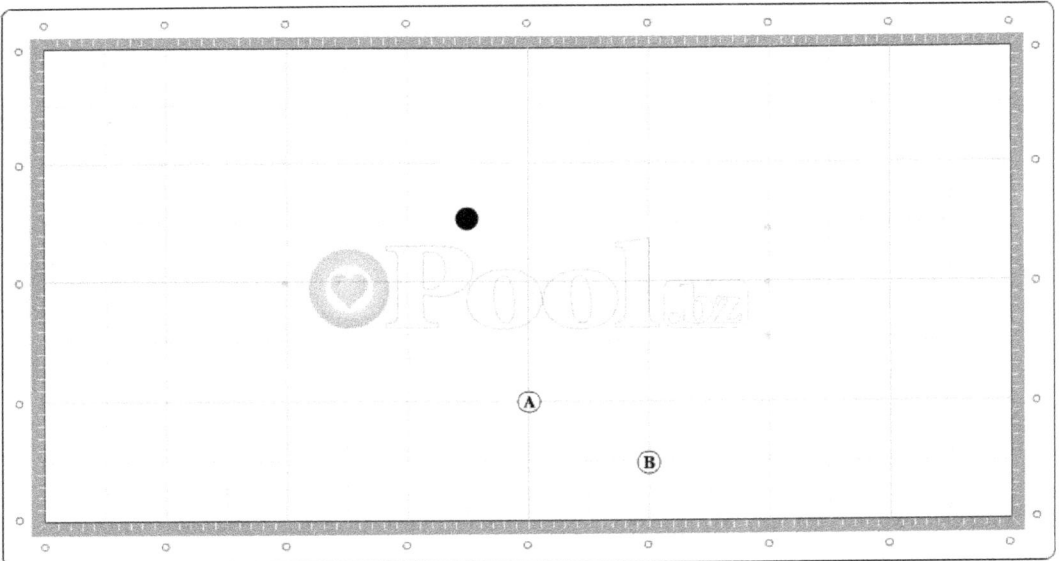

APUNTE:

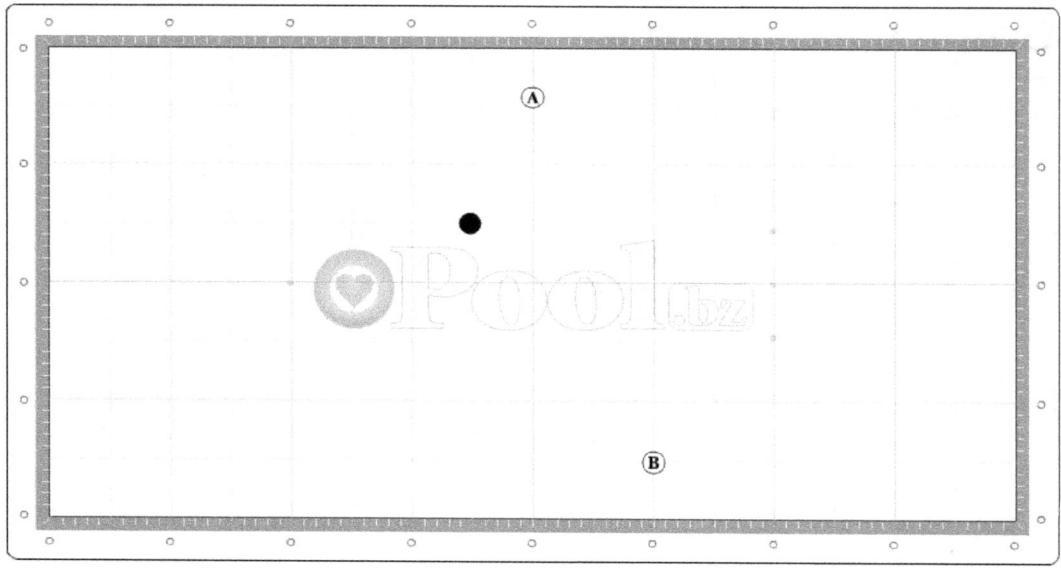

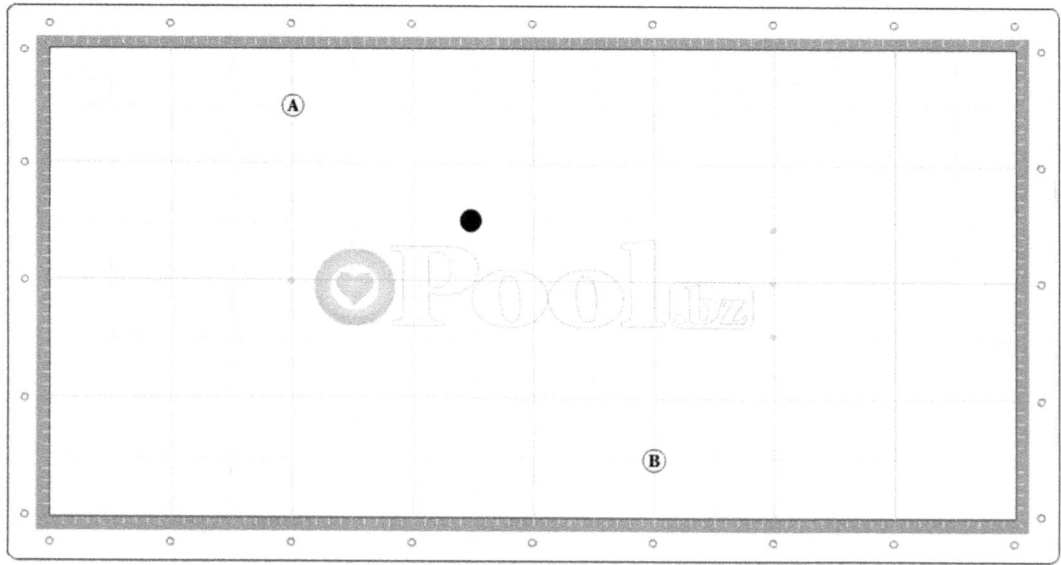

APUNTE:

Grupo 6, conjunto 7

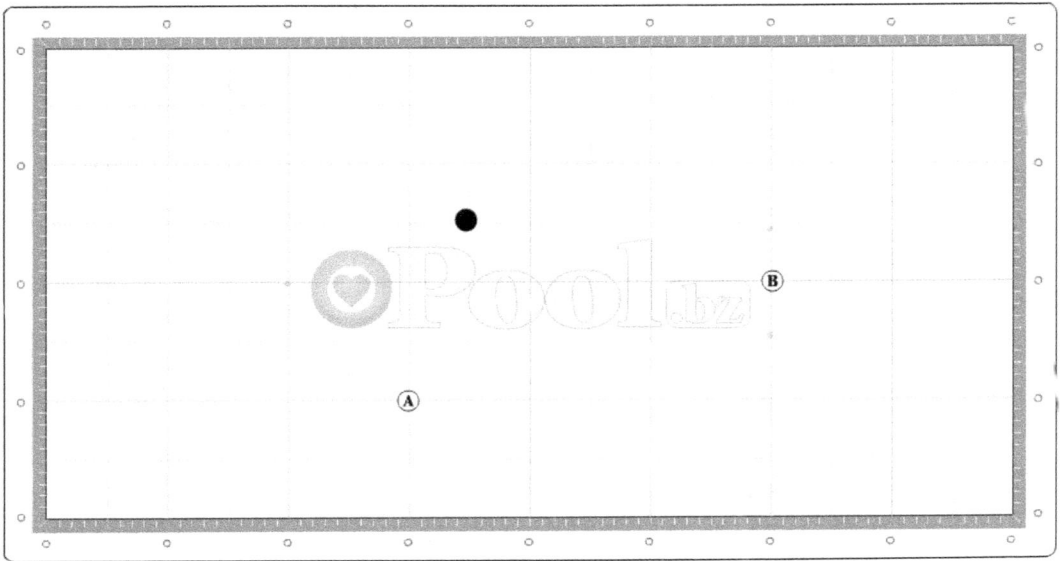

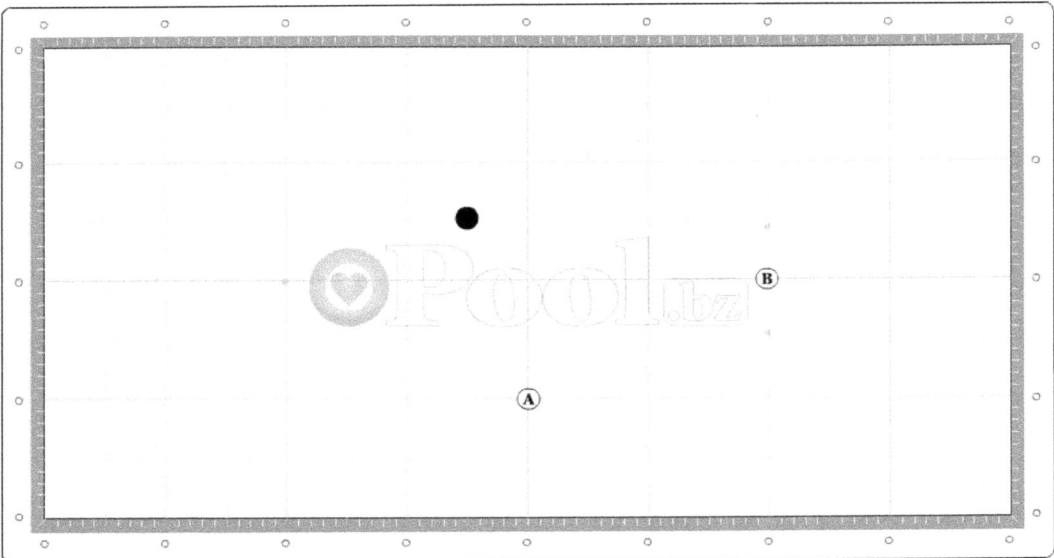

APUNTE:

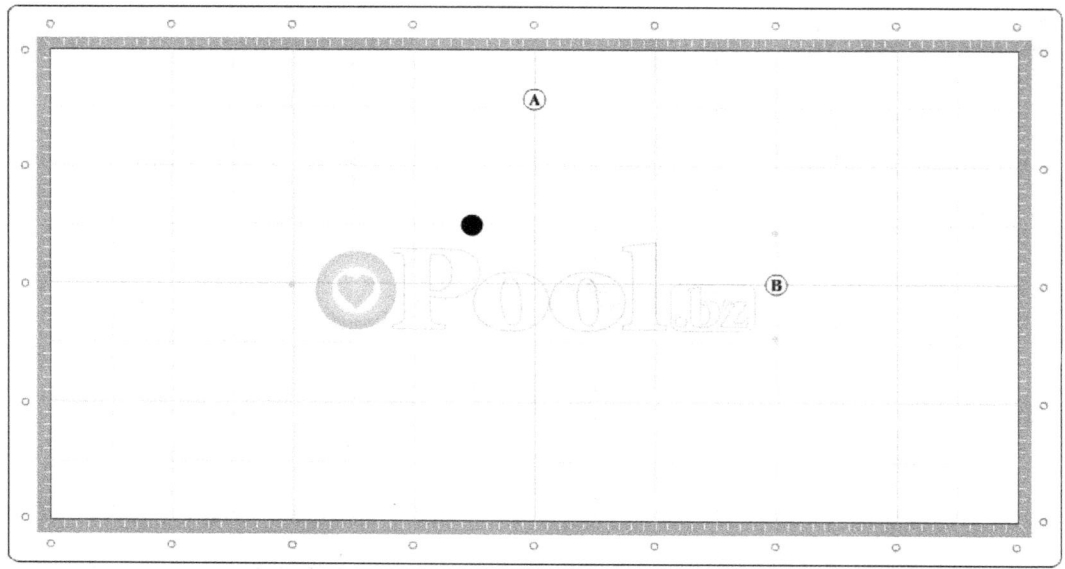

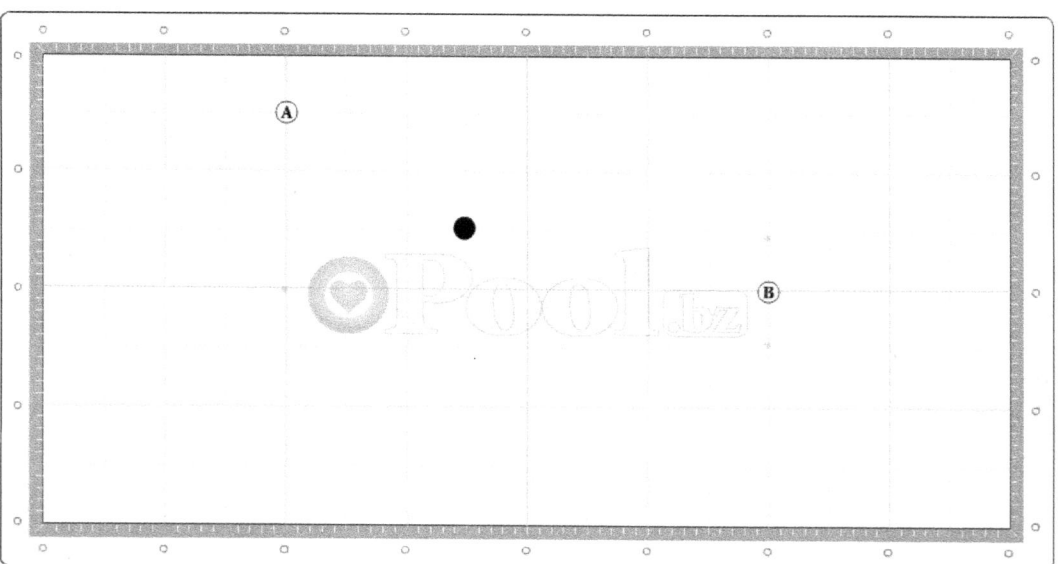

APUNTE:

Grupo 6, conjunto 8

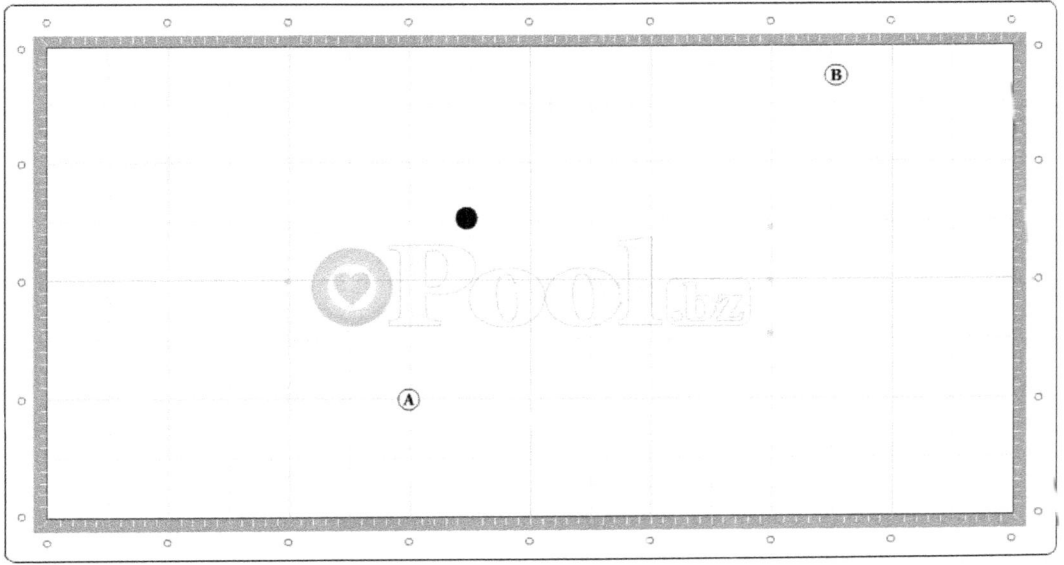

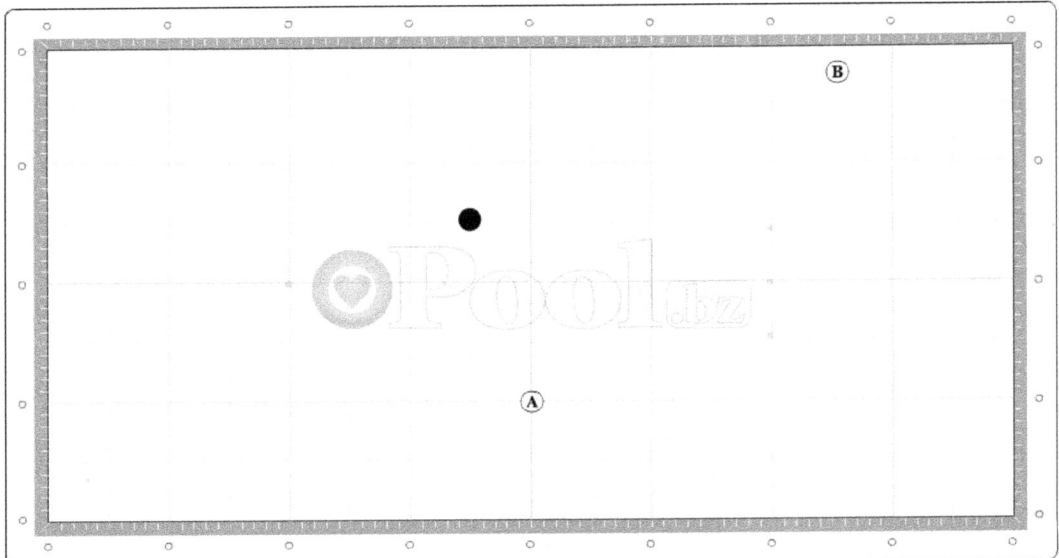

APUNTE:

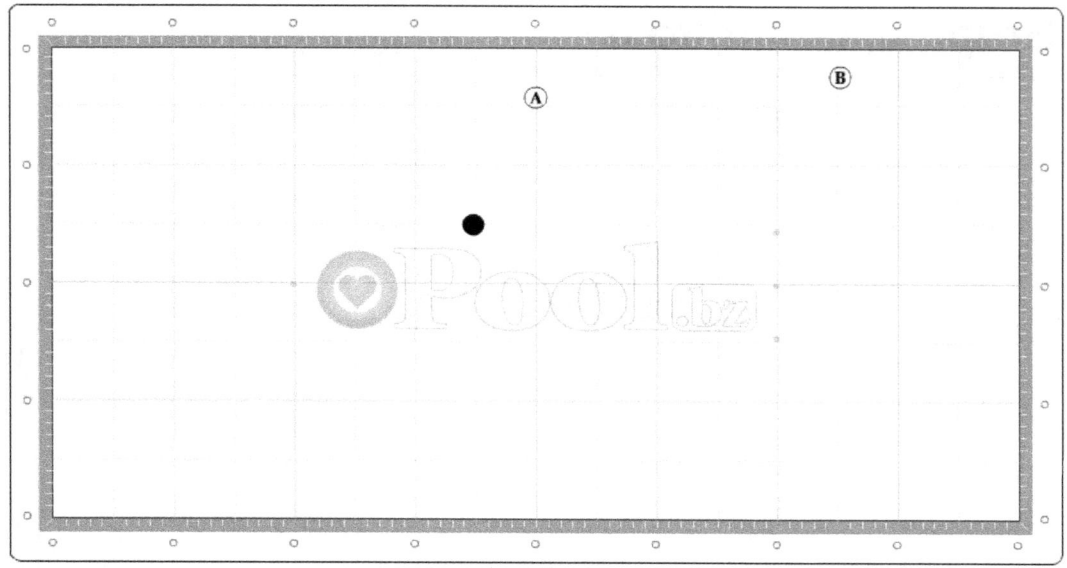

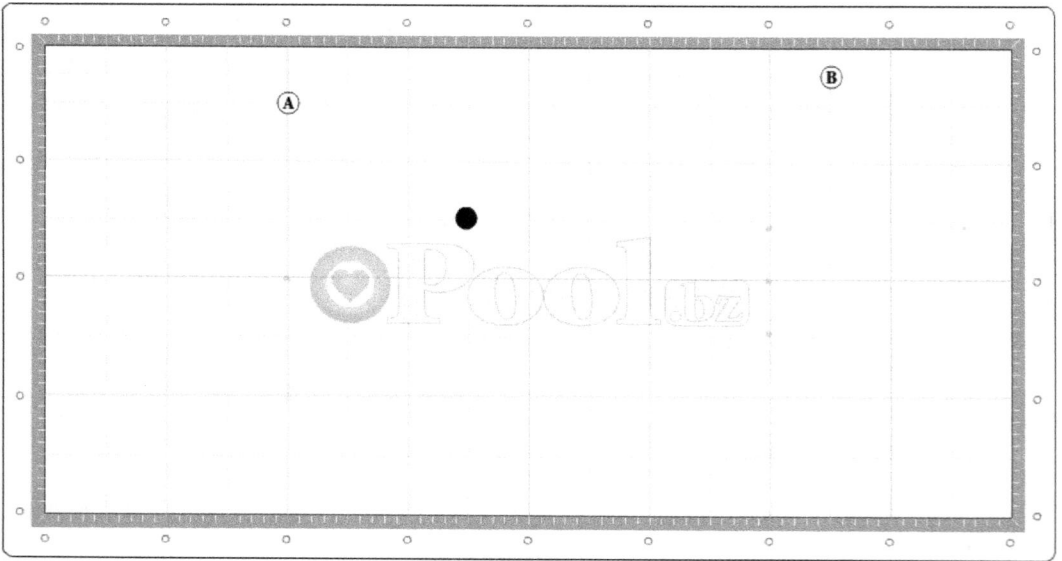

APUNTE:

Grupo 6, conjunto 9

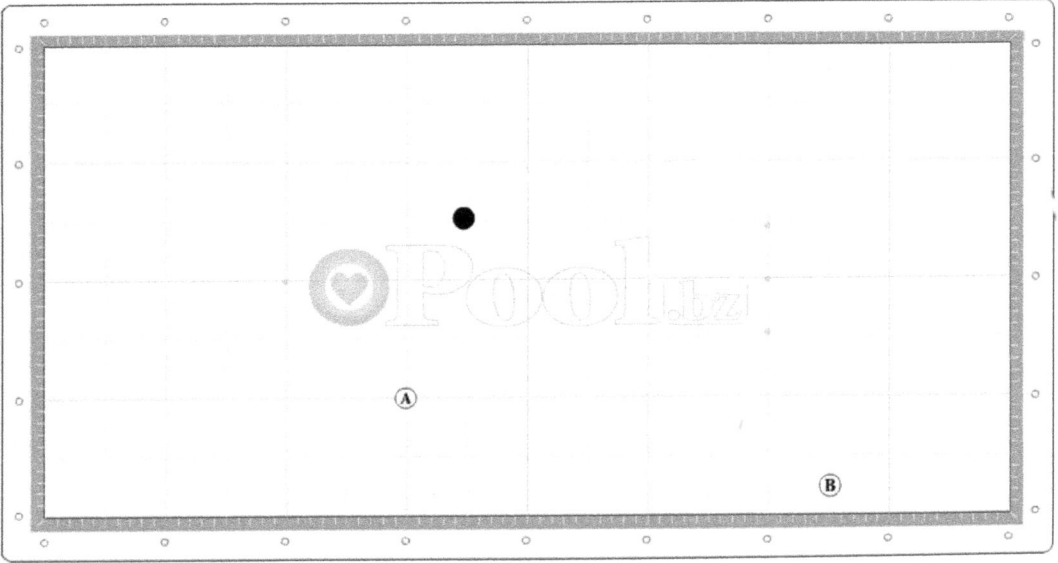

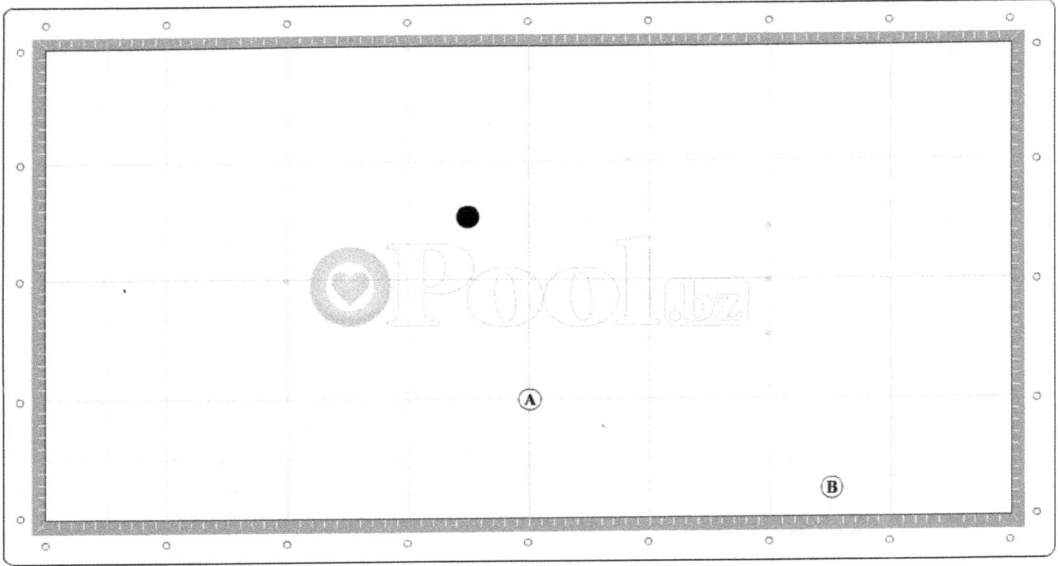

APUNTE:

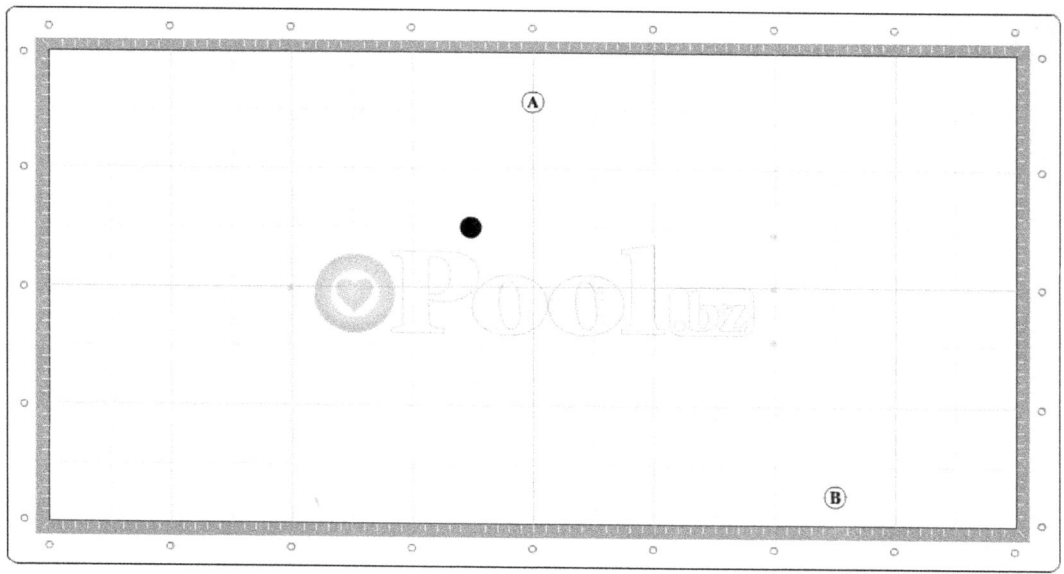

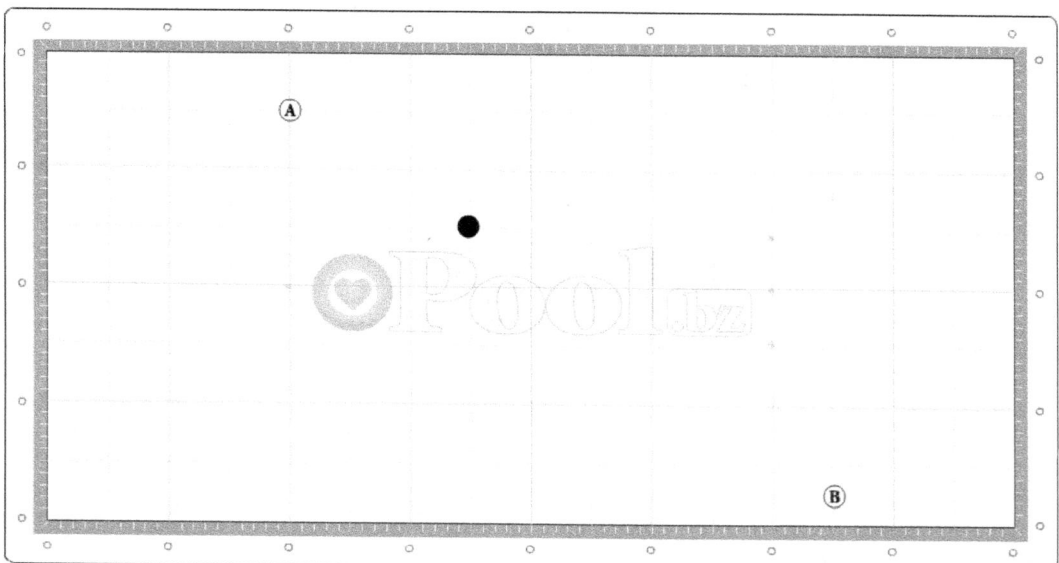

APUNTE:

Grupo 6, conjunto 10

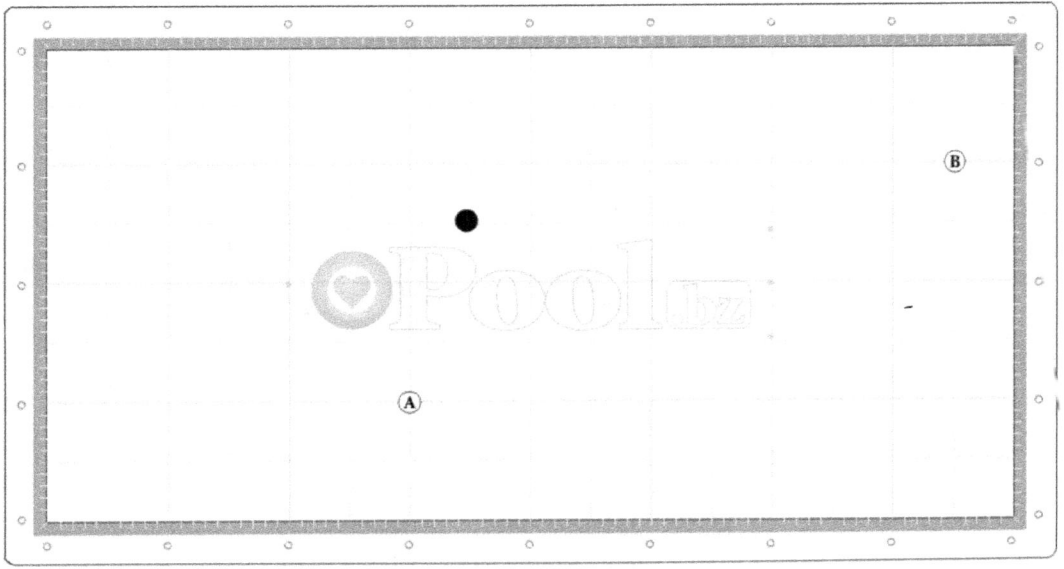

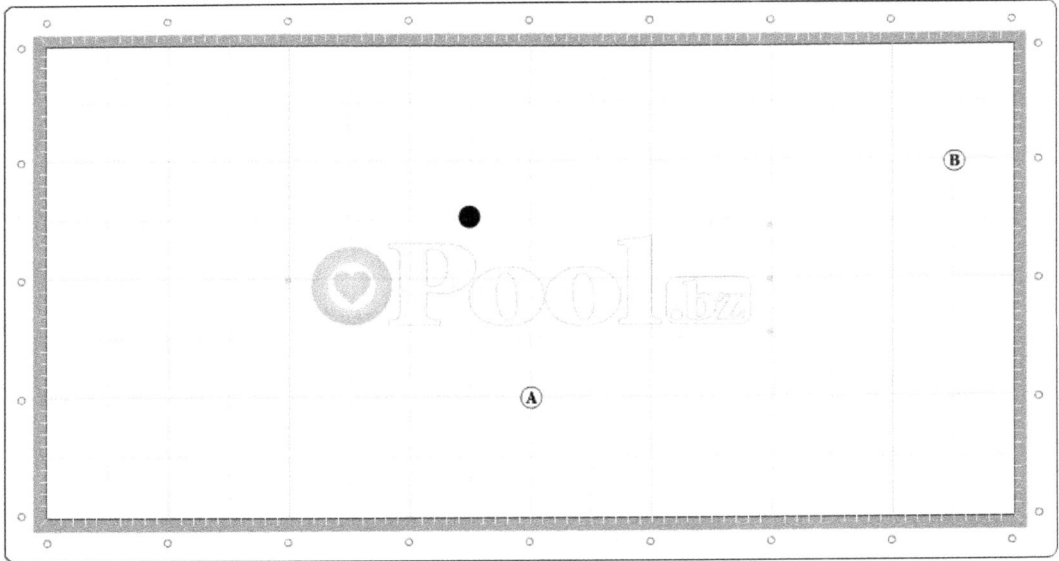

APUNTE:

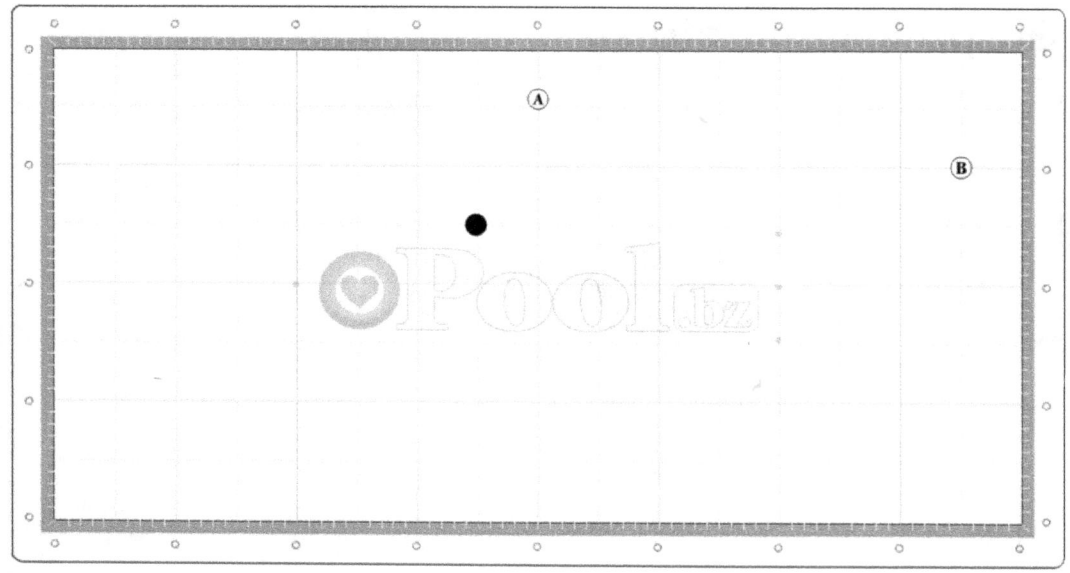

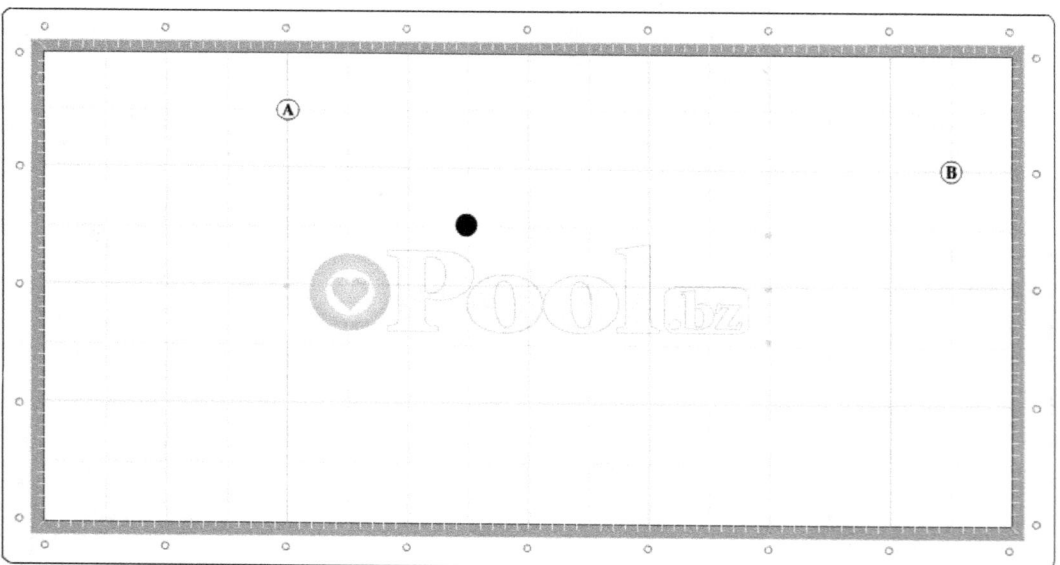

APUNTE:

Grupo 6, conjunto 11

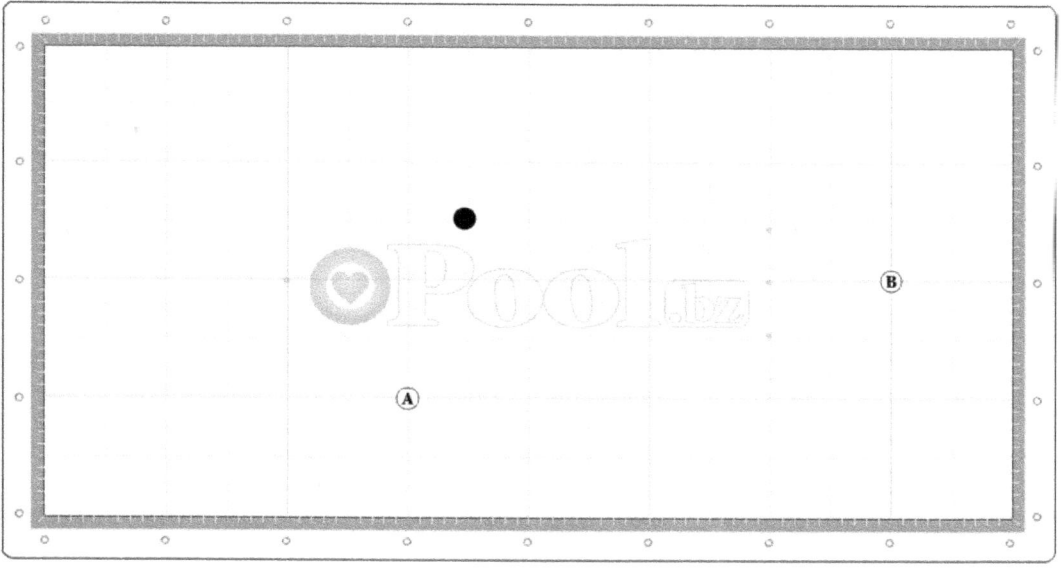

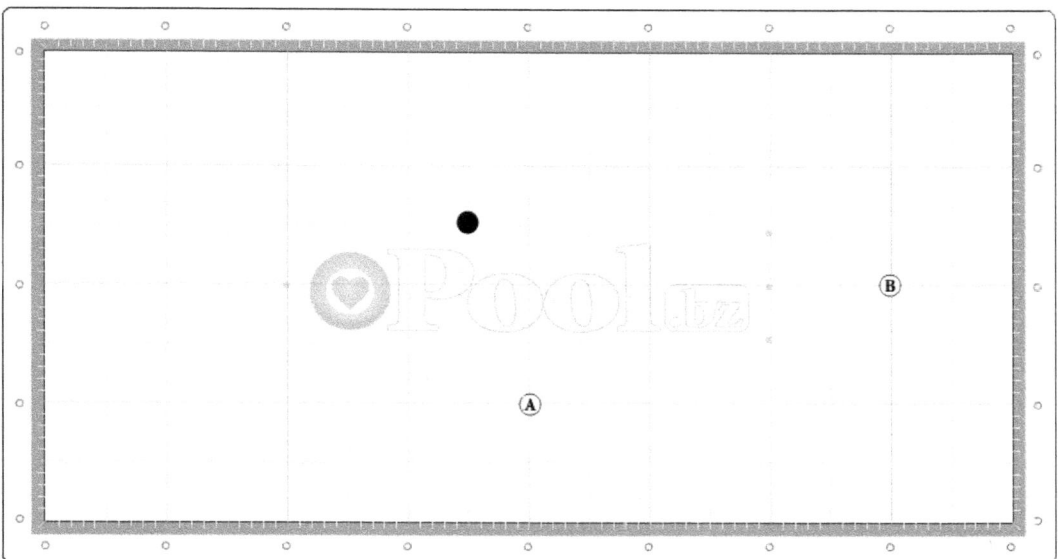

APUNTE:

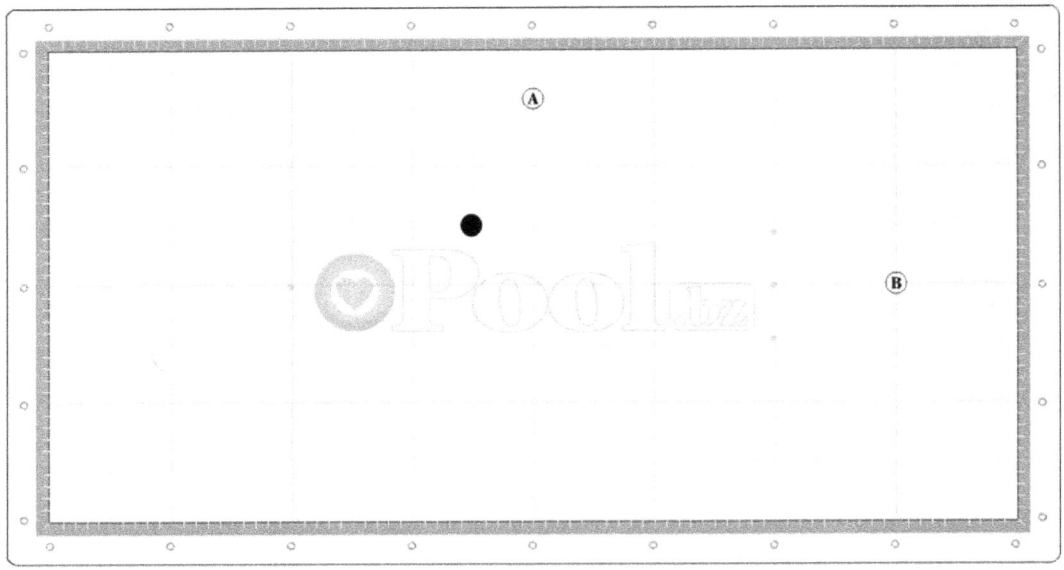

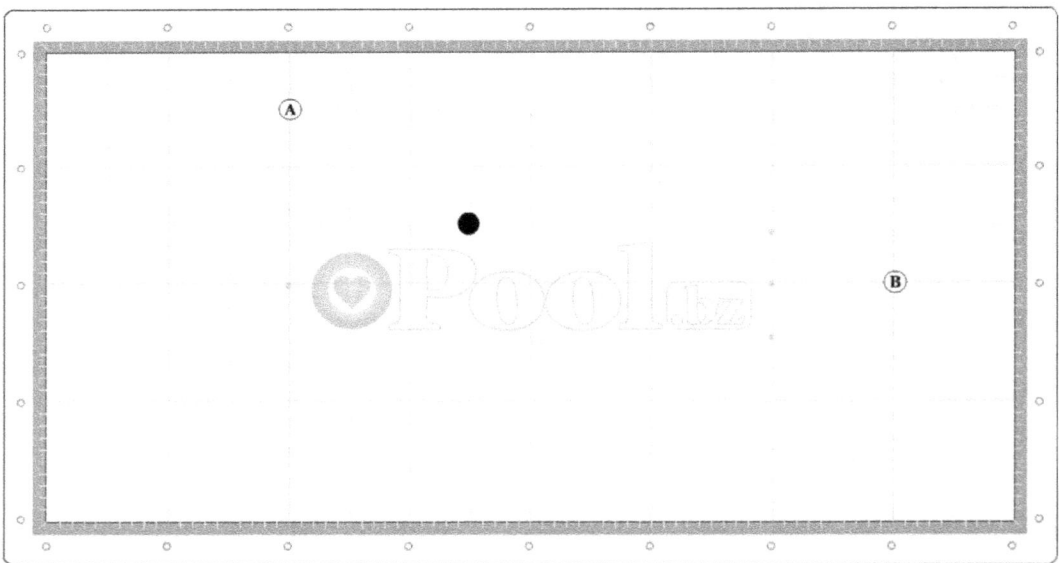

APUNTE:

Grupo 6, conjunto 12

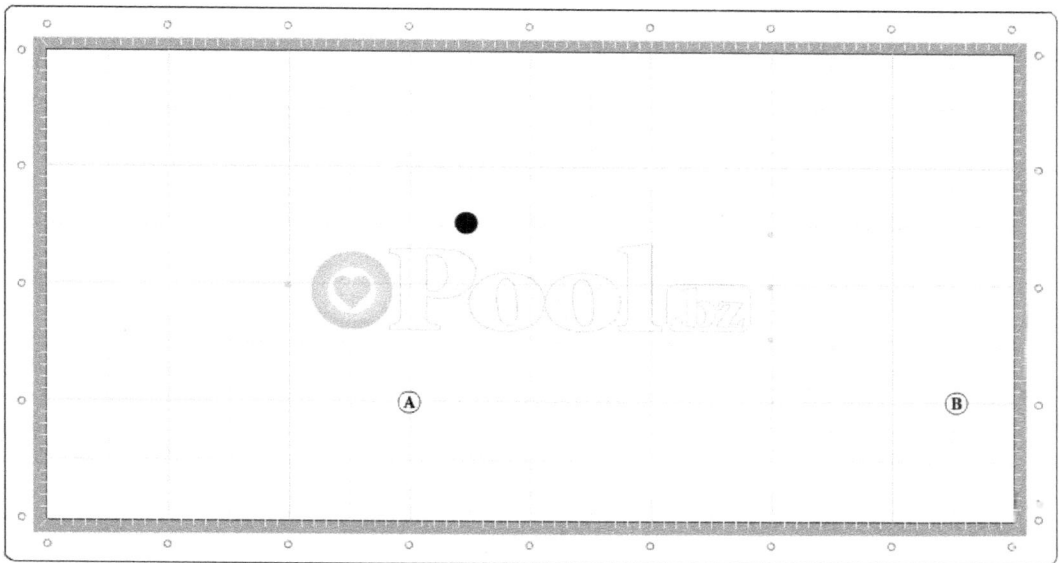

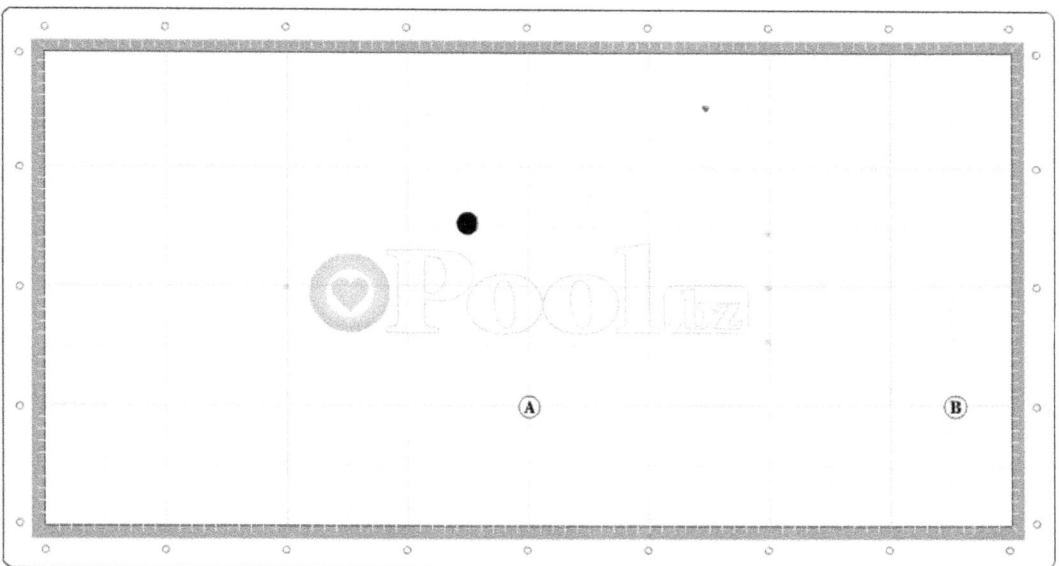

APUNTE:

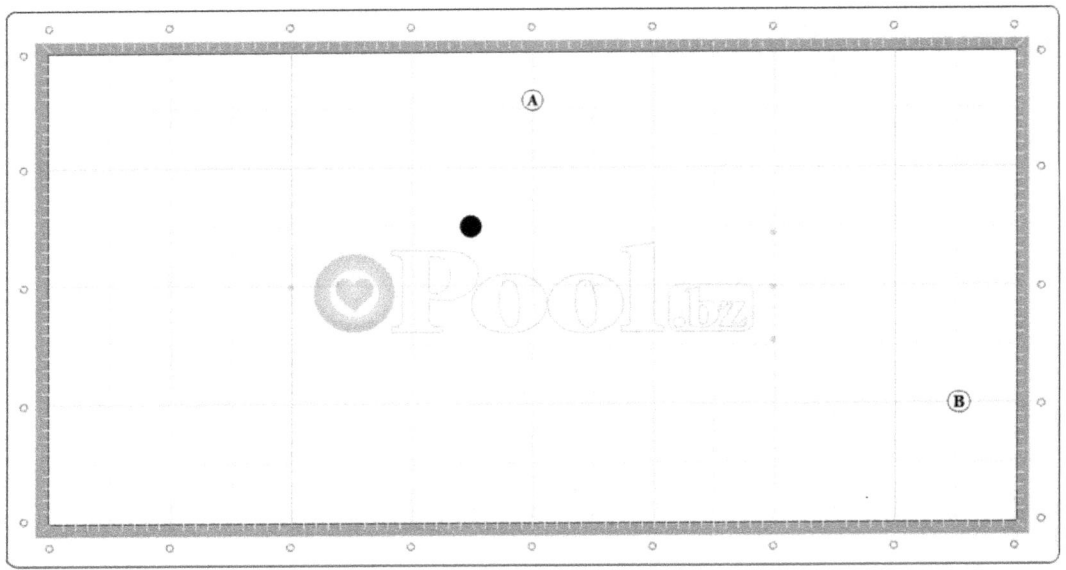

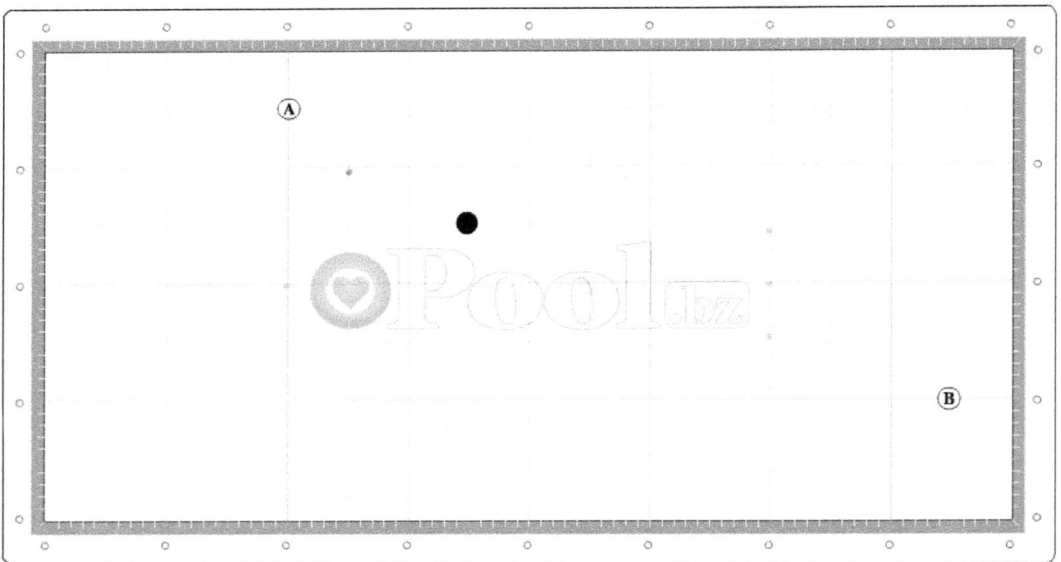

APUNTE:

Blank Tables

(Imprima estos para capturar y practicar diseños interesantes).

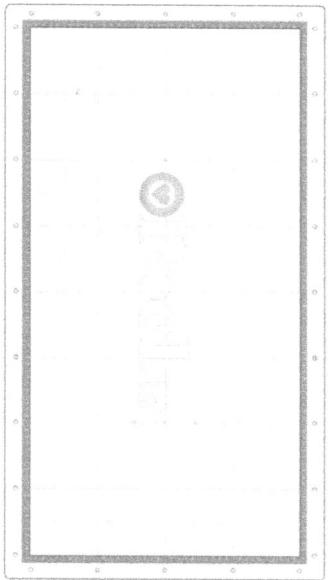  

(Imprima estos para capturar y practicar diseños interesantes).

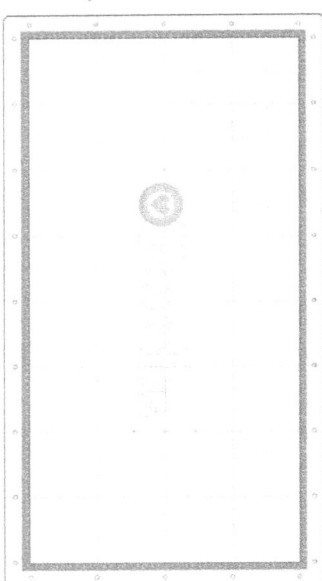

www.ingramcontent.com/pod-product-compliance
Lightning Source LLC
Chambersburg PA
CBHW081921170426
43200CB00014B/2789